범죄의
탄생

범죄의 탄생

초판 1쇄 발행 2016년 5월 1일
2쇄 발행 2017년 6월 1일

지 은 이 박상융, 조정아
발 행 인 권선복
편집주간 김정웅
디 자 인 김소영
전 자 책 신미경
발 행 처 도서출판 행복에너지
출판등록 제315-2011-000035호
주　　소 (07679) 서울특별시 강서구 화곡로 232
전　　화 0505-666-5555
팩　　스 0303-0799-1560
홈페이지 www.happybook.or.kr
이 메 일 ksbdata@daum.net

값 15,000원
ISBN 979-11-5602-369-2　03330

도서출판 행복에너지는 독자 여러분의 아이디어와 원고 투고를 기다립니다. 책으로 만들기를
원하는 콘텐츠가 있으신 분은 이메일이나 홈페이지를 통해 간단한 기획서와 기획의도, 연락
처 등을 보내주십시오. 행복에너지의 문은 언제나 활짝 열려 있습니다.

교도관 출신 작가와 경찰서장 출신 변호사가 파헤치는 죄의 기원과 해법

범죄의 탄생

The birth of the crime

조정아 묻고 박상융 답하다

도서
출판 행복에너지

"세상에 잊어도 될 범죄는 없다."

– 드라마 「시그널」 중 대사

이 글을 쓰던 날, 저는 간절하게 기도하고 있었습니다. 평택에서 의붓어머니가 길에서 버렸다던 원영[1]이가 무사히 집으로 돌아오기를 바라고, 또 바랐습니다. 하지만 제 바람과는 달리 원영이는 결국 차디찬 주검으로 발견됐습니다.

여러 미디어 매체들이 앞다투어 쏟아내는 'News' 속에서 사진으로만 등장하는 원영이는 영특하고 초롱초롱한 눈매로 웃고 있었습니다. 자전거 위에서, 놀이기구 안에서 아주 즐거워하는 개구진 어린 사내아이의 휘어진 반달눈을 바라보다가 가슴 근처를 움켜쥐었습니다. 너무도 욱신거렸습니다.

---

1. 2013년 8월부터 2016년 2월 말까지 대한민국의 경기도 평택시에서 발생한 아동 학대 사망 사건으로 피해자인 신원영 군은 고작 7살 어린아이로 계모의 학대와 친부의 방조로 인해 살해당해 암매장된 사체로 공개수사 3일 만에 발견되었다.

'News'. '새로운 것들'.

하지만 제가 접하는 뉴스는 전혀 새롭지 않은 것이었습니다. 부모에 의해 살해당하는 아이들, 자식들에게 살해당하는 부모들, 타인을 괴롭히고, 속이고, 죽이는 잔혹한 사람들···. 이들이 일으키는 비슷한 류의 범죄들은 며칠, 몇 주, 몇 달이면 또다시 반복해서 일어날 것이고, 또다시 데자뷰를 일으키는 'News'가 될 것임을 잘 알고 있습니다.

이런 범죄를 접하고 며칠 동안 마음을 앓는 이는 저뿐만이 아닐 것입니다. 많은 이들이 분노하고, 허탈해하고, 슬퍼합니다. 범죄는 피해자뿐만 아니라 동시대를 살아가는 많은 이들에게 벌건 상흔을 남깁니다. 애초에 일어나지 않으면 좋겠지만 사람들이 살아가는 한, 범죄가 없어진다는 것은 불가능한 일일 것입니다.

그렇다면 어떻게 해야 할까요?

상처가 왜 자꾸 생기는지 원인을 찾아 없애는 것도 한 방법입니다. 작은 상처라면 더 큰 상처로 변하기 전에 정성스럽게 치료를 하는 것도 나쁘지 않습니다. 만약에 곪을 정도로 큰 상처가 되었다면 다소 아프더라도 째고 제거를 해야 하는 것이 마땅할 것입니다. 주변으로 더 번지기 전에 말입니다.

"세상에 잊어노 될 범죄는 없다."

피해자뿐만 아니라 가해자를 위해서도 범죄의 근원을 들여다보고, 기억해야 합니다. 이 책은 우리가 직간접적으로 겪은 수많은 범죄들을 담은 기억 저장고입니다. 아울러 이 기억들 중간중간에 국가가, 사회가, 이웃들이 조금만 더 갖고 있었으면 좋았을 관심과 사랑, 배려를 한데 쟁여 보았습니다.

따뜻한 가슴과 눈을 가진 박상융 변호사님과 함께 이 책을 담을 수 있어서 두렵지 않았습니다. 책을 펼쳤을 때 썩은 내를 풍기는 상처 많은 세상이 아니라 사랑과 정의가 잘 배합되어 조금은 견딜 만해진 세상을 만나기를 기원하면서 글을 마칩니다. 감사합니다.

조정아

박상융

경찰서장 출신의 변호사.
법학을 전공하고 사시 합격
후 경찰에 투신. 법과 법 감
정의 괴리를 메우는 것은 사
람에 대한 이해와 사랑이라
믿는다. 수많은 범죄를 제대
로 직시하고 이해하고 처벌
할 때 비로소 정의도 탄생한
다고 생각한다.

조정아

교도관 출신 작가.
기계적인 법 집행, 틈새 많
은 법과 제도들, 차가운 법
집행자로부터 받은 피해자
의 상처와 국민이 느끼는 일
반적인 법 감정을 대변한다.

목차

 하나 헬조선의 사건·사고들

Intro〉 대한민국이라서, 대한민국인이니까

둘 사랑·관심이라는 가해자

Intro〉 너는 사랑? 나는 범죄!

셋 네 이웃의 사건·사고를 탐하라!

Intro〉 가까이 있기에 더 무서운 '이웃 사람'

넷 열린 사회와 그 범죄들

Intro〉 다문화·디지털·글로벌 범죄

다섯 이것만은 바꾸자!

Intro〉 사법신뢰도, OECD 꼴등을 면하려면

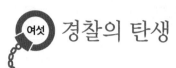

여섯 경찰의 탄생

Intro〉경찰이 위험하다

법보다 사람이다

하늘이 사람을 내고 또 죽이니

인명(人命)은 하늘에 매어 있다.

사목(司牧)은 그 사이에서 선량(善良)한 자는

보호하여 살게 하고,

죄 있는 자는 잡아서 죽이니 이는 명백한 천권(天權)이다.

사람이 천권을 대신 잡아 두려워할 줄 모르고

상세히 따지지 아니하고 덮어두고 모른 체하며,

살려야 할 자를 죽이고,

죽여야 할 자를 살리고도 마음 편히 있다.

간혹 돈에 흐려지고 여자에게 미혹되어

울부짖음을 듣고도 구제할 줄을 모르니

이것이 큰 잘못이다.

인명(人命)에 대한 사건은 고을마다 있는 일이요,

목신(牧臣)이 항상 당면하니 일이다.

상세히 조사하되 항상 소결(疏決)하고 항상
어긋나기 쉬운 곳을 판단해야 한다.

흠흠(欽欽)[1]이라 함은 무엇인가!
조심조심 형(刑)을 다스리는 근본인 것이다.

조선조 순조 22년(1822)
茶山 정 약 용(丁 若 鏞)

- 『흠흠신서』 서문 중

조: 안녕하세요? 법과 범죄 그리고 사람에 관해서 돌직구를 던질 조
정아입니다.

박: 네, 안녕하세요? 변호사 박상용입니다.

조: 변호사님의 이력이 좀 특이하시네요? 사시 합격 후 변호사 생활
을 하시다가 특채로 경찰에 투신하셨고, 형사과장, 경기지방청과 본
청 수사 기획 담당과장, 양천경찰서 등 여러 경찰서 서장을 역임하
시다가 평택 경찰서장을 마지막으로 공직을 마감하셨어요. 그리고
다시 변호사로 컴백! 이른바 '돌변'이신가요?

박: 혹시 '돌변'이 '돌아이 변호사'를 지칭하시는 건 아니시죠?

---

1. 흠흠(欽欽)은 '삼가고, 또 삼간다'는 뜻이다. 즉 신중하고 또 신중하게 생각하라는 뜻으로도 읽힌다.

조: 아닙니다. '돌아온 변호사'라는 뜻이었어요. 호기심에 여쭤보는데 혹시 '돌아이 변호사'라는 말을 들으신 적도 있으신가 봐요?

박: 벌써부터 돌직구를 던지시네요. 제가 얼마 전 작고한 만화가 이상무 화백의 작품에 등장하는 '독고 탁'과 비슷하다는 말을 많이 들었습니다. 경찰서장 재직 시에도 경찰 같지 않다는 말, 지금은 방송 출연하면서 변호사 같지 않다는 말을 많이 듣습니다. 하지만 경찰, 변호사 업계의 돌아이(이단아)라는 말이 저는 오히려 듣기가 좋습니다. 왜냐면 국민들이 바라는 경찰, 변호사의 모습이 기존 경찰, 변호사와는 또 다르다는 생각이 들기 때문입니다.

조: 완강히 부정을 못 해서 죄송해요. 사실은 제가 변호사님의 전작 『경찰이 위험하다』라는 책을 읽으면서 아주 살짝 그 단어(돌아이 변호사)를 떠올렸다는 것을 고백할게요!

박: 읽어주셔서 감사합니다. 책을 내고 경찰이 아니라 제가 좀 많이 위험했습니다. 경직된 조직 문화에 잘 순응하지 못해 승진도 못하고 실적 위주가 아닌 인기 위주의 직원 관리를 한다고 윗사람들로부터 욕도 많이 먹었습니다. 하지만 여러 사건·사고를 접하면서 국민들로부터 공감받지 못하는 경직된 법 집행, 무죄 추정이 아닌 유죄 추정에 의한 법 집행, 현실과 괴리된 법과 제도, 지침, 따뜻한 정이 없는 비정한 법 집행의 문제를 담은 책을 낸 후 칭찬 많이 들었습니다. 물론 욕과 함께 말입니다.

조: 안팎으로 공격 많이 받으셨죠? 한때 몸담았던 경찰 조직뿐만 아니라 지금 몸담고 계신 로펌을 포함한 검찰, 법원 등 사법부 전체를 통렬하게 비판하신 『경찰이 위험하다』를 읽는 내내 작년 말 이슈가

됐던 한국 영화 「내부자들」과 「베테랑」을 떠올렸어요.

박: 저도 감명 깊게 봤습니다. 솔직히 「내부자들」에 나오는, 경찰대 출신이 아니라는 이유로 출세하지 못해 사시 공부한 후 검사가 된 개족보 검사 우장훈(조승우 役)이라는 캐릭터에 감정이입을 많이 하게 되더군요. 제 책을 썼던 시점이 평택 경찰서장으로 근무하고 있었던 때였거든요. 『경찰이 위험하다』도 한 내부 고발자가 쓴 불온서적이었던 셈이죠.

조: 변호사님과 검사 우장훈(조승우 扮)이 많이 겹쳐 보였어요. 「베테랑」에서는 불의와 타협하지 않고 한번 꽂히면 무조건 끝을 보는 꼴통 열혈 형사 서도철(황정민 扮)의 모습에서도 변호사님을 떠올렸고요. 흙수저이지만 어느 다이아수저보다 당당한 우장훈과 서도철처럼 헬조선에도 아직 정의는 살아있다는 것을 보여줄 수 있는 사법계의 꼴통이 많아졌으면 좋겠다고 기도했어요.

박: 욕도 많이 먹었지만 현장 경찰관들한테 많은 지지와 격려를 받기도 했습니다. 구구절절 내가 하고 싶은 말 대신 써줬다고 칭찬을 건네는 수사관들이 많아서 후회 안 합니다.

조: '이렇게 경찰이 바뀌었으면….' 하고 변호사님께서 생각하셨던 바는 일반 국민으로서 저 역시 많이 공감한 부분이었어요. 우리나라 경찰의 미래를 위해서도 꼭 필요한 이야기였다고 생각해요. 그렇다면 이번 책『범죄의 탄생』에서도 우리나라 형사 사법 체계, 법 집행 기관, 법 집행자 등등에 대해 쓴소리를 담으실 예정이신가요?

박: 최근 언론을 뜨겁게 달구었던 여러 범죄를 고찰하면서 미비한 형사 시법 시스템, 기계적인 법 십행 절차, 보호받아야 할 사람이 보호

받지 못하는 사각지대가 많은 법과 제도들, 인정사정없이 차가운 법 집행자의 모습을 다뤄보고자 합니다. 그런 의미에서 인터뷰어로서 전직 교도관이셨던 작가님을 섭외한 겁니다. 아무래도 이러한 주제들에 관한 저의 견해에 대해 공감이 가능한 분이 필요했습니다.

조: **이 책을 통해 궁극적으로 결국 무엇을 말씀하고 싶으신 건지 여쭙겠습니다.**

박: **법, 범죄, 형벌 그리고 '사람'에 대해 이야기를 풀어내고 싶습니다.**

조: 사람이라면 범죄자와 피해자를 말하는 건가요?

박: 범죄자들, 그들을 체포하여 심판하고 처벌하는 형사 사법 체계 안의 사람들 그리고 범죄자와 법 집행자들이 속해 있는 이웃 사회, 나아가 이들을 한데 아우르는 국가라는 공동체 내의 사람들 모두를 가리키는 말입니다.

조: 변호사님은 현재의 법이 '사람'을 제대로 구원하지 못하고 있다고 생각하시는지, 혹은 그들을 담아내지 못하고, 보호하지 못하고 있다고 생각하시나요?

박: 사람이 모여 살기 때문에 갈등도 생기고 사건·사고가 일어나는데, 범죄자를 수사하고 법을 집행하는 와중에 기계적으로 법만 적용할 뿐, 사람으로서의 범죄자 그 자체, 나아가 공동체에 대한 고민의 과정이 전혀 이루어지지 않고 있습니다. 법 이전에 그 법을 만든 공동체가 있고, 공동체를 구성하는 사람이 있는 것입니다. 법보다 사람을 먼저 살펴봐야 하는데 현행 사법 체계 내에서는 그러한 과정이 제대로 작동되지 못하고 있습니다.

조: 잔혹한 범죄자조차도 이해해야 한다는 건가요? 왜 꼭 그렇게까

지 해야 하나요?

박: 물론 한 개인의 범죄를 무조건 사회 탓으로 돌리자는 소리가 아닙니다. 다만 어느 한 사람이 범죄자로 성장하기까지 그것을 중간에 제어하지 못한 책임이 사회에도 있다면 엄연히 이를 짊어져야 한다는 겁니다.

조: 사회 안전망과 같은 시스템의 부재나 미비, 휴머니즘과 공동체 의식의 실종, 주변 이웃들의 무관심이나 방조가 기폭제가 되어 범죄를 저지른 사람들도 있지만, 쾌락형 범죄자나 묻지마 범죄자 같은 유형의 개인의 문제가 더 커 보이는 범죄자들도 사실 있잖아요?

박: '묻지마 범죄'라는 단어 자체가 잘못된 조어라고 생각합니다. 어려서 부모가 버린 아이가 따뜻한 사랑을 못 느끼고 가출, 범죄에 빠져들고 흉악범으로 타락하는 현실이 가정과 사랑의 소중함을 말해 줍니다. 그런 면에서 요즘 미혼모, 가정 폭력, 이혼, 조손(조부모와 손주) 가정 속에서 성장한 아이들의 가출, 비행, 학대로 인해 범죄로 빠져드는 현실이 시급히 개선돼야 합니다. 이러한 위기에 빠진 가정과 범죄자들을 이웃들과 경찰, 검찰, 지자체, 시민단체에서 재범을 저지르지 않도록 감시, 관찰하고 보호해주는 그런 사회 안전망 장치가 구축돼야 합니다. 그런데 우리 사회는 무조건 형사처벌과 교도소 수감으로만 단죄하는 근시안적인 처방을 하고 있습니다. 연쇄(상습)살인(강력)범, 묻지마 범죄자들 대다수가 가정과 학교에서 버려지고 사회에서 버려져 결국 그 분노를 범죄로 표출한 사람들입니다. 그들을 괴물로 만든 가정과 사회 환경들도 우리가 다 같이 고민해줘야 합니다. 가정, 학교, 사회가 제대로 역할을 하고, 기능할 수 있게 시스템

을 개선시키기 위해서는 우리 모두가 함께 노력해야 합니다.

조: "범죄자들 중 대다수는 그동안 그들에게 무심했던 사회가, 언론이, 이웃들이 벌떼처럼 달려들어 조리돌림을 시켜야만 하는 '괴물'이 아니라 우리 주변에서 흔히 볼 수 있는 '사람'에 불과하다." 그런 말씀이시죠?

박: 어느 한 개인을 '악마화'로 만든다고 모든 것이 해결되지 않습니다. 그들을 악마로 만드는 데 일조한 사회 시스템과 주변 사람들도 어느 정도는 도의적 책임을 져야 합니다.

조: 그렇다면 죄를 저지른 사람을 잡아들이는 경찰, 그들을 심판하는 검찰과 법원, 그들을 수용한 교정 행정가들이 이 죄를 지은 '사람'을 어떻게 이해해야 할까요?

박: 경찰관, 검사, 법관은 법률로서 모든 것을 적용 판단하기 이전에 사람을 먼저 생각하고 무엇이 진실이고 어떤 것이 정의에 부합하는 길인지를 고민해야 합니다. 무조건 흉악범들에게 중형을 선고하면 재범하지 않을 것이라고 여기는데 그것은 잘못 생각하는 겁니다.

그들을 사회로부터 일시적으로 격리시킬 수는 있지만 영원히 재범을 막을 수는 없습니다. 그들이 재범을 하지 않도록 보호하고 관찰하고 재활시켜야 합니다. 그런데 우리 사회는 그런 기능들이 제대로 작동되고 있지 않습니다. 사람을 단죄하는 데 대한 고민이나 자성, 참회의 과정이 부재한 상황입니다.

조: 형사 사법을 집행하는 사람들은 왜 범죄자들을 이해하지 못한다고 생각하세요?

박: 법 집행을 하는 경찰관, 검사, 법관들이 특목고, SKY대학교 출

신으로 채워지는 추세입니다. 그들은 사회에서 경쟁하고 노력할 기회마저 박탈당한 흙수저들의 애환을 잘 모릅니다. 범죄자들을 바라보는 시각의 이면에 '사건·사고'에 대한 피상적인 판단만을 할 뿐 '사람'이 없고 따뜻한 가슴과 인간애가 부족합니다.

예컨대 부모를 구속하면서도 남은 자녀들에 대한 보호는 누가 해야 되는지에 대한 고민과 배려가 없습니다. 사람 사이의 갈등과 사건을 처리하면서 경찰부터 사람보다는 입건 실적에 치우쳐 기계적인 법 집행을 하고 있습니다. '입건할 필요(가치)가 있을까? 입건하면 그 사람의 장래는 어떻게 될까? 입건 말고 다른 해결(입건 유예, 화해 조정)방법은 없을까?' 등을 고민하지 않습니다. 무조건 처벌, 구속, 엄벌하는 집행 과정 그 어디에도 따뜻한 인간미가 끼어들 여지가 없습니다.

조: 교육, 환경 등 사회 시스템 전반에서 금수저와 흙수저와 함께 공유하고 교류하는 문화가 부족한 건 사실이에요. 新계급 사회에서 근본적으로 소통될 접점 자체가 거의 없잖아요? 경찰이나 검찰의 수사 방식에서 없는 사람에 대한 배려가 많이 부족할 수밖에 없을 것 같아요.

박: 조사관이기 전에 언젠가는 조사를 받을 수 있는 피조사자가 될 수 있다는 생각을 단 한 번이라도 했다면 지금처럼 절대 수사하지 않을 겁니다. "무조건 묻는 말만 대답해라! 왜 거짓말하느냐! 부인해보았자 소용없다! 이미 결론이 났다!"는 식으로 피조사자의 입장을 완전 무시하는 관행이 존재한다는 것 자체가 조사자와 피조사자 간의 소통 부재를 반증합니다. 전근대적인 문답식 수사, 비인권적인

철야 심야 조사, 피의자가 아닌 컴퓨터 모니터를 들여다보고, 대화가 아닌 자판만 두드리며 하는 수사들은 소통을 막고 진실을 왜곡합니다.

조: **경찰이나 검찰이 신뢰를 잃어버린 가장 큰 원인은 유사한 사건이라도 상황에 따라 다른 잣대를 대는 소위 고무줄식 처벌 때문이기도 한 것 같아요.**

박: 맞습니다. 법 집행이 엄격하게 적용되려면 만인에게 보편타당한 법이어야 마땅함에도 금력이나 권력에 따라 편파적으로 적용되는 일이 많습니다. 언론에 보도되는 사회적 이목 집중 사건은 신경 써서 조사하고 서민들이 자주 겪는 쌍방 폭력, 사기 사건은 날림으로 조사되는 일이 종종 발생하고 있습니다.

심지어 진범이 자신이 진범이라고 진술했는데도 아니라고 사건을 덮어버리고 억울한 사람을 죄인을 만든 일부 검사와 경찰은 피해자들에게 사과조차 한 적 없었습니다.

조: 괜히 '유전무죄', '유권무죄'라는 말이 나왔다고는 생각하지 않아요. '수저론'과 같은 담론 속 계급 논리가 허무맹랑한 소리가 아닌 건 누구보다 국민들이 제일 잘 알지요.

박: 영화 「베테랑」에서 형사 서도철이 말한 "잘 살지는 못해도 쪽팔리게 살지 말자!"는 법 집행에 있어 돈과 권력에 휘둘리지 말라는 의미일 겁니다. 그런데 사실 현실은 그렇지 못합니다. 승진에 눈이 멀어 금력과 권력에 줄을 서려는 사람들의 모습이 전혀 낯선 풍경이 아닌 지는 오래됐습니다.

조: 돈과 권력을 모두 가진 사람들 중에 법을 악용하려는 의지가 있

는 사람들은 법망의 사각지대를 잘만 이용하는 것 같아요. 애당초 법의 사각지대가 있다는 것도, 돈과 권력이 있는 사람들이 다른 누구보다도 먼저 그 사각지대를 선점한다는 게 화가 나요.

박: 법은 본질적으로 정치적 타협의 산물이란 말이 있습니다. 사회적 약자, 국민을 위한 법을 만든다고 해도 실상은 알맹이 있는 내용은 다 빠지고 무늬만 있는 법 규정이 만들어지기 일쑤입니다. 정치인들은 말로만 국민을 위한 법, 정의로운 법, 민주주의에 기여하는 법을 만든다고 하지만 정작 그 법의 수혜자라 할 수 있는 국민들은 이러한 법들이 자신들의 삶을 나아지게 했는지 잘 느끼지 못하고 알지도 못합니다.

오히려 사회적 강자들이 법의 맹점을 악용하여 유명무실한 법을 만들고 사회적 약자를 괴롭히는 법이 되는 경우를 자주 볼 뿐입니다. 법을 만드는 위정자부터 '법이란 무엇인가?', '정의란 무엇인가?', '법은 왜 만들어졌는가?', '무엇이 정의로운 법 집행인가?'를 고민해야 합니다.

조: 국회의원들이 법을 만드는 과정에서도, 경찰이 수사하는 과정에서도 '사람'이 없는데 재판과 형 집행 과정에서는 있을 거라고 생각하면 괜한 기대인가요?

박: 간혹 일순간의 잘못된 판단으로 범죄를 저지른 사람들을 '사람'으로 보지 않기 때문에 편견과 선입견, 기계적인 재단으로 죄인이나 중범죄자로 만들기 십상입니다. 문제는 그런 잘못된 법 집행에 대해 배상하지도 않고, 검찰총장이나 대법원장도 사과 한마디 하지 않는 겁니다. 잘못된 기소, 판결에 대해 피해자들에게 진심으로 사과하고

국가배상을 하는 등 책임을 지는 자성의 모습이 필요합니다.

이것이 바로 법 이전에 사랑이 있어야 하는 이유입니다. 사랑은 용서를 구하면 용서를 하고, 비로소 화해하는 것입니다. 잘못된 판결, 결정, 수사에 대해 법관, 검찰, 경찰이 사죄하는 모습을 보지 못했습니다. 심지어 잘못된 수사, 재판으로 인해 희생자(자살)가 발생해도 법관, 검찰, 경찰은 잘 사죄하지 않습니다. 현재의 법 집행 기관 전문가 선발 시스템은 주어진 사실 관계에 기계적으로 법을 적용하고 집행하는 것만 가르칩니다. 그것은 '기술자'가 되는 것뿐입니다. '회복적 사법'의 정신으로 수사와 재판, 형 집행 과정에서 피해자와 가해자의 용서와 화해, 소통과 경청, 배려의 모습을 모색하는 선진국과는 아주 딴판입니다.

조: 우리나라는 경찰서, 법정, 교도소라는 형사 사법 장소에서 피해자와 가해자의 개인적인 삶이 극단적으로 공개되는 경우가 많은 것 같아요. 게다가 국가는 피해자가 사과를 받고, 가해자가 용서를 구할 기회를 차단하고 무조건 교도소에 수용하여 처벌하는 것으로 의무를 다했다고 여기는 것 같아 아쉽습니다.

구치소 교도관으로 근무했지만 사실 교정 시설은 사람이 살아가기에 척박한 곳이거든요. 낙후되고, 사회적인 관계망도 다 차단된 곳에서 살아가던 사람들이 사회 복귀를 한 후 얼마나 잘 살아갈 수 있을까라는 의문이 늘 들었어요. 스트레스를 받아 더 일그러지고, 범죄를 학습해 더 심화된 괴물로 변하지 않는 게 오히려 용하다고 봐야 하는 거 아닌가 싶었어요.

박: 서장으로 재직할 때 전 반드시 교도소와 구치소를 방문했습니다.

죄를 저지른 사람들의 얼굴과 모습을 보면 신중을 기할 수밖에 없습니다. 정신병원, 부랑아 수용시설, 소년원도 꼭 방문했습니다.

그런데 국가인권위원회와 검찰, 법관, 대법원장들은 방문했을까요? 그들은 사무실에서 서류로만 판단하고 심리합니다. 종이 한 페이지에 한 사람의 삶을 충분히 담아낼 수 없습니다. 역대 대통령 중 소년원, 구치소, 교도소를 방문한 사람은 한 명도 없습니다. 프란시스코 교황님은 미국을 방문했을 때, 연방교도소에 가서 수감자들의 발을 씻겨주셨습니다.

조: 정말 대조적이네요! 우리나라 법 집행관, 사회 지도층들도 본받았으면 좋겠어요. 교도관으로서 한때나마 그들과 시간을 함께했던 저 역시 솔직히 재소자들을 '사람'이 아니라 편견에 싸인 채 '수용자'로서만 기계적으로 대했던 것 같아요. 부끄럽네요.

박: 오로지 수사검찰만 생각하느라 재범 방지를 위한 교도소 교화 행정에는 뒷전인 법무부는 반성해야 합니다.

조: **구치소나 교도소가 범죄 학습이 이루어지는 인큐베이터가 되지 않기 위해서는 어떻게 해야 할까요?**

박: **교정 행정에 보호, 관찰, 감시, 갱생 위주의 치유 시스템을 도입해야 합니다.** 유치장, 구치소, 교도소에서도 가족들과 전화 연락을 할 수 있어야 하고, 주말, 공휴일, 야간에도 변호사 접견을 할 수 있어야 합니다. 강제적으로 장기간 사회와의 교류를 단절시켜놓고 그들이 출소 후, 온전한 사회 일원으로서 살아가기를 기대하는 것은 모순입니다.

조: 여러 말씀 잘 들었습니다. 이제부터 저와 박 변호사님은 범죄와

관련한 많은 대화를 할 것입니다. 토론도 하겠지만 가끔은 논쟁도 벌이고, 서로의 주장에 대해 논박도 할 것입니다. 박 변호사님께서 이 책에 담고 싶으신 가장 '궁극의 주장'을 요약해 주신다면 무엇인가요?

박: "세상에 풀 수 없는 모순은 없다. 사랑이 있다면……."이라고 러시아 문호 톨스토이가 말했습니다. 법 이전에 사람이 있습니다. 저는 이 책을 통해 사람을 향한 따뜻한 사랑이야말로 범죄 발생 자체를 억제하는 가장 강력한 '법'이라고 생각합니다.

조: 사건 기록서나 판결문에 담겨있는 감정 없는 정보가 아니라 각종 사건·사고에 담겨있는 사람들의 사연과 관계들, 법이 이끌어야 할 이 시대의 올바른 가치와 휴머니즘, 법 집행자들이 가져야 할 온기와 눈물을 이 『범죄의 탄생』에 가득 담아 주셨으면 좋겠어요!

박: 흠흠! 신중하고, 또 신중하게 담겠습니다.

조: 감사합니다. 자, 그럼 시작하실까요?

The birth of the crime

한국인들은 세계 곳곳에서 한류 열풍을 뜨겁게 불러일으키는 우수한 민족입니다. 두뇌도 우수하고, 재주도 많습니다. 한국인의 속성을 드러내는 말로 '은근과 끈기'가 있을 정도로 겸손하고 인내심도 강하고, '해학의 민족'답게 흥도 많습니다. 수많은 외세의 침략을 받고 투쟁했던 역사로 인해 집단 결속력과 단결력도 뛰어납니다.

하지만 이런 좋은 장점들이 어느 순간에는 급반전되기도 합니다. 사건·사고의 순간에 만나는 한국인의 기질은 단박에 야누스의 추한 민낯을 드러낼 때가 있습니다.

강한 자존감은 상대적 박탈, 추락, 실패를 견디지 못합니다. 다시 발 딛고 일어서려 하지 않고 극단적으로 자포자기해 버립니다. 머리가 좋은 만큼 지능적인 범죄들도 잘 저지릅니다. '은근과 끈기'는 사회 지도층 인사들이 은밀하면서도 지속적으로 자행하는 성추행 범죄에서 보이는 저급한 도덕의식으로 변질되기도 합니다. 흥을 잘 타는 것만큼 우리나라 국민들은 욱하는 것도 잘해 묻지마 범죄를 저지릅니다. 뛰어난 단합력은 윤일병 사건에서 보이듯 집단 왕따나 폭력을 휘두르는 원동력이 되기도 합니다.

'대한민국이라서', '대한민국인이니까' 생기는 특유의 사건·사고들을 바라보면서 생각하게 됩니다. 여러 사람들이 함께 만드는 '집단 지성'처럼 대한민국 사회 근저에 만연한 사회 문화적 심리 기제들로 인해 만들어진 한국형 '집단 범죄'가 아닌가 하는…….

'집단 지성'이 똑똑한 개인이 저지를 수 있는 독단과 오류를 사회 구성원들이 함께 잡아주는 긍정적인 치료라면, '집단 범죄'는 우리 사회와 그 구성원들이 개선을 회피하고, 책임을 떠넘기는 사이에 더 곪고 썩어버린 환부(患部)일 것입니다.

하나

헬조선의
사건·사고들

엘리트 중산층 가장의
몰빵과 가족 살인

"인간은 누구나 극단적인 상황에 처하면, 우발적인 행동을 취하게 돼."
- 영화 「악의 연대기」 중 대사

• 사건 Q) 서초동 세 모녀 살인 사건 •

서초동에서 가장이 아내와 두 딸을 목 졸라 살해하는 사건이 일어났습니다. 명문대를 졸업한, 성공한 엘리트였던 가장 강 모 씨는 2012년부터 실직 상태에서 아파트를 담보로 돈을 빌려 생활비를 충당해 오다 주식 투자로 3억 원가량 손실을 입었습니다. 그 후, 대출금 상환 압박을 받게 되자 아내와 두 딸을 목 졸라 죽였습니다. 아내와 아이들을 살해한 강 모 씨는 충북 대청호에 투신하고 손목을 긋는 등 자살을 시도했지만 실패했고, 결국 검거됐습니다.

조: **"미안해, 여보. 미안해, 딸들아, 천국으로 잘 가렴. 아빠는 지옥에서 죗값을 치를게!"** 세 모녀를 살해한 가장이 끔찍한 선택을 한 후 자살을 결심하고 쓴 유서 내용이에요. 뉴스를 보는 내내 어떤 위화

감을 느끼면서도 그저 끔찍하지만 가슴 아픈 선택을 한, 한 아버지에 대해 '오죽했으면 그랬을까?' 생각하면서 연민했던 게 기억나는군요. 막연히 이 사건을 송파구 석촌동에서 있었던 세 모녀 생활고 비관 동반 자살처럼 생각했었나 봐요. 그래서인지 나중에 사건의 실체를 안 후 허탈감과 배신감은 좀 많이 컸어요.

박: 생각지 못한 반전이 있었던 사건이었고, 그 반전으로 커다란 공분이 일어났습니다.

조: 송파구 세 모녀 자살 사건이 기초생활수급자도 되지 못해서 말그대로 복지 사각지대에 방치되어 일어났던 것과 달리 이 40대 가장은 아무리 실직 상태였다 해도 극빈 상황에 몰렸던 건 아니어서 이해가 안 되고 당황스러웠어요.

박: 오히려 일반 서민들의 기준에서 보면 잘사는 축에 속했습니다. 서초동 40평대 넓은 아파트는 담보 대출을 빼고 매매하더라도 6억이 남을 정도였고, 통장 잔고에 부부 합산 4억 원이 넘는 예금도 있었습니다. 혼다 어코드 같은 외제차도 몰고 다녔습니다.

조: 극한의 경제적 궁핍 때문도 아닌데 왜 아내와 더불어 초등학생 두 딸의 목숨까지 빼앗았던 걸까요?

박: 강 모 씨는 남부러울 것 없는 스펙을 가진 사람이었습니다. 지방 출신으로서 서울 명문 사립대 경영학과를 졸업한 수재였고, IT 회사의 재무 담당자로 10여 년간 근무하다가 직장인의 꽃이라 하는 회계 담당 상무까지 역임했습니다.

조: 그야말로 한국 사회에서 말하는 엘리트 코스를 정통으로 밟은 사람이네요. 실직했다라도 경제적으로 그다지 궁핍하지 않은 사람이

왜 이런 범행을 저질렀는지 이해가 안 돼요.

박: 세상의 모든 가치는 상대적입니다. 한 개인이 객관적으로 가진 물질 수준이 한 나라에서 평균 이상이라 하더라도 주관적으로 느끼기에 자신의 한창 때보다 못하다고 생각하면 불행하다고 느낄 수도 있는 것이 사람입니다.

조: 재기의 꿈조차 꾸지 못하는 사람들에 비하면 배부른 투정이 아닐까요?

박: 절대적 빈곤보다 더 무서운 게 상대적 박탈감입니다. 점점 더 한국 사회의 계층화는 심각해지고 견고해지고 있습니다. 상류층은 중산층으로의 추락을 견디지 못하고, 중산층은 하류층으로 전락하는 것을 못 받아들입니다.

조: 아파트 브랜드, 명문 대학, 강남, 재벌, '~사'로 끝나는 직업 등 우리 사회 곳곳에는 배타적 구획과 레벨들이 있고 한 번이라도 진입하거나 소유했던 사람들이라면 그곳에서 밀려나는 것에 대해 극심한 공포와 좌절을 경험하는 것 같아요.

　목동이나 강남에서 살던 엄마들이 사정이 있어서 과천이나 평촌으로 갔는데 "자기네 형편 요즘 안 좋아?" 하고 묻는 사람들 때문에 스트레스를 받던 모습을 본 적 있어요.

박: 과거의 한국 가장들은 전쟁과 가난 속에서도 아버지 특유의 강함을 잃지 않았는데 비해 요즘 40~50대 가장들은 상대적으로 최악의 극단적인 선택을 쉽게 하는 것 같습니다. 아마도 경제적인 풍요로움 속에 자라나 상대적 빈곤과 좌절 등 외풍에 쉽게 흔들리기 때문이라 생각합니다. 강 모 씨 역시 잔혹 범죄를 저지를만한 사람으로 절대

보이지 않았습니다.

조: 그럼에도 불구하고 너무 유약하고 충동적인 성향의 가장인 건 확실해 보여요. 가족을 지키지(?) 못했잖아요.

박: 충청도 시골에서 서울 명문 사립대 경영학과를 진학할 정도의 수재였던 그는 자존심이 아주 센 사람이었을 겁니다. **자존심이 센 사람들은 작은 실패나 추락에 익숙하지 않습니다. 즉 실패를 견뎌낼 면역력이 없습니다.** 실직한 상태에서도 대출을 받아 월 400만 원씩 썼을 만큼 강 모 씨는 자신의 추락을 외면하고 싶어 했습니다. 더 이상 같은 생활 수준을 유지할 수 없다는 불안감, 교육비 걱정, 주변 인물들로 인한 낮은 자존감, 주거지를 바꿀 엄두는 낼 수 없었던 소심함 등, 이 모든 것이 그를 막다른 골목으로 밀어 넣었습니다.

지금의 대한민국 사회는 일단 한번 실패할 경우 쉽게 재도전을 허용해주지 않고 있습니다. 특히 한국 사회의 40, 50대 남성들은 그 경계선 밖으로 밀려나는 것에 대한 공포가 매우 큽니다. 강 모 씨 역시 이런 불안심리로 인해 주식에 '몰빵'을 했고, 많은 돈을 잃었습니다. **저는 한번 실패한 사람은 재기를 할 수 없도록 만드는 한국 사회도 이 범죄의 방조자라고 생각합니다.**

조: 물질이 전부가 된 현재의 대한민국에서는 중요한 정신적 가치 같은 것은 점점 빛을 잃어가는 것 같아요. 아무리 현실이 힘들더라도 편히 쉴 수 있는 유일한 울타리가 가정이어야 하고, 누구보다도 안식과 위로를 받을 수 있는 존재가 가족이어야 하는데 그것들을 소중히 여기는 생각 자체가 사라지는 것 같아 씁쓸해요.

박 : 세상이 만든 기준과 타인의 눈길에 속박당한 한 가장의 몰빵이

'가족 살해'라는 회복할 수 없는 실패를 불러 일으켰습니다. 추락하더라도 다시 날아 반등할 수 있는 희망이 있는 사회였다면 일어나지 않았을지도 모를 사건이기에 입맛이 씁니다.

조: "나는 못 보고 타인들만 보였지 내 안은 안 보이고 내 바깥만 보였지 오늘도 남의 시선의 노예로 사는가?" 유안진 시인의 시에 나오는 구절이에요.

어쩌면 행복은 다른 사람의 시선에서 벗어나고, 다른 이와 비교하지 않는 데서 시작되는 것이 아닐까요? 우리 모두 '남의 시선'이라는 감옥에서 탈출하여 행복한 자유인이 되기를 기원해 봅니다.

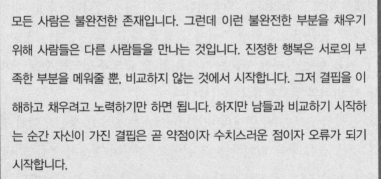

절대 빈곤보다 더 힘든 상대적 박탈감

모든 사람은 불완전한 존재입니다. 그런데 이런 불완전한 부분을 채우기 위해 사람들은 다른 사람들을 만나는 것입니다. 진정한 행복은 서로의 부족한 부분을 메워줄 뿐, 비교하지 않는 것에서 시작합니다. 그저 결핍을 이해하고 채우려고 노력하기만 하면 됩니다. 하지만 남들과 비교하기 시작하는 순간 자신이 가진 결핍은 곧 약점이자 수치스러운 점이자 오류가 되기 시작합니다.

다 같이 못사는 절대 빈곤보다 더 견디기 힘든 건 자기보다 나은 사람이나 집단과의 비교 속에서 갖는 상대적 박탈감입니다. 상대적 박탈감은 마치 바이러스처럼 침투하여 몸과 정신을 힘들게 하고, 갉아먹고, 침식시킵니다.

지금 대한민국 사회는 성별과 나이, 빈부 여부를 불문하고 상대적 박탈감으로 전방위적인 몸살을 앓고 있습니다. 이런 박탈감은 가족 안에서도 대립 이데올로기를 만들고 있습니다. '흙수저'의 아버지와 '흙자식'의 아들의 싸움을 교묘하게 부추기는 사회에서 가정은 더 이상 편안한 쉼터가 아니고, 가족 역시 믿음직한 아군이 될 수 없습니다.

돈도, 꿈도, 복지도 없는 헬조선[1]

"인생은 고통이야."

- 영화 「달콤한 인생」 중 대사

• 사건 Q) 송파구 세 모녀 & 부천 세 자매 자살 사건 •

송파구 석촌동의 단독주택 지하 1층 집에서 세 들어 살던 한 어머니와 두 딸이 생활고에 시달리다가 자살한 사건이 있었습니다. 아버지가 남긴 빚 때문에 신용불량자가 되어 취직을 못 하던 두 딸과 식당 일을 하다가 팔을 다쳐 일을 하지 못하게 된 어머니가 자살한 사건이었습니다. '송파구 세 모녀 사건'이라 불리며 국민들에게 충격과 슬픔을 준 이 사건의 데자뷰 같은 가족 동반 자살 사건들이 여전히 심심찮게 일어났습니다.

송파구 세 모녀 사건을 연상시키는 사건이 부천에서도 일어났습니다. 한 아파트에서 세 자매가 자살한 사건이었습니다. 셋째와 넷째 언니는 투신자살했고, 막내 여동생은 집 안방에서 죽은 채로 발견됐습니다.

---

1. 청년 실업, 전세난 등 2015년 현재 대두되고 있는 한국 사회의 어려움을 지옥에 비유한 신조어. 한국의 옛 명칭인 조선에 지옥이란 뜻의 접두어 헬(Hell)을 붙인 합성어.

송파구 세 모녀 자살사건

조: "주인 아주머니께. 죄송합니다. 마지막 집세와 공과금을 남겨둡니다. 정말 죄송합니다." 송파구의 반지하 방에서 번개탄을 피워 목숨을 끊은 세 모녀가 마지막으로 남긴 유서 내용입니다. 마지막 집세와 공과금 70만 원을 남긴 그들은 죽는 순간까지도 이웃을 걱정했습니다. 복지 사각지대를 없애겠다는 다짐이 무색하게도 이런 세 모녀 사건 같은 일가족 동반 자살 사건이 심심찮게 일어나고 있습니다. 정말 가난은 나라님도 구제를 못하는 걸까요?

박: 이 사건을 계기로 긴급구조지원을 위한 '송파 세 모녀법'이 생겼고, 복지 사각지대에서 고통받는 국민들을 구제하기 위한 노력들이 많아졌습니다. 하지만 안타깝게도 송파구 세 모녀 사건과 같은 비극적 사건은 여전히 끊임없이 재현되고 있습니다.

빈곤으로 목숨을 끊은 아내와 열두 살 딸의 모습을 보고 뒤따른 빈곤 가장의 자살, 전셋집에서 쫓겨나게 되자 자기의 시신을 수습할 사람이 먹을 국밥 값 10만 원을 남겨두고 목을 맨 60대 남성의 자살 사건도 있었습니다.

조: 자살하면서도 장례비 100만 원과 세금 고지서와 빳빳한 76만 원어치 지폐를 남겨두었다는 말을 듣고 가슴이 참 먹먹했어요. 저는 이런 사건들이 터질 때마다 전 재산이 29만 원밖에 없다고 말한 전직 대통령이 문득문득 떠올라요. 마지막 선택을 하는 순간 그들에게도 어려움을 털어놓고 도움의 손을 내밀 수 있는 그 누군가가 있었다면 이런 선택을 했을까요?

박: 노움소자 받을 수 없는 사람들이었기에 자살밖에 다른 선택이 없

었을 겁니다.

조: 사회적 병폐가 곪을 대로 곪다가 손쓸 수 없을 지경이 되어서야 문제를 발견하고 해결하려는 이 사회, 이 나라가 가난한 누군가에게 '비빌 언덕'이 못 된다는 것을 통감하고 반성해야 하지 않을까요?

박: 어렵게 사는 사람일수록 쉽게 손 내밀 수 있는 학연, 지연, 인맥 등 사적인 사회적 자본도 없고 수혜자들이 알 수도 없습니다. 개인이 못하면 사회와 국가가 도와야 하는데 못하고 있습니다. 상담창구 제도가 부재하는 현 사회 시스템도 문제가 있습니다.

설사 시행 중인 위기 관리, 긴급 복지 지원 시스템이 있더라도 이러한 시스템이 있는지조차 아는 국민들이 별로 없습니다. 탁상행정의 전형적인 병폐입니다.

조: 이웃, 사회의 도움도 못 받고 떠나면서도 마지막까지 이웃을 위해 자신의 모든 것을 남기는 마음에 눈물이 나네요. 세 사람의 목숨이 만든 '송파 세 모녀법'이 사회적 네트워크 혹은 사회적 자본으로 충분히 기능한다고 생각하세요?

박: 아직도 많이 미흡합니다. 제도적으로도 틈이 많습니다. 예를 들면 부양 의무자와 함께 살고 있거나 근로 능력이 있으면 수급 대상이 될 수 없는 식입니다. 부양 의무제 때문에 아들에게 혜택을 주기 위해 부양 의무자인 아버지가 스스로 목숨을 끊은 사건도 있었습니다. 반면에 오히려 재력이 풍부함에도 불구하고 일부러 가장 이혼을 통해 기초생활수급자로 만들어 혜택을 받는 경우도 있습니다.

정부는 사실상 혜택을 받아야 할 사람들이 요건과 절차가 까다로워 혜택을 받지 못하는 현실을 직시해야 합니다. 보건복지부, 자치단체장들이 과연 그런 가정들을 방문하고 애로 사항을 청취한 적이 있었을까요? 축제, 간담회, 청년수당 지급 등 실적이나 생색내는 데 급급한 현실이 안타깝습니다. 그 예산이면 송파 세 모녀 같은 분들을 얼마든지 살렸을 겁니다.

부천 세 자매 자살 사건

조: 부천 세 자매 자살 사건의 경우, 특이하게도 두 명은 투신했고, 막내 여동생만 집 안에서 죽은 채로 발견됐어요. 자살 이유는 송파구 세 모녀와 같이 빈곤 때문이었나요?

박: "사는 게 힘들다. 화장해서 뿌려 달라!"라는 짧은 유서에는 자살 동기라 할 만한 것이 담겨있지 않았습니다. 다만 생활고가 직접적인 자살 동기는 아니었습니다. 아파트도 어머니의 자가였고 특별한 부채도 없는 등 사는 형편은 그리 나쁘지 않았습니다.

조: 한창 나이인 30대 초반의 두 언니와 20대 후반의 막내 여동생이 같은 날 같은 장소에서 자살이라는 극단적 선택을 한 점이 매우 특이해요. 친한 여성들끼리는 화장실도 같이 가는 특징이 있는데, 이 세 자매가 같은 어려움과 심리를 공유하고 있었고, 결국 이것이 죽음의 공유로까지 진행된 것처럼 느껴져요.

박: 세 자매의 부친은 오래전에 사망했고, 어머니와 결혼한 두 언니가 있었습니다. 다른 친척들과도 소원했고, 거기다가 세 자매 모두 뚜렷한 직업이 없었습니다. 셋째만 최근 취업 경험이 있었고, 넷째와 막내의 경우 식상 생활을 하지 않았습니다. 그나마 셋째도 어린이집

보육 교사로 10여 년간 일하다가 최근 실직한 상태였습니다.

조: 정식 직업을 가지지 못한 채 알바로 살아가고, 최근에 실직을 맞이한 상황. 가난하지는 않아도 왠지 불안한 삶이었네요. 딱히 꿈도 없고, 삶의 의욕도 강하지 않은 자매들 중 누군가가 죽음을 생각했고, 그런 생각을 은연중에 표현한 누군가에 의해 자살이 공유되기 시작했다? 충분히 가능한 이야기 아닐까요?

박: 가능합니다. 처음 사건 수사 초기 각자 목에 목 졸림 흔적이 있어서 타살 의혹이 제기되기도 했지만 남겨진 유서 등 단서를 종합한 결과 자살로 결론 났습니다. 아마 서로가 목을 조르지 않았나 추측할 뿐입니다.

조: **송파 세 모녀와 부천 세 자매 사건 모두 돈도 없고, 복지 혜택도 못 받고, 꿈도 없는 중산층 이하의 가정들이 붕괴되는 조짐을 담은 사건들이라 매우 걱정이 돼요.** 이 가정이라는 작은 셀Cell이 우리 사회라는 전체 시스템을 이루는 작은 부분인데 이것마저 무너진다고 생각하니까 두려워요.

박: 가족 동반 살해 사건을 비난하거나 외면하기에 앞서 가족 간에 고민을 털어놓는 대화 등 감정적 교류, 소통과 더불어 사회와 국가의 사전Before 상담 및 케어care 시스템으로의 전환이 필요합니다. 이미 금이 간 둑이 무너지는 것은 한순간입니다.

가정이 무너진다면 사회도, 언젠가는 국가도 무너집니다. 다행인 것은 무너지기 전에 늘 붕괴를 예고하는 조짐이 있다는 사실입니다. 이 조짐을 알아챌 수 있는 존재는 가까운 가족과 이웃입니다.

무너지는 이웃들에게 가장 필요한 것이 돈이나 직장, 원조일까요? 아닙니다. "왜?"라는 물음과 관심 그리고 사랑일 것입니다.

자살, 어쩌면 사회적 타살!

한국 사회에서 가장 많이 발생하는 살인 행위는 바로 자살입니다. 하지만 과학적으로 수사를 하면 '자살'이 맞지만 꼭 '자살이 아닌' 것처럼 보이는 사건들도 많습니다. 복지 사각지대로 인한 가난, 취업 실패, 꿈조차 마음껏 꿀 수 없는 사회와 국가에 느끼는 좌절감, 공동체 사회 시스템 붕괴가 개인의 자살을 유도함으로써 사실상 사회적 타살을 자행했다는 생각이 종종 들 때가 있습니다. 타살의 원인은 이들을 죽음으로 몰고 간 사회적 소외에 그 원인이 있기 때문입니다.

우리의 주변에는 곤궁한 사람들이 생각보다 많습니다. "나는 신발이 없다고 한탄했는데 거리에서 발이 없는 사람을 보았다."라는 데일 카네기의 말처럼 사는 게 급급하여 아프다고, 힘들다고 비명조차 지를 힘이 없는 사회적 약자들이 수두룩합니다. 그들에게 죽음은 어쩌면 삶보다 더 손쉬운 선택이 될 수도 있습니다.

문제는 이러한 죽음으로 몰고 갈 수밖에 없는 가정, 사회적 현실, 증후에 대해 이웃과 주변사람들이 함께 고민하고 도와주는 시스템이 없다는 점입니다. 이런 사람들에게 작은 관심과 손길을 주지 않는다면 사실상 사회적 타살인 '자살' 사건들은 끊이지 않고 일어날 것입니다. 이렇게 사회적 타살을 저지른 사회에게는 과연 어느 정도의 벌을 내려야 할까요?

분노 게이지 사회,
'묻지마 범죄'란 없다

> "아주요 사소한 거 가지고 싸움이 시작이 돼 가지고
> 나중에 이 대형 사고 터지는 거 이게 우리 때하고 다른 게 명분이 없다는 겁니다."
> ─ 영화 「죽거나 혹은 나쁘거나」 중 대사

• 사건 Q) 인천 부평 묻지마 폭행 사건 •

인천 부평동의 길거리에 서 있던 어느 20대 커플을 술을 마시고 택시를 타고 가던 4명의 무리들이 내려서 폭행을 가해 중상을 입힌 사건이 일어났습니다. 피해자가 범인을 잡기 위해 이 폭행 동영상을 온라인에 공개하자마자 큰 공분을 일으켰고, 이 사건의 가해자 4명 중 3명은 구속, 1명은 불구속 입건됐습니다. 이 무차별 폭행 사건은 뚜렷한 원인도 별로 없었습니다. 술에 취한 일행이 길을 가던 커플이 거슬렸다는 이유만으로 무차별하게 때린 묻지마 폭행이었던 것입니다. 이 폭행으로 피해 커플은 각각 갈비뼈와 코뼈가 부러지는 중상을 입었습니다.

조: 주차 시비로 상대방을 야구방망이로 무차별 폭행하든지, 음식이

짜다는 말에 업주가 손님을 흉기로 서른 차례 이상 찔러 살해하는 등의 충격적인 범죄를 접하다 보면 요즘은 말다툼도 함부로 해서는 안 된다는 생각을 해요.

소름이 끼치는 것은 그 공포가 일상의 아주 사소한 일을 원인으로 해서 발생할 수 있다는 사실이에요. 충동적이고 극단적인 '묻지마 범죄'를 일으키는 사람들은 보통 어떤 성향의 사람들인가요?

박: 누구나 음주, 사업 실패, 가정 불화, 스트레스 등에 의해 분노를 표출할 수 있습니다. 그러나 그러한 분노 조절 또는 충동 조절 장애가 있는 사람들이 있습니다. 이러한 사람들에게는 분노를 좋은 방향으로 풀 수 있는 사회적 장치(운동, 상담, 치료 등)가 필요합니다.

남에 대한 배려가 현저히 부족해진 개인주의 성향이 확산되고 사적이고 내밀한 충동들을 통제하지 못하는 사회 전체적인 억제력의 부족이 대한민국을 공포 사회로 만드는 주 원인이라 생각합니다.

조: 명백한 동기가 없는 상황에서 불만과 갈등에 대한 분노 조절 기능이 약화되어 우발적으로 불특정인에 대한 공격 형태로 표출되는 '묻지마 범죄'를 어떻게 생각하세요?

박: 저는 '묻지마 범죄'라는 말 자체를 고칠 필요가 있다고 생각합니다. 그 범죄를 일으킨 다른 원인이 엄연히 있는데 단순히 '묻지마 범죄'라는 타이틀 뒤에 숨어 그 근간을 들여다보려는 노력을 하지 않는 것은 무책임합니다. 핑계 없는 무덤 없듯이 세상에 이유 없는 행동은 없습니다.

'묻지마 범죄'의 근저에는 상대적 박탈감·열등감, 불만, 스트레스가 반드시 쌓여있습니다. **이런 사회적 분노 범죄를 단순히 개인 범**

죄로 바라봐서는 안 될 말입니다.

조: "살다 보면 화나는 일도 많지만 분노를 풀어서는 안 된다. 세상에 아름다움이 넘치니까." 미국 영화 「아메리칸 뷰티」에 나오는 대사예요. 왠지 반어법 같은 이 대사는 그만큼 세상에는 추한 것들이 넘칠만큼 많아 화를 내고 무자비하게 분노를 풀어낼 일도 많다는 것처럼 들려요. 분노 게이지를 상승시키는 것들이 우리 사회에 좀 많긴 하죠.

박: 분노 조절에 어려움을 겪고 있는 사람들 중 상당수가 사회에 대한 피해 의식과 사회적 소외 상태에 있는 경우가 많습니다.

단순 보복심이나 순간적인 충동에서 발화된 것처럼 보이는 사건들의 이면을 보면 심리적으로, 사회적으로 극단으로 내몰린 가해자가 존재합니다.

조: 이런 분노 범죄들이 점점 흉포해져서 걱정입니다. 욱해서 저지른 범죄에 억하고 죽는 경우가 많아요.

박: 사전에 계획된 범죄가 아니라 즉각적이고 우발적으로 발생하기 때문에 아무도 예측도 못 한다는 점에서 더 위험합니다. 내가 언제 그 피해자 또는 가해자가 될지도 모릅니다. 사회 곳곳에 시한폭탄이 깔려있는 셈입니다.

조: 이렇게 분노가 많은 사회에서 화를 잘 푸는 방법도 필요한 것 같아요. 평소에도 감정을 원활하게 조절하는 능력을 키울 필요가 있어 보이네요.

박: **의외로 분노는 몇 분 안에 사라지는 감정입니다. 이런 분노 유발형 범죄의 경우 분노를 해소할 수 있는 창구나 시스템이 제대로 있**

다면 분명 범죄율이 줄어들 것입니다. 문제는 별로 없다는 것입니다. 술과 게임, 도박으로 분노를 해결하는 사람들도 많은데 이건 그다지 좋은 방법이 아닙니다. 오히려 우발적인 범죄가 늘어나는 원인으로 작용하니까요.

조: '묻지마 범죄'를 당하는 대상들은 주로 누구일까요?

박: 이 범죄는 불특정 다수를 상대로 무작위로 벌어지곤 합니다. 그래도 비중으로 따지면 대부분 여성, 어린이, 노인 등 약한 상대에게 가해지는 경우가 현저히 많습니다.

　하지만 성인 남성이라고 안심해서도 안 됩니다. 도로에서 길을 가다가 단지 쳐다봤다는 이유만으로 무차별적인 폭행을 당해 뇌사 후 결국 사망한 30대 남성도 있었습니다.

조: **수사 기관과 사회, 국가 모두 관심을 기울이고, 분노를 유발하는 원인에 대해 깊게 연구하여 무조건 묻지마 범죄로 단죄하지 말고 범죄를 하도록 몰고 간 가정, 사회적 환경에 대한 심도 깊은 조사도 필요해 보이네요.**

박: 분노 범죄는 사회적 범죄로 다뤄야 합니다. 층간 소음의 가해자를 조사해 보면 층간 소음이 단지 그의 분노를 촉발한 요인일 뿐, 사실은 실업, 가정불화, 이혼 등과 같은 극단적인 상황이 원인인 경우가 많습니다. 특히 요즘 청소년들의 학업스트레스로 인한 분노 범죄나 운전 과정에서 벌어지는 보복, 난폭운전 등 그릇되게 분노가 표출되는 현상은 우리 사회에 분노형 범죄에 대한 원인을 치유할 수 있는 시스템(상담, 치료 등)이 부재하다는 일면을 보여줍니다.

조: 그러면 그러한 치료를 위해서는 어떤 절차가 보장돼야 할까요?

박: 먼저 묻지마 범죄 가해자에 대한 수사와 재판, 처벌 단계에서도 무조건적 중형선고보다는 범죄 원인에 대한 심도 있는 분석과 관찰이 필요합니다.

무조건 묻지마 범죄, 사이코패스형 범죄로 단정하고 중형으로 처벌하는 것만으로는 범죄를 근절할 수 없습니다. 또한 알코올, 게임, 도박, 성 중독 치료 시설에서 장기간 완치가 가능하게끔 치료를 받을 수 있도록 수사 기관과 법원에서 명령, 처분을 내려줘야 할 것입니다. 석방 후 재범이 이루어지지 않도록 보호관찰이 제대로 되어야 합니다.

묻지마 범죄란 없다

호주와 미국 등에서도 이른바 '원 펀치 공격'이 있습니다. 상대방을 단 한 방의 주먹으로 쓰러뜨린다는 의미에서 붙여진 '원 펀치 공격'에 많은 사람들이 죽었습니다.

길을 가다가 갑자기 주먹을 휘두르는 사람과 맞닥뜨린다면 우리는 어떻게 대처해야 할까요? 사실 뚜렷한 방법은 없습니다. 경찰에 신고하거나 사람이 많은 곳으로 이동하는 게 가장 좋은 방법입니다. 피해자가 먼저 맞더라도 같이 때리면 쌍방 폭행이 됩니다. 만약 사람이 주위에 없고, 범죄를 미리 인식할 수 없을 만큼 갑작스러웠어도 위기를 감지하면 빠르게 자리를 피하는 게 상책입니다.

경찰도 피해자가 불특정 다수라는 이유로 범행동기를 딱히 찾을 수 없는 '묻지마 범죄'로 단순하게 치부하지 말아야 합니다. '묻지마 범죄'를 수사할 때 가해자의 환경이나 범죄 경험 등을 깊이 있게 분석해야 비슷한 범죄를 예방할 수 있습니다.

베테랑 을(乙)들, 유아독존 갑(甲)들을 한 방 먹이다

"금수저 물고 태어나서 흥청망청 사는 것은 이해할 수 있지만,

그래도 사람 죽이는 건 아니지.

그 똥만 든 대가리로 네 변호나 준비해.

내가 잘리는 한이 있어도 너만큼은 살인죄로 집어 처넣을 거니까."

– 드라마 「시그널」 중 대사

• 사건 Q) 재벌회장님의 운전기사 폭행사건 •

110년 전통의 한 장수 기업의 전 명예회장이 운전기사를 폭행한 사건이 일어났습니다. 가해자의 운전기사로 근무하던 40대 남성은 특별한 이유 없이 잦은 폭언과 폭행을 당해왔습니다. 가해자는 평소 운전기사뿐만 아니라 회사 아랫사람들에게 '돼지', '병신', '멍청이' 같은 육두문자를 입에 달고 다녔고, 주폭 기질이 농후해 술을 마시면 술잔을 집어던지거나 기물을 파손하기도 했습니다. 또한 여직원들에게 술을 따르게 하는 등 성희롱도 일삼았습니다. 분노 여론이 일자 가해자는 사장인 아들과 대국민 사과문을 발표했습니다.

조: 우리나라 재벌 기업들이 재벌 총수 자녀들의 경거망동에서 비롯된 스캔들에 휩싸여 휘청거리는 일이 이제는 낯설지가 않아요. 서민

기업 이미지가 강했던 한 제약 회사의 재벌 3세가 자신의 고급 승용차에 주차 딱지를 붙인 경비원에게 폭언과 함께 노트북을 부숴버린 일도 있었죠?

박: 땅콩을 봉지째 줬다는 이유로 폭언에 이어 책임자를 내리기 위해 비행기까지 회항시킨 사건을 일으킨 모 항공사 부사장이 구치소에 수감되면서 재벌 2, 3세의 갑질 논란이 본격적으로 촉발됐습니다.

이런 일련의 사태를 보면서 느낀 것은 기업을 제대로 유지하기 위해서는 재벌 후계 교육부터 제대로 시킬 필요가 있다는 겁니다. 직위에 버금가는 높은 인격적 수양이 뒷받침되는 후계자를 키워야 하는데, 그러려면 계급이 낮은 직원을 업신여기고 노예처럼 부리는 풍토부터 사라져야 합니다.

조: **오너 일가가 저지른 만행이 기업 주가뿐만 아니라 국가 경제에도 영향을 준다고 생각한다면 후계자를 제대로 교육시키는 것이 국가를 지키는 길 같아요.**

박: 영화 「베테랑」을 보시면 유아독존 재벌 3세 조태오가 벌이는 여러 갑질들이 나옵니다. 씁쓸하게도 원래 다 현실에서 있었던 재벌 2, 3세의 실제 사건에서 모티브를 따왔다고 합니다.

프라이드 운전자가 자신들의 그랜저를 버릇없이 막았다고 차로 가로막아 세운 뒤 벽돌로 무차별적으로 폭행한 재벌 2세, 1인 시위를 하던 화물연대 소속 운전기사를 매 한 대에 100만 원씩이라며 5~6대를 때렸고, 이후 한 대에 300만 원이라는 등 더욱 폭력을 행사한 후 2,000만 원을 던졌던 재벌 2세의 이야기는 허구가 아니었습니다.

조: 그나마 유아독존 갑들에 한 방 먹이는 을들의 목소리가 점점 커지고 있다는 것은 고무적인 것 같아요. **재벌 갑질 논란이 일어난다는 것 자체가 매우 긍정적인 사인이라고 생각해요. 그만큼 그것을 고발하고 알리는 이들이 많다는 반증이니까요.**

영화 「내부자들」에 나오는 "어차피 대중은 개, 돼지들입니다. 적당히 짖다가 알아서 조용해질 겁니다."라는 대사의 반전이 일어나는 세상이 됐습니다. 그럼에도 불구하고 간간이 재벌들의 갑질은 이어지고 있어요. 그 이유는 무엇일까요?

박: 창업자에서부터 3~4세대로까지 이어져오는 동안 사회 속 로열패밀리로 자리 잡은 그들은 갑의 횡포를 당연한 특권으로 여기게 됐습니다. **많은 사람들이 직위나 계급을 본인과 동일시합니다.**

하지만 그것은 업무에서의 지위일 뿐 인품의 정도를 나타내는 척도는 아닙니다. 재벌 2, 3세들이 선대 창업세대들이 이룩한 부를 자신의 사적 권한으로 여기는 건 잘못된 것입니다.

조: 고도성장의 주역이었던 재벌들의 2세, 3세들은 창업주들과 달리 뭔가 제대로 인증받은 사람들이 아닌데도 불구하고 품성이나 인격도 덜 된 사람들이 전권을 받는 구조라면 너무 불합리한 거 아닐까요? 이들이 기업 안에서 중요한 판단을 내릴 수 있는 위치에 서서 국가 경제를 뒤흔들 수도 있다고 상상하면 엄청 걱정돼요.

박: **특권 뒤에 숨어서 마음대로 인사 전횡을 휘두르는 재벌 2, 3세가 이끌어가는 기업이 세계 다른 기업과 경쟁해서 과연 이길 수 있을까요?** 강이나 바다가 많은 개울을 거느리고 있을 수 있는 이유는 낮은 위치에 있기 때문입니다. 성경 시편에도 "겸손한 사람이 땅을 차지

할 것이며 기뻐하며 평화를 누릴 것이다."라는 말씀이 나옵니다. 겸손은 낮아짐으로써 더 높아지는 마법입니다. 우리나라 재벌 2, 3세의 후계 교육에 이런 'Understand'의 정신 교육을 의무적으로 포함시켜야 합니다.

조: 카를 마르크스가 말했죠? **"부유한 인간이란 내면이 부유한 인간이지 부를 소유한 인간이 아니다."** 마치 자본주의의 폐해를 선험적으로 꿰뚫어 본 말인 것 같아요.

박: 마르크스의 기준으로 따지면 딸이 태어나자 52조라는 엄청난 기부를 즉시 실천한 페이스북 CEO 마크 주커버그는 진정한 부자입니다. 갑질, 족벌 체제, 분식 회계, 주가 조작, 정경유착, 스캔들 등등의 단어들이 연관 검색어로 따라붙는 한국의 재벌들은 돈만 가진 거지와 다를 바 없습니다.

　한국의 재벌……. 이제는 변해야 합니다.

다이아수저보다 존경스러운 흙수저

수저론에 따르면 다이아수저는 상위 0.1%의 자산 30억 이상 연봉 3억 이상을 가진 그룹입니다. 금수저는 자산 20억 이상 연봉 2억 이상의 사람들로 굳이 취업하지 않고도 부모가 물려준 재산으로 살 수 있고, 부모님이 용돈 주고 차 사주고 집도 사주며 직장까지 구해줍니다. 은수저는 자산 10억 이상 연봉 8,000만 원 이상의 부모가 건실한 직업을 가지고 있어서 적당히 일해도 결혼하고 살아가는 데 지장 없고, 혼기가 되면 부모가 집 사주고 아이 봐주고 노후 준비도 돼 있는 데다가 나중에 아파트 한 채 정도 상속해 줄 수 있습니다. 동수저는 자산 5억 이상 연봉 5,500만 원 이상으로 부모 집이 2억 이상이고 자식에게 서울 집은 못 사줘도 전세 정도는 해줍니다. 노후 걱정이 없지는 않겠지만 자녀들에게 손은 안 벌리고 살 정도입니다. 흙수저는 자산 5,000만 원 미만 연봉 2,000만 원 미만의 그룹을 가리킵니다.

비록 흙수저이지만 좋은 정신과 귀중한 정서적 자산을 남긴 부모님도 있는 반면, 다이아수저라도 탐욕과 협잡의 추악한 모습만을 남기는 재벌 부모도 있습니다.

과연 누가 더 존경스러운 '수저' 아니 '부모'일까요? 금수저도 흙·동·은수저와 더불어 같이 공존하도록 부모가 가르쳐야 하고, 금수저 출신 사이에서만 폐쇄적으로 교류하고, 그들의 눈높이에서 사회를 바라보는 풍토는 사라져야 할 것입니다.

가출팸,
범죄자들의 인큐베이터

"거리는요… 하룻밤 먹고 잘 곳을 위해
아무렇지 않게 다른 사람 걸 뺏고 누구나 이용하는 세계예요."

– 드라마 「실종느와르 M」 중 대사

• 사건 Q) 김해 여고생 살인 사건 •

김해에서 한 여고생이 끔찍하게 살해되어 암매장된 사건이 있었습니다. 중학생이 포함된 청소년 무리들이 가출한 피해 여고생에게 성매매를 강요하고 토사물을 먹게 하고 "너무 맞아서 답답하다."라는 말에 끓는 물을 부었습니다. 이런 악마 같은 학대 행위에 여고생은 결국 급성 심장마비로 목숨을 잃었습니다.

그런데 여기서 악행은 끝나지 않았습니다. 숨진 여고생의 시신에 휘발유를 뿌리고 불을 붙여 형체를 알아볼 수 없게 한 후 야산에 땅을 파고 시신을 넣은 뒤 시멘트를 반죽해 시신 위에 뿌리고 돌멩이와 흙을 덮어 범행을 은폐하려 한 것입니다. 이 끔찍한 살인 사건의 배경에는 '가출팸'이 있었습니다.

조: 변호사님, 가출팸에 대해서 간단한 설명을 부탁드립니다!

박: '가출팸'이란 '가출 패밀리'의 약자입니다. 최근 부부 싸움, 자녀 학대, 할아버지, 할머니 양육 속에 무관심한 가정교육으로 가출을 감행한 청소년이 가출한 동일한 처지에 있는 또래 여러 명과 합심해 일종의 가족을 이루는 것을 말합니다.

조: 나이 어린 학생들이 저질렀다고 보기에 믿기지 않는 참혹한 사건입니다. 가출팸이 예비 범죄자들의 인큐베이터가 된 까닭은 무엇일까요?

박: **면식이 없는 아이들이 모바일, 인터넷 조건만남을 통해 만나서 고시원, 원룸, 모텔에서 집단적으로 생활하는 가출팸은 일종의 가상 가정이라 할 수 있습니다. 실제로 가정에서 아빠나 엄마, 오빠와 여동생이 있듯이 역할을 분담해서 생활하기도 합니다. 하지만 가출팸은 엄연히 보호해주지 않고 진짜 사랑을 건네지 않는 가짜 가족일 뿐입니다.**

가출팸에 모인 아이들은 돈을 벌기 위한 불법 행위에 빠지기 쉽습니다. 절도나 퍽치기 등 생계형 범죄를 수시로 일으키는 것은 물론이고 또래 여학생을 이용해 성인을 대상으로 이른바 원조 교제나 조건 만남을 제안하기도 합니다. 성매매 장소에 나온 성인들을 대상으로 강도 행각을 벌이기도 합니다.

조: 아이들이 거리로 뛰쳐나가는 것을 막을 방법은 없을까요? 한 번 일탈한 청소년들을 보듬어주는 사회적인 노력이 많이 부족한 부분도 있는 것 같아요!

박: 저는 가출아동 한 사람을 제대로 관리하고 보호하면 가출로부터

파생되는 많은 강력범죄들을 막을 수 있다고 생각합니다. 그런데 가출청소년들을 범죄로부터 막아줄 쉼터 등 안전장치가 없습니다. 그러니 가출청소년들은 범죄의 소굴로 빠져들게 됩니다.

경찰이 적극적으로 나서서 가출학생의 가정을 방문, 면담과 심층조사를 통해 학대 여부를 수사하여야 합니다. 그런데 정부의 대책은 수사권(부모강제소환조사권)이 없는 학교 교사, 지자체(주민센터, 보건소)에 책임을 미루는 경향이 많습니다. 실효성이 없습니다.

최근 기간제 교사를 폭행한 고등학생들의 사례에서도 보면 곧바로 퇴학 처분에 대한 논란이 일어났잖아요? **미국은 경고를 하고 치료 명령이나 보호 관찰로 아이를 케어하다가 그래도 안 되면 최후 수단으로 사법 처리를 합니다. 하지만 우리나라에서는 절차 없이 무조건 퇴학시키는 등 벌주기 바쁩니다. 책임을 전가하기 가장 쉬운 학생들에게 책임을 묻는 겁니다.** 교장은 교육청이나 교육부에 보고하는 의무에 급급해 아이들의 미래에 대한 고민 없이 바로 행정적으로 처리해 버립니다.

이들을 무조건 형사 처벌로 단죄만 할 것이 아니라 건전한 가정, 사회 환경으로 복귀시킬 수 있는 교육, 취업 재활 프로그램이 필요합니다.

조: 이런 식으로 학교 밖으로 뛰어나간 아이들이 꽤 많을 것 같아요. 학교와 가정 바깥으로 나간 이 아이들이 성인 범죄자 못지않게 잔인하고 흉포해진 이유는 무엇일까요?

박: **바늘 도둑이 소도둑이 되듯이 퍽치기, 인터넷 구매 사기, 지갑 털이, 차량 털이, 싱짐 딜이, 보험 사기 등 삭은 범죄를 접한 아이들**

은 범죄에 대해 점점 무감각해지고 잔인해집니다.

이들은 떼로 몰려다니면서 범죄를 저지르니까 딱히 죄책감도 가지지 않습니다. 실제로 범죄 청소년들은 경찰서에서 조사를 받아도 전혀 죄의식을 보이지 않습니다. 나이 어린 촉법소년들은(10~13세) 대놓고 떠듭니다. 자기들은 죄를 지어도 처벌받지 않는다고요.

조: 문제는 이 아이들에게만 있지는 않습니다. 이런 가출팸을, 이곳에 모인 가출 청소년들을 이용하는 나쁜 어른들도 존재한다면서요?

박: **나이가 많고, 전과가 많은 20~30대 성인들이 팸에 합류하게 되면 그 팸은 자연스럽게 범죄 조직으로 변하기 쉽습니다. 그때부터 가출팸은 범죄를 전수받고 모방하고 학습하는 근원지가 됩니다.** 가출팸에 모인 여학생들을 이용한 성매매 신종 알선 집단이 되는 식입니다.

영국에서 제정된 성인이 청소년을 성적인 목적으로 만나거나 어떤 수단을 통하여 연락을 취한 후 만나기 위해 이동하는 경우 및 만날 의도가 있는 경우에는 비록 직접적인 성행위를 하지 않더라도 징역 10년 미만에 처하도록 규정한 '그루밍법' 도입을 추진할 필요가 있습니다.

조: 어린 청소년들이 좀 더 큰 청소년에게 착취당하고 그 아이들은 성인들에게 착취당하는 등의 먹이사슬이 형성되는 거군요. 이 아이들을 보호하는 사람이나 제도는 없나요?

박: 청소년들이 밤거리를 떠돌아도 생활 지도 교사나 경찰은 눈에 띄지 않습니다. 경찰관을 아무리 증원해도 밤거리에 순찰하는 경찰관을 찾아보기가 어렵습니다. 지방청, 경찰서, 순찰차에 근무하는 경

찰관은 많아도 거리를 순찰하면서 배회하는 청소년들과 대화하고 상담하는 경찰관은 적습니다.

교사도 마찬가지입니다. 방과 후 학습 지도, 대학원 진학 등 자기계발에 열중하는 교사는 많아도 방황하는 아이들을 지도하고 상담하는 교사는 적습니다. 설령 교사나 경찰이 가출 청소년을 찾더라도 보호자에게 무조건 인계부터 합니다. 그러면 어떻게 될까요?

가정 폭력과 학대, 재가출의 악순환이 반복될 뿐입니다. **무조건 부모에게 인계하기보다는 가출 경위를 세심하게 파악하고, 밀착 보호 관찰을 하는 등 가출이 재발하는 것을 막는 장치를 만들어야 합니다.** 거리의 아이들은 대부분 학교와 가정 밖으로 뛰쳐나와 가출팸에 둥지를 틀 수밖에 없는 이유가 있습니다. 그런데 여기에 대한 이해가 많이 부족합니다. 보호자에게 인계한 후에도 가출로 인해 학대를 받는지 여부도 확인하여야 됩니다.

조: 청소년 쉼터가 있다고 들었어요.

박: 가출 청소년을 따뜻하게 보듬고 어루만져 줄 쉼터가 더 많이 확충돼야 합니다. 쉼터에 딱딱한 규율 말고 아이들을 보듬어줄 프로그램도 필요합니다. 독일처럼 출산한 청소년들을 위해 학교 안에 어린이집, 유아 보육 시설을 만들어 학업을 계속할 수 있도록 해주는 사회 국가적 지원 시스템을 만들 필요가 있습니다.

조: 무조건 색안경 끼고 보는 사회적 편견부터 벗어야 할 것 같아요. 따뜻함을 만들어 입소를 유도할 필요가 있어 보이네요.

박: 쉼터 안전을 위해 쉼터, 아동보호기관에 경찰관 상주배치근무도 이루어져야 합니다.

조: 혼숙을 하고, 성매매를 하면서 여학생들이 임신을 많이 한다고 들었어요.

박: 미혼모들도 많이 늘어났고, 돌보아 줄 보호자나 후견인이 없는 까닭에 영아 유기나 영아 살해도 종종 일어납니다. 미혼모에 대한 사회적 관심이 필요한 까닭입니다. 기댈 곳이 없으니까 가짜 가족이라도 만들려는 아이들의 절박함을 먼저 이해해야 하지 않을까요?

아이들이 거리를 불안하게 떠도는 하루살이가 될지, 나라의 미래를 짊어질 묵직한 재목이 될지는 우리 사회가 어떻게 이 아이들을 보듬느냐에 따라 달라질 것입니다.

집보다 길거리가 안전한 거리의 아이들

흔히 우리는 안전한 가정에서 나와서 아이들이 떠도는 모습만을 보고 개탄합니다. 하지만 이런 탄식 속에는 '왜?'라는, 가장 중요한 관심이 빠져 있습니다. 우리는 가출을 했기 때문에 '위기 청소년'이 되는 것이 아니라, '위기 청소년'이 집을 나온다는 사실을 애써 외면하지도 모릅니다. 그 아이들에게 어쩌면 가정도 그에 못지않게 폭력적인 공간이었을지 모릅니다.

가정 폭력, 학대, 유기, 가난 등으로 거리를 떠돌게 된 아이들에게는 자신들을 이해하지 않는 사회보다는 서로에게 정신적 위로를 주는 유사 가족 '가출팸'이 더 소중할 수도 있습니다. 혀만 찰 것이 아니라 스스로 아이들에게 가짜가 아닌 진짜 사랑과 관심을 주는 좋은 어른인지를 먼저 자문해 볼 필요가 있습니다.

진짜 사나이들의
용서받을 수 없는 광기

"내가 다 바꿀 거야. 군대 갔다 와서 사람 된다는 개소리 집어치워!"

– 영화 「용서받지 못한 자」 중 대사

· 사건 Q) 윤 일병 & 임 병장 사건 ·

윤 일병 사건은 가래침을 먹이는 엽기적인 가혹행위와 상습 집단구타에 시달린 끝에 스물 한 살의 성인 남성이 군대에서 죽은 사건입니다. 떡을 먹다가 단순 질식사했다는 젊은 청년의 몸은 새파란 멍 자국으로 가득했습니다. 임 병장 사건은 관심 사병이었던 임 병장이 육군 22사단 GOP에서 동료 병사들에게 총기를 난사하고 수류탄을 터뜨려 병사와 부사관 등 5명을 숨지게 만든 사건입니다. 두 사건은 한국 군대의 고질적인 병영 문화의 병폐와 집단이라는 이름으로 개인에게 가해진 폭력의 민낯을 고스란히 보여준 사건들이었습니다.

조: 아들을 가진 엄마로서 제게는 '윤 일병 사건'이나 '임 병장 사건'

은 남의 일처럼 느껴지지 않아요. 안타까운 건 많은 군인들이 죽는 사건·사고들이 해마다 반복된다는 것 같아요. 왜 우리 대한민국 군대는 변하지 않는 걸까요?

박: '참으면 윤 일병, 못 참으면 임 병장'이 한동안 회자될 정도로 우리나라 군대 문화는 총체적인 문제를 안고 있습니다. 개인적인 일탈이나 악마적 본성으로만 치부하면서 꼬리 끊기를 시도하는 군 당국이나 책임자들의 무책임함이 폭력의 단초라고 생각합니다.

조: 언론을 통해 믿기 어려운 이야기를 들었어요. 윤 일병 사망 사건의 가해자로 살인죄가 인정되어 35년형을 선고받은 이 병장, 이 사람이 지금 갇힌 감옥에서도 여전히 악마적 행태를 자행했다고 들었어요. 얼마나 기가 막혔는지 몰라요.

박: 군 교도소에 수감된 이 병장이 또다시 같은 방식으로 같은 수감자를 폭행한 것도 모자라 성추행까지 한 사실이 밝혀졌습니다. 윤 일병 사건의 판박이 같은 행동들이 공분을 일으켰고, 군 검찰은 30년을 추가로 구형했습니다.

조: 정말 사람의 본성은 생각보다 바꾸기 힘든 것 같아요. 감옥 안 사람들한테 '윤 일병 사건' 판결문까지 보여주며 자신은 억울하다고 호소했다는데 어이가 없네요.

박: 이 병장은 관심종자, 일명 '관종'의 성향을 가진 사람이었습니다. 이 병장은 늘 입만 열면 허풍을 쳤습니다. 어머니가 대학교수고, 아버지는 월수입이 몇 십억 원인 조폭이며, 자기는 벤츠를 몰고 다니고, 경찰을 아버지로 둔 여자 친구 때문에 변호사가 여러 명 붙었다는 걸 과시했다고 합니다.

조: 과대망상증 환자 같아요. **개인이 범행을 저질렀지만 그것을 방조한 군대도 책임질 건 책임져야 한다고 생각해요. 왕따와 기수 열외, 선임병에게 구타를 당해온 후임병이 자기 밑으로 들어온 후임병을 다시 폭행하는 사슬 관계, 까라면 까야 하는 권위적이고 폭압적인 문화, 나보다는 우리를 더 중시하는 집단주의 문화를 군대가 방조했잖아요?**

박: 폐쇄적이고 상하관계가 명확한 군대 조직이라고 해서 모든 사람이 이 병장처럼 행동하는 건 아닙니다. 하지만 군대라는 특수한 환경 속에서는 사람들의 악마적 본성이 잘 발현될 가능성이 높아집니다.

스탠포드 대학교의 감옥 실험을 떠올려 보시면 잘 아실 겁니다. 지속적으로 가혹 행위를 하도록 지시를 내리고 그러한 행동을 하는 것이 가장 옳은 일이라는 확신을 심어주게 되면 그 행위 자체가 사망으로 이르게 되는 끔찍한 결과가 예견되어도 사람들은 그대로 따라하게 됩니다.

조: 군대의 보호 관심 사병 제도가 오히려 심각한 인권 침해를 하는, 일종의 군에서 벌어지는 인종 차별을 조장한다는 비판이 있더군요. 제대로 운영이 안 되고 있나 봐요?

박: **'관심 사병'이라는 말 자체가 문제가 있습니다. 다 같이 관심을 가져야 할 사병입니다. 관심 사병 제도는 일부 고위 장성들의 면피용 제도입니다.** 자신들이 져야 할 군대 내 사고 책임을 개인의 일탈로 돌리기에 좋은 제도일 뿐입니다. 병사들에 대한 군 지휘관의 관심과 사랑이 아주 부족합니다. 조직 내 서열 상승과 자기계발에만 신경씁니다. 이런 부분에 대해 반드시 자성해야 합니다.

조: 군대를 다녀온 남성들이 반수 이상인 사회여서인지 우리 사회 많은 기업이나 조직에 권위적인 군대 문화가 깊이 뿌리내려 있어요. **'개인'을 존중하기보다 '우리'라는 집단 문화를 강조하는 분위기 속에서 개인의 자유가 질식당하는 경우를 많이 목격했어요.** 다양성과 유연성, 평등이라는 세계적인 트렌드에 역행하는 '집단주의'가 '덕목'으로 포장되는 모습을 볼 때면 숨이 막히더군요.

박: '까라면 까야 하는' 집단에서는 자율적으로 살고자 하는 사람에게 부적응자라는 낙인을 찍기도 합니다. 그 낙인이 개인의 삶과 한 가정을 송두리째 흔들어놓기도 합니다.

　우리의 후손들이 행복하게 살 수 있는 자유로운 세상을 위해 하루빨리 우리 사회 속에 뿌리내린 집단주의의 잔재를 뿌리 뽑아야 합니다.

상황적 요소가 개인적 기질을 압도한다

"인간의 탈을 쓰고 어떻게 저런 짓을 할 수 있지?"

단언컨대 인간의 탈을 쓰고 그럴 수 있습니다. 필립 짐바르도가 진행한 '스탠퍼드 감옥 실험'은 개인이 처한 상황이 개인이 가진 기질을 압도한다는 것을 증명한 실험입니다.

대학생 24명을 선발해 죄수와 교도관 역으로 나눴습니다. 대학생들은 자기 역할에 예상보다 잘 적응했습니다. 교도관들은 점점 권위적으로 행동하기 시작했고 심지어 가혹 행위를 하기까지 했습니다. 이 실험의 결과와 촬영된 동영상에 대한 논란이 계속됐습니다. 이 모든 것이 상황적인 가정하에 놓여 있기에 대학생들이 충실히 한 결과일 뿐 인간의 본성을 다 규정할 수 없다는 논리였습니다. 하지만 이는 미군의 아부 그라이브 수용소 이라크 포로 학대 사건을 계기로 완벽하게 증명이 됐습니다. 자리가, 지위가, 권위가 인간의 가장 어두운 본성을 밖으로 끄집어낸 순간에 인간들은 최악의 결과를 만들 수 있음을 알려준 것입니다.

어떤 상황에 처해지면 평범한 사람도 인간의 탈을 쓰고 짐승의 짓을 할 수 있다는 것을 보여줬습니다. 인간이 가지고 있는 이성과 도덕은 깨지기 쉬운 유리와도 같습니다. 그 유리가 균형을 잃고 깨지는 순간 위험한 칼이 됩니다. 인간이 불합리한 상황적 요소에 의해 이성을 잃는 순간 인간은 본성에 따라 행동하는 짐승이 됩니다.

황혼의 사랑은
계산기를 타고

애매함으로 둘러싸인 이 우주에서

이런 확실한 감정은 단 한 번 오는 거요

몇 번을 다시 살더라도, 다시는 오지 않을 거요.

– 영화 「메디슨 카운티의 다리」 중 대사

• 사건 Q) 황혼 이혼 & 황혼 재혼 관련 소송 •

재산을 둘러싼 지루한 법적 다툼 때문에 느지막이 황혼 재혼을 하더라도 자식들이 무서워 혼인 신고 못하는 노부부들이 늘고 있습니다. 재혼한 남성의 치매 병간호를 하는 와중에 혼인 신고를 한 후 상속을 받았던 한 여성이 의붓자식들과 법적 다툼을 벌이는 경우도 있고, 평생을 해로하지는 않았지만 말년을 서로 보듬으면서 함께했던 배우자임에도 불구하고 배우자의 죽음 이후, 의붓자식들이 재혼 배우자들에게 당당하게 이혼 요구를 하는 경우도 증가하고 있습니다.

조: 요즘은 사회적 인식이 변하고 평균 수명이 연장되면서 황혼 이혼을 하는 경우가 많이 늘었어요. 더불어 배우자와 이혼하거나 사별한

뒤, 느지막하게 새로운 배우자를 만나는 '황혼 재혼' 역시 늘고 있고요. 나이 들어도 불같이 다시 사랑할 수 있다고 생각해요.

박: 그런데 황혼 이혼과 황혼 재혼에서 가장 크게 부각되는 부분이 있습니다. 바로 재산 문제입니다. **나이 들어서 이혼하는 커플들을 보면 돈이나 자녀를 최고로 떠받드는 가족 문화 속에서 한 편의 배우자가 소외감을 느끼는 경우가 많습니다. 부모-자녀 중심의 가족 문화를 배우자 중심의 가족 문화로 바꿀 필요가 있습니다.** 황혼 재혼에서도 돈 문제가 크게 거론됩니다. 특히 의붓자녀들이 매우 민감해하는 부분입니다.

조: 사랑하는 사이라도 재산은 서로 섞이지 않게 혼전 계약서 같은 걸 쓰는 건 어떨까요? 외국에서는 유명인 커플들이 혼전 계약서 많이 쓰잖아요. 아무리 사랑한다 해도 혼전 계약서를 써야 한다는 것을 불문율로 여기는 것 같아요. 자신이 이룬 경제적 성취를 이혼으로 허무하게 날려 버리는 최악의 상황을 맞고 싶은 사람은 별로 없을 것 같아요.

박: 사실 얘기를 꺼내기가 쉽지 않아서 그렇지 재산 문제로 고심하는 이들에게 '혼전 계약'도 나쁘지 않은 방법입니다. 재산 각자 관리하고 이혼 시 분할 비율을 아예 정하는 부부도 있습니다. 처음부터 제대로 따지는 것이 차라리 낫지 않겠습니까?

조: **젊으나 늙으나 사랑하지만 재산은 별개라는 인식을 가질 필요가 있는 것 같아요.**

박: 우리나라에서는 아직도 재혼을 하는 데 자식들의 입김이 많이 작용합니다. 법률적으로 새 부모를 맞고 싶지는 않은 자식들 마음을

헤아리느라 '황혼 동거'도 등장하고 있습니다. 법률혼을 한 후, 재산 상속 다툼이 벌어져서 이미 확정된 법률혼까지 무효로 해달라는 자녀들의 소송도 증가했습니다.

조: 혼자된 부모의 황혼 재혼을 자녀들이 말리는 이유가 무엇일까요? 부모의 외로움을 생각해서일까요? 그것보다는 재혼 후 상속, 그리고 다시 이혼 후 재산 분할과 위자료 문제 때문이 아닐까요?

박: 부모가 생전에 자녀에게 미리 상속(증여)을 할 경우 자녀들은 부모 봉양보다는 자신들의 이해득실을 챙긴다고 합니다. 혼인 신고에 따른 상속 문제로 가족 간에 불화가 야기된다면 동거를 인정해주고 동거 전 동거 계약 체결(재산 분할) 등을 통해 사전에 분쟁을 예방하는 제도를 도입하는 것도 필요합니다.

아울러 자식들에게 무조건 상속을 보장해주기보다는 자식으로서 생전에 부모에게 부양 의무를 다한 자식에게만 상속권을 인정해 주는 제도(소위 효자상속제도)도 필요합니다. **무조건 자식이라고 상속분을 인정해 주는 법 규정은 개정돼야 합니다. 처와 부모, 자식으로서의 의무를 다한 사람만이 상속을 받을 권리가 있습니다. 그런 측면에서 현행 유류분**(무조건 최소한도 법정 상속분을 보장)**제도는 개선돼야 합니다.**

조: 사실 법률혼 말고 사실혼 재혼에서도 법률적인 갈등이 생길 요소가 있나요?

박: 결론부터 말하자면 사실혼 배우자는 사실혼 관계가 끝날 때, 즉 결혼 생활 중에는 재산 분할 청구는 할 수 있지만, 상대 배우자가 사망한 때에는 재산 상속권이 인정되지 않습니다. 법률혼에 준하는 효과를 부여하고 있기는 하나 배우자의 상속권은 인정하지 않습니다.

조: 부모들의 사망 후에 상대 재혼 배우자와의 혼인 무효를 구하는 자식들의 소송도 많은 이유는 무엇일까요?

박: 사실혼 배우자로서는 재산을 상속 못 받으니까 재혼 배우자의 사망에 임박하여 부랴부랴 혼인 신고를 하는 경우가 더러 있습니다. 자녀들의 입장에서 새어머니나 새아버지의 속내를 좋지 않게 생각해서 소송을 겁니다.

조: 수년간 사실혼 관계를 유지하면서 동거, 부양했음에도 상대 배우자의 사망 시 어떠한 권리도 인정되지 않는다면 이 또한 너무 불합리한 거 아닌가요?

박: 사실 여러 법률에서 사실혼 배우자를 보호하고 있습니다. 가정폭력 범죄의 처벌 등에 관한 특례법, 성폭력 범죄의 처벌 등에 관한 특례법, 민법, 주택임대차보호법 등 다양한 법률에서 사실혼 배우자의 지위나 권리를 인정하고 있습니다. 그런데 재혼 가정의 사실혼은 법률적으로 보호를 못 받는 경향이 있습니다.

조: **유산 줄어들까 봐 민감한 자식들의 입장도 이해가 되지만 단순히 기간만 짧을 뿐, 여생을 함께하고 그 마지막까지 지켜본 실제 배우자에게 아무런 권한이 없다는 것도 뭔가 잘못된 것 같아요. 작정하고 재산을 노린 배우자만 아니라면 황혼 배우자들의 권리도 이해해 줘야 하지 않을까요?**

박: 추후 분쟁을 예방하기 위해 미리 상속 재산 분배에 대한 유언장을 작성하는 것이 좋습니다. 미리 자녀와 새 배우자에 대한 재산을 합의 아래 중간 정산하는 것도 나쁘지 않습니다. 가족 제도가 변하고 동거와 사실혼의 구분도 모호해지는 현실에 맞춰 계약 결혼이나

혼전 계약도 제도화시킬 필요가 있습니다. 동거 관계에 있는 배우자, 사실혼 관계에 있는 배우자에게도 상속권 등 법적 권리를 보장해줘야 합니다.

조: '황혼의 사랑은 계산기를 타고' 재혼 전에 서로의 재산을 정산하고 계산한다는 것이 못내 씁쓸하지만 이런 것까지 다 감수하고서라도 시작한 황혼 커플의 사랑은 꼭 축복받아야겠지요.

박: 더불어 무조건 처와 자녀에게 일정 한도의 상속분을 인정해 주는 현행 유류분상속제도는 개선할 필요가 있습니다. 처의 경우에도 갑자기 가출 후 행방불명이 된 후 자녀의 사고로 인해 사망, 자신에게 상속이 된다는 것을 안 후 갑자기 나타나 상속권을 요구하는 경우에는 상속을 박탈하는 제도도 필요합니다.

진정한 가족만이 권리를 제대로 누릴 수 있어야만 천륜을 거스르는 패륜적인 악행은 사라질 것입니다.

판례상 한계 있어도
유의미한 안전장치 '혼전 계약서'

우리나라에서는 각자 보유 재산에 대한 권리 관계와 이혼 시 재산 분할 비율 등을 결혼 전에 미리 정하는 혼전 계약서에 다소 부정적 인식이 강했지만 요즘은 젊은 커플들 중심으로 '혼전 계약서'에 대한 관심이 커지고 있습니다. 2015년 3월 헌법재판소가 간통죄를 위헌으로 결정한 이후, 혼전 계약서가 결혼 생활의 심리적 안정 장치로 대두되고 있습니다.

혼전 계약서의 법적 근거가 되고 있는 민법 제829조는 부부가 혼인 신고 전에 자유롭게 계약으로서 재산 관계를 정하도록 하는 부부 재산 계약을 인정하고 있습니다.

외국과 달리 국내에서는 혼전 계약의 효력은 판례상 이혼 또는 상속이 이뤄질 때에는 동일한 효력을 인정받지 못하고 혼인 중의 재산 관계에만 적용되고 있습니다. 하지만 혼전 계약을 '안전장치'로 활용해 적절하게 체결한다면 향후 재판상 이혼에서 재산을 지키는 데 유리하게 작용할 수 있는 안전장치로 충분합니다.

특히 재혼 부부는 나눠서 관리하는 걸 선호하는데 현행 규정에 따르면 이혼하게 되면 거의 모든 재산이 분할 대상이 돼 버립니다. 재혼 부부가 혼전 계약서를 작성하면 결혼 상대의 재산 및 채무를 미리 파악하는 것이 가능해진다는 장점이 있습니다. 특히 채무 파악을 통해서 향후 채무 관계가 이혼으로 번지는 것을 막을 수 있습니다.

재산 외적으로 부부가 약속한 사항도 혼전 계약서에 선택 조항으로 넣을 수 있어서 제한적이기는 하지만 혼인 관계가 파탄될 경우 책임 소재를 따지는 데 유용한 근거가 될 수 있습니다.

부(富)와 권력의 콩나무에서
미끄러지다

"상식보다 탐욕이 크다."

- 영화 「범죄의 재구성」 중 대사

• 사건 Q) 서울시 시의원 재력가 청부 살인 사건 •

유명 국회의원의 보좌관으로 입지를 다지다가 서울시 시의원으로 활발하게 활동하던 김 모 시의원은 열정적이고 전도유망하다는 평을 받던 정치인이었습니다. 김 의원의 후원자 중 오랜 시간 그를 도와준 강서구의 재력가가 있었는데 김 의원이 서울시 시의원에 당선되자 이 재력가는 보유한 강서구 땅의 용도 변경을 요구했습니다. 하지만 서울시의 입장 변경으로 김 의원이 그 청탁을 들어줄 수 없게 됐고, 일처리 지연에 앙심을 품은 재력가는 6·4 지방선거를 앞두고 금품 수수를 폭로하겠다며 김 의원을 협박했습니다. 이에 불안감을 느낀 그는 자신의 친구를 시켜 이 재력가를 청부 살해했습니다. 강력히 혐의를 부인했던 김 의원은 결정적 증거와 친구의 자백으로 결국 유죄 판결을 받았습니다.

조: 솔직히 범죄를 저지른 사람들이 정치인으로 입문하는 경우는 있었지만 정치인으로 활동하다가 범죄, 그것도 성범죄나 폭행, 협박도 아니고 살인이라는 강력 범죄를 저지른 경우는 정치 역사상 전무후무한 일이었죠?

박: 그렇습니다. 그런데 지나서 생각해 보니 한국 정치 풍토에서 언젠가는 한번 터질 법한 사건이 아니었나 하는 생각도 들긴 듭니다.

조: 전도유망한 정치인의 몰락, 그 단초는 무엇이었나요?

박: **한 개인의 비뚤어진 물욕과 남용된 권력이 만나 빚어진 참극이었습니다.** 현재 무기징역을 선고받아 복역하고 있는 김 의원과 강서구 일대 재력가였던 A 노인은 김 의원이 국회의원 보좌관으로 근무하던 2002년에 후원 관계로 만났습니다.

조: 정치적인 스폰서가 되어준 건가요? 언젠가 필요한 정치적 연줄을 만들고자 하는 재력가와 야망이 강한 정치 지망생의 만남, 뻔한 그림이 그려지네요.

박: 김 의원은 A 노인이 소유한 호텔이나 룸살롱에서 접대와 향응을 받았습니다. 지인들과 술을 먹을 때도, 정치 행사를 찬조할 때도 A 노인이 알아서 처리하곤 했습니다. 시의원에 당선된 지 2년 만에 김 의원은 강서구의 고급 아파트를 샀습니다.

조: A 노인은 어느 정도 규모의 재력가였나요?

박: 강서구에서 웨딩홀을 운영하면서 수익금을 은행에 입금하지 않고 개인 금고에 보관해두면서 사용하던 현금 부자였습니다.

조: 권력과 재력이 음험한 욕망을 위해 조우했는데 어쩌다가 살인극이 일어난 건가요?

박: 참극은 각자가 처한 비뚤어진 이해관계로 인해 일어났습니다. 시의원이 된 김 의원은 도시계획관리위원회에서 활동하면서 서울시 내 토지·건축 개발 사업에 관련된 의정 활동을 했습니다. 천생 사업가였던 A 노인은 모 의원을 통해 자신이 소유하고 있던 건물이 있는 지역을 일반 주거 지역에서 상업 지역으로 용도 변경을 해 달라고 청탁했습니다.

조: 용도 변경을 하면 엄청나게 땅값이 오르니까 놓칠 수 없는 기회였겠네요? 그런데 왜 서로의 이해관계가 엇박자가 났을까요?

박: 서울시가 해당 지역의 용도 변경에 부정적인 입장을 밝히면서 둘 사이에 틈이 벌어지기 시작했습니다. 온갖 향응 등 들인 돈도 많은데 모 의원이 자신의 말을 들어주지 않자 A 노인은 금품을 수수했음을 폭로하겠다는 강수를 쓰게 됩니다.

조: 자신이 쓴 수에 목숨을 잃을 줄을 몰랐겠지요. 김 의원이 살인 청부를 한 B씨는 어떻게 하다가 이 살인 의뢰를 받아들였을까요?

박: 친형 때문에 김 의원과 만난 살인청부업자 B씨는 잡화 수입 운송업에 종사하던 조선족이었습니다. 동갑내기 김 의원의 시의원 선거 출마를 도와주면서 친분을 쌓았습니다. 친구라고는 하지만 평소 김 의원에게 숭배에 가까운 감정을 가질 만큼 심리적으로 종속됐던 B씨는 당시 7,000만 원이라는 빚을 지고 있었는데 김 의원이 탕감해 주기로 약속했습니다.

조: 현직 시의원의 사주에 의한 살인 사건도 충격적이지만 더 충격적인 건 범행 직후 김 의원이 친구인 B씨에게 자살을 종용한 사실이었어요. 자신의 정치 인생을 위해 타인의 자살을 지시하는 사람이 서

울시민을 대표하는 시의원이라는 사실이 소름끼쳤어요.

박: 김 의원은 무기징역형이 최종 확정되어 의원직을 상실했습니다. **이번 사건처럼 시의원, 국회의원, 시장 등 자치단체장이 형사 재판에 부쳐진 경우 일정 단계**(구속 또는 검찰기소 시)**에 그 신분, 자격을 정지시킬 필요가 있습니다. 그렇지 않고 대법원 판결이 나올 때까지 그 신분, 자격을 유지하여 국민의 세금에서 봉급을 받거나 업무를 계속한다고 하면 국민 정서에 맞지 않는 것입니다.**

조: 이번 김 의원 사건에서 보듯 사람이 겉과 속이 다르다는 것을 새삼 느낍니다.

박: 유권자들이 투표하거나 정당에서 공천을 할 때 이러한 인간적인 면을 검증하는 시스템 도입도 필요합니다. 자신의 명예, 재물 욕심 때문에 청부 살인을 저지르고도 반성할 줄 모르고 오히려 자신은 빠져나가려는 파렴치한 모습을 다시는 보지 않으려면 말입니다.

조: 탐욕 때문에 전도유망했던 정치인의 몰락이 참으로 안타깝고 씁쓸해요.

박: 만약 이런 비도덕적이고 탐욕적인 사람이 대한민국의 정계를 누볐다면 그가 저지를 죄의 무게와 크기는 지금보다 더 어마어마했을 것입니다. 그가 더 높은 곳으로 올라가기 전에 추악한 진짜 모습을 드러낸 채 추락한 것은 어쩌면 국민들에게는 다행스러운 일이었는지도 모릅니다.

탐욕에 눈먼 권력은 몰락하기 마련이다

젊은 정치인의 인생을 파국으로 몰아간 이 사건이 정치권을 비롯해 우리 사회 전반에 던지는 자성의 메시지는 매우 강렬합니다. 탐욕에 눈이 멀면 권력은 그 정당성을 잃어버리고 그 권력을 부여해 준 국민들과 멀어질 수밖에 없습니다.

우리나라를 지켜주던 공공 가치와 지도층의 리더십이 점점 사라지는 이유는 더는 반성할 줄 모르고, 욕심만 부리는 정치인들의 타락에 있습니다. 탐욕을 버리고 아래에 먼저 손 내미는 겸손의 리더십이 대한민국의 국민을 포용하는 진짜 리더십입니다.

독일의 한 정치학자는 "국민은 자신의 수준에 맞는 리더를 가진다."라고 말했습니다. 살인마 정치인의 기만과 위선을 알아채고 그를 우리 사회에서 격리시킨 것을 보니 우리 국민들의 수준은 그리 낮지 않나 봅니다. 이런 안도감을 느끼는 것 자체가 슬픕니다.

보상할 수 없는
18년 어머니의 한(恨)

"자식 잃은 부모한테 남은 인생 같은 건 없어."
– 영화 「방황하는 칼날」 중 대사

• 사건 Q) 시신은 있는데 죽인 자만 없는 이태원 살인 사건 •

용산구 이태원의 한 햄버거 가게 화장실에서 한국인 청년이 살해된 채 발견
됐는데, 용의선상에 오른 아더 패터슨과 그의 친구 에드워드 리가 서로 범인
이라 주장했습니다. 검찰은 에드워드 리를 살인 혐의, 아더 패터슨을 흉기 소
지 등의 혐의로 기소했지만 증거 부족으로 에드워드 리는 무죄 방면됐습니
다. 이후 검찰은 패터슨을 진범으로 지목하고 재수사에 착수했지만 1998년
8·15 특사로 풀린 패터슨은 미국으로 출국해 버렸습니다. 그리고 2015년 9
월 유유히 우리나라를 떠날 수 있었던 사건의 진범 아더 패터슨이 미국에서
송환되어 무려 18년 만의 늦깎이 재판이 열렸고 2016년 1월 29일 패터슨이
진범으로 인정, 1심 재판에서 징역 20년형이 선고됐습니다. 무기징역이 아닌
징역 20년이 선고된 것은 패터슨이 범행 당시 18세인 점을 감안, 양형 기준
상 최고의 형을 선고한 것입니다.

조: 18년간 풀리지 않던 사건의 숨겨진 진실을 밝힐 공방이 치열하게 펼쳐졌고, 1심 선고 결과가 나왔습니다. 변호사님, 당시 사건을 대략적으로 스케치해 주시겠어요?

박: 사건 초기 CID라고 미군범죄수사대가 개입했습니다. 경찰과 미군 CID수사관들은 이 사건 주범을 패터슨으로 보고 에드워드 리를 공범으로 기소 의견을 검찰에 송치했으나 검사는 당시 부검의의 가해자의 체격이 클 것이라는 말만 맹신하여, 패터슨이 아니라 패터슨보다 체격이 좋은 에드워드 리를 살인범으로 기소한 겁니다.

게다가 거짓말 탐지기 조사 결과 패터슨에게 진실 반응이 나오고 에드워드 리가 거짓 반응이 나오자, 검사의 판단을 그대로 따라 1심, 2심 모두 에드워드 리에게 유죄를 구형했습니다. 그런데 대법원에서 판결이 뒤집혀 확실한 증거가 없으므로 무죄 추정의 원칙에 의해 무죄 방면이 됐습니다.

조: 유족들이 얼마나 원통하셨을까요? 그 당시 경찰과 검찰이 저지른 패착들이 한두 가지가 아니었죠?

박: 패터슨이 석방된 후에도 업무 인수인계를 이유로 패터슨에게 출국 금지 연장을 하지 않은 검찰의 직무 태만은 비난받아 마땅합니다. 살인죄로 기소된 에드워드 리는 무죄가 확정돼서 공범이지만 재기소하지 못하는 우를 범했던 것입니다. 또한 경찰은 현장과 증거들이 제대로 보존되도록 해야 하는데 현장 사진을 30분 찍고 깨끗이 청소해 버렸습니다. 사건 현장 자체가 하나의 거대한 증거물인데 모조리 닦아 버린 겁니다.

검찰도 만만찮았습니다. 처음에 CID조차 범인으로 확신했던 패터슨을 '불법 무기 소지와 증거 인멸죄'만을 적용해 기소했다가 얼마 후에 특사로 풀어줬고, 출금 조치를 제때 연장하지 않아 미국으로 유유히 가는 것을 막지 못했습니다.

조: 진실을 밝히기 위해 패터슨을 송환 조치했다고 대대적으로 보도를 한 검찰 말대로 이번 강제 송환, 과연 검찰의 공인가요?

박: **엄밀히 말하면 패터슨의 송환은 피해자의 유족들과 우리 국민들이 합심하여 이룬 것이라고 보고 싶습니다.**

조: 그날 도대체 무슨 일이 있었는지 우리 사법부가 이번에는 제대로 진실을 규명을 한 것 같네요. 유족들의 한이 이제라도 풀어졌으면 좋겠어요. 이번 재판을 받기 위해 패터슨 측은 자신이 강제 송환을 당한 게 아니라 한국 법정에서 결백을 주장하기 위해 어머니까지 설득해 당당히 들어왔다고 주장했었잖아요? 그런데 유죄로 판결이 났군요.

박: 네. 패터슨 측은 공소시효가 지났다고 주장했습니다. 당시 살인죄 공소시효는 15년으로, 1997년도에 사건이 일어났으니까 공소시효가 만료됐다고 주장했습니다. **검찰은 패터슨이 공소시효를 피하기 위해 미국으로 도망간 그 기간 공소시효는 정지됐기 때문에 송환 이후 유죄 판결을 하는 데 전혀 문제가 없다고 주장했고, 1심도 그렇게 판단했습니다.**

조: 재판은 입장이 바뀐 패터슨과 에드워드 리가 법정에서 만나고, 사건 현장을 재현한 세트장에서 현장 검증을 벌이는 등 많은 관심 속에 진행됐다고 들었어요.

박: 패터슨은 자신이 죽인 것이 아니고 당시 에드워느 리가 마약을

한 채, 조중필 씨를 죽였다고 주장했습니다.

조: 그때 무죄 판결이 났던 에드워드 리는 솔직히 일사부재리 원칙에 의해 이번 재판에서 어떤 식으로든 범행에 개입됐던 것이 밝혀졌다 해도 죄를 못 묻게 된다면서요?

박: 맞습니다. 이미 무죄로 확정이 됐기 때문에 에드워드 리는 처벌을 할 수가 없습니다. 이번 재판에 에드워드 리는 사건의 증인으로 참여하고 있지만 재판 공소장을 보면 에드워드 리도 패터슨의 공범으로 기소돼 있었습니다.

조: 이번 재판에서 둘을 공범이라 가정을 했다면 누가 실제적으로 흉기를 휘둘렀느냐가 쟁점이 됐겠네요?

박: 당시 패터슨 같은 경우에 머리, 손 그리고 옷 전신에 거의 피를 뒤집어썼었고, 에드워드 리 같은 경우에는 신발 등에 아주 소량의 피만 묻어 있었습니다. 공범이라 해도 주범과 종범으로 둘의 관계를 나누어 볼 수 있었습니다. 이번에 검찰은 당시 패터슨이 주변 친구들에게 "내가 사람을 죽였다."라고 말했던 정황과 혈흔 분석 자료를 증거로 내세웠습니다.

조: 패터슨의 범행을 입증하고 살인죄가 적용이 됐습니다. 이 정도 형량은 예상했었던 건가요?

박: 에드워드 리가 비록 2심에서 무죄 판결이 났지만 처음에는 징역 20년을 받았습니다. 아마도 비슷하거나 20년 이상은 받을 수 있을 것으로 봤었는데 20년이 선고됐습니다.

조: 많은 분들이 이번 재판에서 두 사람이 서로가 범인이라고 하다가 서로의 진술이 신빙성이 없어져버려 나중에 전부 다 무죄가 될 최악

의 시나리오도 고려했었다고 들었어요.

다행히 유죄가 인정되어 뒤늦은 벌을 받게 됐지만 그 긴 시간 피해자인 조종필 씨의 유족들이 겪은 정신적, 물질적 고통과 피해는 누가 보상해 줘야 할까요? **보상보다도 시급한 것은 과거 수사 검사와 공판 검사의 진심 어린 사죄가 아닐까요? 진실과 진범이 제대로 밝혀진다 한들 그 피명은 쉽게 지워질 수 없을 거예요.**

박: 이제 다시는 죽은 아들을 품에 안겨드릴 수는 없겠지만 긴 세월 아픔과 아쉬움과 원통함으로 살아오신 분들에게 뒤늦었지만 진실을 안겨드릴 수 있어서 그나마 다행입니다.

조: 세상 사람을 다 속여도 절대 속일 수 없는 재판관이 바로 자기 자신이 아닐까요? 만약 패터슨의 거짓말이 영원히 밝혀지지 않아 법적 처벌을 못 받았었다 하더라도 죽을 때까지 스스로 만든 양심이란 감옥 안에서 영원한 수인囚人으로 갇혀 살았을 거예요.

　법이 밝히기 전에 진범이 빨리 자백했으면 좋았을 테지만 지금이라도 패터슨이 유족들에게 진심으로 용서를 구하기를 진심으로 바랍니다.

검찰의 무능이 만든 18년 지각 재판

공범이었든, 주범과 종범이었든 간에 사실상 살인범 두 명을 다 놓아주는 황당한 쿠미디를 연출했던 검찰에게 분노한 유족은 검찰에게 패터슨에 대한 '범죄인 인도 요청'을 하라고 요구했지만 검찰은 무슨 이유에서인지 계속 미적거렸습니다. 이런 검찰을 결정적으로 움직이게 한 것은 한 편의 영화였고, 이러한 사건을 알고 분노한 국민들이었습니다.

사건이 일어난 지 12년 만에 제작된 「이태원 살인 사건」이라는 영화를 보고 분노한 여론은 검찰에 사건의 재조사를 요구했습니다. 패터슨이 출국한 지 10년이 지난 2009년에야 미국 당국에 범죄인 인도를 요청했던 검찰은 살인죄 공소시효 만료를 불과 4개월여 앞둔 2011년에야 패터슨을 다시 살인 혐의로 기소했습니다. 그리고 무려 18년 만에 진범을 두고 지각 재판이 열렸습니다.

무능한 수사 기관과 검사의 독단으로 유족들의 가슴은 새까만 숯이 되다 못해 하얀 재가 되고 말았습니다. 그 폐허에서 아무리 진실을 힘겹게 꺼내어 진범을 처벌한다 한들 유족들의 잃어버린 18년이란 시간은 영원히 되돌릴 수가 없습니다.

총기 안전국의 어설픈 총기 관리 그리고 살인

"저를 총으로 쏴주시지 않아서 감사합니다."
– 영화 「볼링 포 콜럼바인」 중 대사

• 사건 Q) 다발하고 있는 총기 사건 •

세종시에서 편의점에 엽총으로 무장한 남성이 침입해 세 명을 죽이고 자신은 자살하는 사고가 일어났고, 화성시에서 자신의 형과 형수 그리고 총기 사고를 듣고 출동한 지구대 경찰관 등 세 명을 죽이고 자살하는 사고가 일어났습니다. 동원 훈련에 참가한 예비군이 K2 소총을 난사해 두 명을 죽이고 자살하는 사고도 일어났고, 검문소에서 근무하는 현직 경찰관이 총으로 의경을 쏴 숨지게 한 사고가 있었습니다. 총기 안전국에서 점점 늘고 있는 총기 사건의 배경에는 부실한 총기 관리 시스템이 있습니다.

조: 미국에 비하면 우리나라는 총기 안전국처럼 여겨졌는데 그런 확신을 무너뜨리는 총기 사고가 최근에 연달아 일어나고 있어 많이 불

안해요. 사건의 배경, 말씀해 주세요!

박: 먼저 세종시 총기 사건은 치정과 돈 문제로 얽혀 일어난 사건이었습니다. 편의점 주인인 여성의 전 동거남이었던 범인이 여성의 현 동거남과 아버지와 오빠를 총으로 쏴 살해했습니다. 화성시 총기 사건은 집안 재산 다툼으로 일어난 사건으로, 형과 형수 그리고 출동했던 경찰관이 범인의 총에 맞아 사망했습니다. 예비군 훈련장 난사 사고는 군대에서 괴롭힘을 당했던 트라우마로 사회에 제대로 적응하지 못한 한 남성의 묻지마 범죄였습니다.

조: 예비군 훈련장 난사 사건을 일으킨 사람은 현역 시절 B급 관심 사병이었다고 들었어요. 이런 사람에게 총기를 쥐여 준 것은 군이 명백하게 잘못했다고 생각해요.

박: **부적합자를 필터링하는 시스템이 없었습니다. 이 사고를 계기로 군은 현역 복무 시절 정신 질환 병력이 있는 전역자는 예비군 훈련에서 배제하고, 총기 난사를 방지하기 위해 총기를 지상에 고정하는 틀 같은 장비를 갖춘다고 발표했습니다.**

조: 항상 소 잃고 외양간 고치네요. 화성 총기 사고의 경우 출동한 파출소장이 대화를 시도하다가 총격에 숨졌어요. 경찰의 총기 사고 대비 방식이 좀 많이 허술해 보이는군요.

박: 사실 총기 사건이 일어나면 파출소 직원이 신고를 받고 출동을 하는데 방탄복도, 방검복도 안 입는 실정입니다. 위험한 물건이나 흉기에 찔리지 않도록 하는 장구가 방검복인데 그것도 상체만 입습니다. 순찰차 내에 두 벌 있습니다. 방탄복이 지급되지 않는 파출소에서, 그나마 있는 방검복은 상체만 보호할 수 있어 급소가 그대로

노출되고, 또 굉장히 무겁기 때문에 활동이 어려워 실제로 잘 착용하지 않습니다. 경찰 특공대가 도착하기까지는 시간이 다소 걸리는 지역에서 일어나면 엽총 같은 인명 살상용 무기에 대해 말 그대로 무방비 상태입니다.

조: 총기로 살해 위협을 받고 있다는 신고가 들어오면 보통 어떻게 하나요?

박: 사실 이런 사고는 지방청에 있는 강력계장이나 형사과장까지 현장 출동해야 합니다. 그러나 보통은 현장에 가장 가까운 직원들이 출동합니다. **출동 이후의 현장 보전과 통제 및 조치에 대한 교육과 훈련이 없거나 부족하여 실제 사건에서 허술하게 대응하게 됩니다.**

조: 총기를 줘도 제대로 한 번 쓰기가 어렵다는 얘기도 들었어요. 규제도 많고, 과잉 사용 논란에 휩싸이는 게 싫어서 쓰지 않는다고 들었어요. 경찰의 총기 사용을 말하다 보니 좀 황당한 총기 사고가 생각나네요. 검문소에서 근무하는 현직 경찰관이 같이 근무하던 의경을 총으로 쏴 숨지게 한 사고가 있었어요. 어떻게 된 일이죠?

박: 가해자인 경위는 고의가 아닌 우발적 사고라고 주장했습니다. 실탄이 발사되지 않을 위치에 탄창이 놓였다고 생각하고 장난을 친 거라고 했습니다. 하지만 총기를 다루면서 실탄 장전 여부를 확인하지 않은 점, 방아쇠를 당기기 전 총기 안전장치를 푼 점 등에 비춰 살인의 미필적 고의가 있었다고 판단해 검찰은 살인죄 및 중과실치사죄로 기소했습니다. 그러나 법원은 이를 살인죄로 보지는 않았습니다.

조: 의경에게 실탄을 쐈던 경찰관이 우울증 치료 전력이 있다고 들었어요. 총기를 취급해서는 절대 안 될 부적합자 아닌가요? 어떻게 이

런 사람이 검문소에 배치됐나요?

박: 검문소장은 경위급 경찰관이 합니다. 검문소는 도심에서 거리도 많이 떨어져 있고 특별한 업무가 없습니다. 대원인 의경들을 관리·감독하는 일만 하기 때문에 선호하는 사람들이 많습니다. 솔직히 우울증 치료까지 받은 사람들을 파출소나 또는 경찰서에서는 같이 근무하는 것을 기피합니다. 이렇게 현장에서 기피하는 사람이나 정년이 얼마 안 남은 사람들이 검문소장으로 가곤 합니다.

조: 우울증 치료를 한 경찰들 배치 전이나 도중에라도 치료해줘야 하는 거 아닌가요?

박: 경찰관 중에 우울증이나 불안장애에 걸려도 불이익을 당할까 봐 이를 조직에 말하는 사람들은 거의 없습니다. 정기 건강 검진에도 이런 정신 건강 검진 항목은 없습니다. **경찰관들이 의무적으로 정신 건강 진단 검사를 받도록 해야 합니다. 검문소나 총기를 관리하는 곳에 근무하는 경찰관들을 대상으로 우울증 등 정신병력이 있는지를 살펴서 적절한 인사 배치를 하는 것이 필요합니다.**

검문검색도 없이 초소에 마네킹처럼 근무만 서는 형식적인 검문소 운영도 개선돼야 합니다. 부랴부랴 사건이 터지고 나서 경찰은 검문소 경찰관에게 실탄이 든 권총이 아닌 테이저 건 지급으로 교체한다는 대책을 내놓았습니다.

조: 생각보다 경찰의 총기 관리가 허술해서 놀랐어요. 하물며 경찰도 이런데 일반인들의 총기는 제대로 관리가 되고 있을까, 많이 우려스럽네요.

박: 우리나라는 총기 소지 자체를 법적으로 엄격히 규제하는 측면에

서 총기 범죄 안전 국가라고 칭해집니다. **하지만 실제 경찰서에서 총기 소지 허가를 내주는 것을 살펴보면 엄격히 규제한다기보다는 사실상의 신고제 형태로 운영되고 있습니다.**

원래는 총기를 자기 주거지에 보관했다가 자신이 수렵을 위해 사용하겠다고 하면 그쪽에서만 총기를 사용하고 보관하게 합니다. 하지만 세종시나 화성시의 총기 사고는 사용처가 수렵지인 단양과 원주가 아니었음에도 총기를 찾아 사용할 수 있었습니다.

조: 사냥 지역이 아닌 곳에서 총을 입출고했는데도 이를 수상히 여기지 않았다는 것이 의아스러워요.

박: 피의자는 수렵허가증이 있었고, 수렵 허가 기간이었기 때문에 총기를 출고하는 데 아무런 결격 사유가 없었습니다. **솔직히 뭔가 조짐이 이상하더라도 입출고를 제지하는 것 자체는 불가능합니다. 총기를 내주는 것에 대한 제한 또는 금지 시스템이나 매뉴얼 자체가 없기 때문입니다.** 총기를 안 주면 오히려 직원들이 문책을 받을 수 있습니다.

또한 피의자가 총기를 출고한 시간은 오전 8시 25분경으로, 교대 근무를 하는 파출소에서는 굉장히 바쁜 시간대입니다. 총기를 관리하는 인원도 얼마 없는데 바쁜 시간대에 출고를 할 수 있도록 했기 때문에 충분히 취약하게 관리될 만한 여건이었습니다.

조: 구체적으로 어떻게 관리해야 이런 총기 사고가 일어나지 않을까요?

박: 현재 총기 입출고는 전국 어느 경찰서나 입출고할 수 있습니다. 범죄자가 마음만 먹으면 자기가 범행하기 좋은 장소에다가 총기를

맡긴 다음 범행 당일 그걸 출고해서 범행에 사용할 수 있습니다. 수렵 목적이라면 수렵지를 관할하는, 파출소가 아닌 경찰서에서 집중적으로 관리토록 해야 합니다. 수렵 허용 기간이 되면 지방자치단체의 수렵을 담당하는 기관에 경찰관이 가서 현지에서 총기를 배급해줘야 하고, 수렵이 끝나면 그 총기를 다시 회수해서 경찰서에 영치해야 된다고 생각합니다.

또한 실탄도 문제입니다. 현재 실탄 구입은 매우 자유롭습니다. 예를 들면 엽총이라고 하면 엽총 허가증만 있으면 총포사에서 500발까지 구입이 가능합니다. 여러 총포사에 가서 각각 구입하면 얼마든지 대량의 실탄을 경찰의 눈을 피해서 구입할 수 있습니다. 그러나 실탄이 없는 총은 무용지물이 됩니다. **실탄 관리만 제대로 해도 충분하다는 이야기입니다. 사냥할 때 관리 감독자가 탄환을 주게 한다면 설사 탄환이 반출되더라도 총기 범죄에 함부로 이용할 수 없습니다.**

조: 현재 전국에 허가받은 총기는 얼마나 되나요?

박: 민간인 소유의 총기는 16만 정이 넘는다고 합니다. 하지만 소지 허가를 받지 않고 가지고 있는 총기는 얼마나 되는지 실태도 파악하지 못하고 있습니다. 인터넷에서 불법으로 얼마든지 외국 총기까지 구입할 수 있습니다. 그런데 정식 수입 절차를 거쳐서 수입되는 것이 아니라 선원들과 같은 사람들이 밀수입해서 거래되는 총기가 많습니다. 인터넷으로 총기 부품을 들여와서 총기 개조도 쉽게 할 수 있습니다.

조: 불법 총기 유통이나 총기 사고를 관리하는 경찰 전담부서는 있나요?

박: 민간에서 유통되는 총기가 이렇게 많은데 정작 경찰에는 총기 범죄를 전문적으로 다루는 부서도 없습니다. 총기 관리는 생활질서계에서, 수사는 형사과나 수사과에서 담당하도록 나뉘어져 있는 현 시스템을 전부 통합해서 관리와 수사를 총괄하는 통합 부서를 만들어야 합니다. 전문 부서에서 총기 불법 양도, 총기 사용 실태 파악, 총기 밀거래 단속, 사격장 또는 군부대 유출 실탄 등에 대한 수사와 특별 단속도 해야 합니다.

조: 치명적인 인명 살상 총기 범죄, 관리만 잘해도 충분히 예방할 수 있을 것 같아요.

박: 사실 지금도 우리나라는 가장 엄격한 총기 금지 수준에 있습니다. 다만 그동안 총기 사고는 드물었기 때문에 몰랐던 총기 관리 시스템의 미비점들이 이번 사건들을 통해 드러난 것입니다.

총기 수입, 제조, 판매, 유통, 소지 단계를 엄밀하게 관리하고 특히 총기 취급자에 대한 철저한 신원 조회 등을 통해 총기 사용을 엄격히 관리 통제해야 하고, 경찰서에서 총기업무 담당 인원을 증원하고, 군·관세청·국정원 등 유관 기관과의 공조 협력도 필요합니다.

총기를 방치하면 강력, 테러, 조직 범죄 집단의 무기로 사용되는데 이에 대해 너무 무관심한 분위기도 문제입니다. 총기 사용자·총기 유통·총기 입출납 관리를 더 철저히 한다면 총기 안전국이라는 타이틀은 굳게 지킬 수 있습니다.

특공대만큼 방탄복을 갖춰 입어야 하는 순경

총기 사건이 일어나면 제일 먼저 출동하여 초동 수사를 하는 것은 경찰 특공대가 아니라 일선 파출소의 직원들입니다. 하지만 경찰 지휘부는 사건이 일어나면 제일 먼저 출동하는 직원들에게 정말 필요한 장비가 무엇인지에 대해 무관심합니다. 방탄복이 왜 현장에 필요하냐고 묻는 수뇌부를 보면 화가 납니다. 총기 사고가 거의 일어나지 않는 드문 사건이라는 이유만으로 등한시합니다.

방탄복과 장비를 갖춘 특공대원들이 테러가 일어날 만한 공항이나 공공 시설물에서 테러 대비 훈련을 펼치는 것도 중요하지만 테러 안전국인 우리나라에서는 총기 테러보다는 국민 개개인의 총기 사건이 훨씬 많다는 것을 알고 대비해야 합니다. 국민들에게서 가장 가까이 있는 파출소 직원들에게도 방탄복과 총기 등 적절한 방어 장비들을 지급해야 합니다.

총기나 테이저 건을 사용하는 데 있어 까다로운 규정들을 완화할 필요도 있습니다. 총이나 테이저 건을 사용하기 전에 대장에 사용 요건을 기재하는 현재의 규정은 전혀 현실을 반영하지 못한 탁상행정의 표본입니다. 정당한 총기 사용 권한을 부여하여 총이나 테이저 건 사용 시 일어나는 과잉 방어 논란이나 감찰 조사에 대한 부담을 덜어줘야 합니다.

불효자는 웃습니다

피보다 진한 돈!

"세상에 돈으로 살 수 없는 건 가족이다."

– 드라마 「베테랑」 중 대사

• 사건 Q) 효도 계약 파기 아들 상대 재산 반환 청구소송 •

한 아버지가 자신과 아내를 잘 부양한다는 계약 조건을 내걸고 아들에게 2층 짜리 단독 건물을 증여했습니다. 증여 당시 아들은 '이를 이행하지 않으면 계약은 무효이고 즉시 부동산을 아버지에게 돌려주며, 이의를 제기하지 않는다'는 각서도 썼습니다. 하지만 재산을 물려받은 아들은 태도가 돌변했습니다. 아픈 어머니도 나 몰라라 했고 아파트를 사주면 부모끼리 나가겠다는 아버지의 부탁까지 거부했습니다.

아들이 괘씸했던 아버지는 재산 반환 소송을 냈고, 대법원은 부모를 충실히 부양하겠다는 '효도 계약'을 맺고 아버지의 부동산을 물려받은 뒤 약속을 저버린 이른바 '먹튀 아들'에게 "재산을 반환하라!"라고 판결 내렸습니다.

조: 요즘 '수저론'이 새로운 계급론적 담론이 되고 있는 것 같아요. 이 수저론에 깔린, 돈이 있어야 부모로서 대접받을 수 있다는 전제가 거북스러워요.

박: 서구에 비해 한국의 자식들은 성인인데도 불구하고 부모에게 너무 의존하는 경향이 강합니다. 노년층의 빚 부담 상태가 최악인데다가 노년층 소득 대비 가계 부채 비율이 전체 연령층 평균보다 높은 곳은 한국뿐입니다. 우리나라가 OECD 국가 중에서 노인빈곤율과 노인 자살률도 최고입니다. 경제적인 위기를 직격탄으로 맞는 노인층이 많다는 증거입니다.

조: 경제적으로 도움을 받는 것은 당연하고, 소득 절벽 앞에 마주 선 나이든 부모를 부양하는 것은 당연하지 않게 여기는 자식들이 늘고 있어요. 부모를 모시고 살면 집을 상속받을 때 상속세를 면제하는 등 효를 장려하기 위한 제도가 만들어진다는 사실이 씁쓸해요. 그만큼 '효'라는 가치가 점점 사라졌다는 소리잖아요?

박: **'효'는 제도화해서라도, 법이 강제해서라도 지켜야 하는 소중한 가치입니다.**

조: 지금 만들어지고 있는 '불효자식방지법'을 좀 설명해 주시겠어요?

박: 전 재산을 자녀에게 물려줬더니 재산을 받은 뒤 태도가 돌변해 폭행까지 이어지는 패륜 범죄가 많이 일어나는 세태 때문에 이 법이 나왔습니다. 부모님에게 재산을 미리 증여받은 자식이 부모에 대해 부양 의무를 제대로 하지 않은 경우 증여된 재산을 다시 부모님에게 환수시킬 수 있도록 하자는 민법 개정안을 담은 것입니다.

조: 현재의 법률이 부모들을, 부모들의 재산을 제대로 보호하지 못하

고 있나 봐요? 예를 들어 재산 다 물려받은 자식이 부모님을 학대한다면 현행법에서는 어떻게 처리하나요?

박: 현재 판례상 자식이 자식의 의무를 다하지 않았을 때 민사관계에 있어서 소를 제기해서 일정 부분은 돌려받을 수 있습니다. 자식이 부모를 때려도 부모가 고소하지 않으면 처벌할 수 없는 즉 친고죄 때문에 수사 기관이 관여할 수 없는 실정입니다. 한국의 정서상 자식에게 맞았다고 고소할 부모는 많지 않습니다.

그래서 친고죄가 아닌 불효자식방지법을 만들어 부모의 권리를 더 강하게 보장해주자는 겁니다. **자식이 부양 의무를 이행하지 않으면, 부모가 증여 재산을 다시 돌려받을 수 있고, 학대나 부당한 대우를 당해도 증여의 일부를 해제할 수 있도록 해야 합니다.**

조: 부모님들은 빼앗긴 재산보다 정작 가족들에게 버려졌다는 자괴감과 외로움에 더 괴로울 것 같아요. '동방예의지국'으로 불렸던 우리나라가 '불효자식방지법'을 논의한다는 것 자체가 개탄스럽네요.

박: 부모 부양도 하지 않고 상속권만 주장하는 자식에게는 상속권을 부여하지 말아야 합니다. 불효자식방지법 말고 고령화가 급속히 진행되면서 늘어나는 노인들의 노후를 보호할 '최소한의' 안전장치로서 '유류분'에 대한 법률 개정도 논의되고 있습니다.

조: '유류분'이 뭔가요?

박: 법률상 보장된 상속인의 상속 재산 가액을 뜻합니다. 우리 민법은 자녀나 손자손녀 등의 직계비속, 배우자 또는 부모, 조부모 등의 직계존속, 그리고 형제자매 등 법정상속인에게만 인정되는 유류분은 직계비속과 배우자는 법정 상속지분의 1/2, 직계존속과 형제자

매는 법정 상속분의 1/3만큼 재산 상속의 권리를 인정받고 있습니다. 그런데 부모를 부양하지도 않고 오히려 불효를 저지른 아들에게도 아무런 심사 없이 법률에 따라 '유류분'이 고스란히 상속되고 있는 실정이라 개정에 대한 논의가 나오게 됐습니다.

조: 법이 불효자를 오히려 보호하는 측면이 불합리해 보이기는 하네요.

박: "말도 없이 이민 가고, 부모에게 관심이 없는 장남에게 재산을 한 푼도 물려주지 말라!"라고 했던 아버지의 유언이 '유류분'에 관한 법 때문에 지켜지지 못했습니다.

조: 전 재산을 사회에 기부하겠다는 유언장도 이 유류분을 인정하는 법으로 인해 불가능해지는 경우도 있겠네요?

박: 실제로도 있었습니다. 모 기업의 창업주가 자신의 회사 주식을 사회 복지 법인 등에 나눠주라는 유언을 남겼지만 이 창업주의 장남이 주식을 증여받은 단체들을 상대로 '유류분반환청구소송'을 내서 승소했고, 찾은 일이 있었습니다.

그뿐만 아니라 치매에 걸린 부모님에게 자신에게 재산을 물려주겠다는 식으로 유언장을 작성하도록 하거나 치매에 걸린 노인에게 접근, 혼인 신고를 한 후 재산 증여를 받아 도주하는 사건도 심심치 않게 발생하고 있습니다. 이러한 경우 불시의 죽음에 대비한 사전 유언장 작성을 인정하고, 공증 제도 및 유언 신탁 제도가 필요합니다.

조: 피보다 진한 게 돈인 것 같아요. 관련 입법이 되기 전까지 부모님들이 취할 수 있는 불효자식에 대한 견제 법이나 견제 장치라는 것이 있을까요?

박: 제일 먼저 자식들에게 어릴 때부터 부모 재산은 부모의 것이라는 생각을 심어줘야 합니다. 유류분에 대한 분쟁을 피하려면 사전에 법정 상속분, 상속 재산 형성 또는 보전에 보탬을 준 자식들의 기여도를 꼼꼼히 챙겨 유언장을 써서 공증을 받아놓아야 합니다.

고령화 사회에 진입하면서 치매 환자가 많이 늘어나고 있습니다. 특히 요양원, 요양병원에 계신 노인들을 대상으로 유언 신탁 제도, 치매 노인 대상 성년 후견인 제도를 도입, 사후 재산 관리를 제대로 보장해 주는 제도적 장치가 필요합니다. 치매를 앓는 부모의 재산 상속 제도도 변화될 필요가 있습니다.

조: 아무리 다양한 '효도법'들이 만들어진다고 해도 이 법들이 자식들의 마음속까지 강제력을 발휘할 수는 없을 겁니다. **부모 자식 사이에 주고받아야 할 가장 큰 유산은 서로에 대한 지극한 사랑과 존경과 배려가 아닐까요?**

흙자식? 부모에게는 모두가 금자식!

부모의 재력에 따라 자식의 계급이 구분되는 일명 '수저론'이 있다면 자식의 재력이나 능력으로 계급이 좌우되는 '금자식, 은자식, 흙자식' 등 '자식론'이 등장했습니다. '금자식'이란 자기 분야에서 크게 성공하고 부모까지 건사하는 이들을 말합니다. 한 레벨 낮은 '은자식'은 어려운 환경에서도 공부를 열심히 해 명문대를 나와 대기업에 다니거나 창업에 성공한 자식을 말합니다. 흙자식은 능력 없이 부모에게 용돈을 타서 쓰며 아직 공부를 하거나 취업 준비를 하는 자식입니다.

이런 자식론을 곱씹다 보면 왠지 울컥하는 마음이 듭니다. 내 아버지가 흙수저라고 해서 사랑하지 않는 게 아닌 것처럼 우리 부모들은 내 자식이 금자식이 아닌 흙자식이라도 많이 사랑할 것입니다.

부모님을 사랑하고 효도한다면 모두가 '금자식'이 된다는 생각으로 부지런히 살아갑시다. 많이 가진 자들이 가난하고 힘없는 사람들을 배제시키는 교묘한 계급론에 흔들릴 필요가 없습니다. 행복에도, 인품에도, 사랑에도 계급이란 있을 수 없습니다.

The birth of the crime

'소유냐?', '존재냐?'

사람과의 사이에서 그 관계를 규정짓는 가장 기본적인 척도일 것입니다. 존재는 항상 안식을 주지만 소유는 종종 갈등을 낳습니다. 점점 사랑과 집착을 혼동하는 사람들이 많아지고 있습니다. 처음 눈길을 주는 순간부터 애정 혹은 애착을 느꼈던 상대에게 점점 비현실적 환상을 품으며 영원히 함께할 거라는 성급한 결론을 내리고 상대를 혹은 자신을 서로의 구원자 비슷하게 여기는 데서 문제가 시작됩니다.

상대의 비정상적 사랑이나 중독 행위 등은 반드시 전조 신호가 있습니다. 이 전조 신호를 잘 읽어내야 사랑이라는 이름의 탈을 쓴 범죄에 피해를 입지 않을 수 있습니다.

집착이 강하면 집착 대상 외의 다른 문제는 전혀 신경 쓰지 않게 됩니다. 상대에게 무슨 일이 일어나고 있는지 알아내기 위해 무엇이든 할 태세를 보입니다. 그(그녀)의 집 앞을 서성이고, 이메일을 해킹하고, 문자를 뒤지고, 트위터나 페이스북을 스토킹하면서 시간을 보냅니다. 만지기도 아까워하던 그 대상에게 심리적 · 육체적 폭력을 행사하기도 합니다. 서로를 사랑하지 못하는 데서 공허함과 자책, 자기혐오와 분노를 느끼고, 복수를 결심하고, 마침내 복수를 실행하기도 합니다. 그런 뒤틀어진 소유론적 사랑을 완성하는 가장 최상위의 단계에는 '살인'도 있습니다.

사랑·관심이라는
가해자

제자 살인으로 끝난 로망스

"넌 학생이고… 난 선생님이야."

– 드라마 「로망스」 중 대사

• 사건 Q) 인천 교생 살인 사건 •

인천에서 한 여성이 고등학교를 자퇴한 남학생에게 공부를 게을리한다며 온몸을 벨트와 골프채 등으로 때리고 심지어 뜨거운 물까지 부어 전신 화상을 입게 만들어 놓고 방치해서 결국 남학생이 패혈증으로 사망케 한 사건이 있었습니다.

처음에 이 여성은 죽은 피해 남학생이 과외 교사인 자신을 성폭행하려는 것을 방어하다가 물을 끼얹었다고 진술했지만 수사 과정에서 거짓으로 밝혀졌습니다. 더 놀라운 것은 살인을 저지른 이 여성을 교묘하게 사주했던 사람은 이 여성의 여고 동창생이자 피해 남학생이 다니던 고등학교의 교생이었던 한 여성이었습니다. 남학생의 자퇴와 가해 여성과의 동거, 그리고 가해 여성의 살인은 모두 이 여성이 주도한 것으로 드러났습니다.

조: 기기묘묘한 사건이네요. **사건의 주 인물로 죽은 A라는 피해 남학생과 B라는 가해 여성, 그리고 그 가해 여성을 도와 폭행에 가담한 C라는 여성, 또 폭행에 가담한 D라는 남성이 있어요. 이들은 도대체 어떻게 만났고, 어떤 관계였던 건가요?**

박: 피해자 A와 가해자 B와 공모자 C는 지난 2012년 강원도의 한 고등학교에서 제자와 실습을 나온 교생들로 만났던 사이였습니다. 가해자 B와 공모자 C는 원래 고등학교 때부터 친구였던 관계로, 거의 주종 관계처럼 보일만큼 B는 C에게 무척 의존했고 그녀를 영웅시했습니다. B는 늘 C의 옷차림과 화장, 말투를 따라할 정도였고, 사범대를 간 C를 따라 진학까지 할 정도였습니다. 경찰 조사 당시에도 B는 C에게 경찰차 뒷좌석에 타게 한 후 앞좌석에 탈 만큼 종속적인 모습을 보였습니다.

조: 끈질긴 집착과 추종을 보여주다가 종내는 살의를 드러내는 '위험한 독신녀'라는 영화 속 인물이 생각나 살짝 소름이 돋네요.

박: 문제는 B와 C가 교생 실습을 나간 학교에서 만난 피해 남학생 A를 만나면서 시작됐습니다. A는 C를 짝사랑했고, 마음을 알아챈 C는 몰래 A와 연애를 시작했습니다.

그런데 교생 실습이 끝나자 자신과의 관계가 탄로 날까 두려웠던 C는 B에게 A와의 관계를 대신 정리해달라고 부탁을 했고, B는 마치 C의 삼촌인 것처럼 자작 메시지를 A에게 보냈습니다. C가 A와의 교제 관계가 알려지면서 고통받는다는 내용이었고, 자신이 한 여자의 인생을 망쳤다는 심한 죄책감에 시달렸던 피해자 A는 자퇴하고 말았습니다.

그리고 C가 자퇴한 A를 인천으로 불렀습니다. 하지만 A를 과외하기 위해 나타난 이는 C가 아니라 B였습니다. 왜냐하면 피해자 A와 사귀었던 C에게는 이미 D라는 다른 남성이 생겼기 때문입니다.

조: 피해 남학생 A와 가해 여성 B의 교묘한 동거가 시작됐네요. 그런데 저는 그 죽은 남학생이 전혀 의심하지 않고 자신이 원한 C와도 살지도 못하는 상황을 불만스럽게 여기지 않고 계속 B와 동거를 했다는 것이 잘 이해되지 않아요.

박: 피해자 A가 집으로 돌아가면 자신과의 관계가 들통날까 봐 불안했던 C가 계속 구슬렸던 까닭입니다. 이 여성의 꾐에 번번이 넘어간 피해자 A는 원룸을 찾아오겠다는 부모님도 극구 만류했다고 합니다.

조: 저는 B도 이해되지 않아요. A와 특별한 사이도 아니었고 떠맡아서 얻는 이익도 없었는데 B는 왜 A를 맡아 과외를 해 줬던 걸까요?

박: 원래부터 B는 C의 말을 잘 들어주는 타입이기도 했지만 B는 C로부터 소개받은 '원이'라는 남성과 전화로 사귀고 있었습니다. 4년 동안 그저 핸드폰으로만 문자를 주고받는 사이임에도 불구하고 '원이'라는 인물에게 B는 푹 빠져 있었기 때문에 C의 말을 더 잘 들어준 게 아닌가라고 추측합니다. 나중에 이 '원이'라는 남성이 가상 인물이라는 것을 알고 C에게 큰 배신감을 드러냈습니다.

조: B는 왜 A를 무자비하게 폭행하고 결국 죽게 만들었나요?

박: 처음에는 C의 부탁으로 피해자를 돌보았던 B는 점점 이 생활을 불편해하기 시작했고, 생각만큼 A의 성적이 제대로 오르지 않으니 지쳐갔습니다. 피해자 A가 검정고시를 합격해야 자기가 이 불편한 동거 생활에서 벗어날 수 있다는 생각으로 체벌을 시작하기 시작했

는데 그럼에도 불구하고 성적이 오르지 않고 말도 안 들으니까 애초에 A와 사귀었던 C와 C의 새 남자친구인 D에게 체벌을 부탁하게 됩니다. 이 와중에도 C는 B의 폭행을 교묘하게 부추겼습니다. 그러면서 혹시 A가 경찰에 신고할 것을 대비해 성폭행을 시도했다고 A가 말하는 동영상을 찍기도 했습니다.

조: 경호원을 꿈꿀 정도로 피해 학생 A는 각종 운동을 섭렵한 신체 건장한 남자였는데 어떻게 폭력을 고스란히 받아들이고 부모들에게 도움을 요청하지 않았는지도 의문인데요?

박: C의 애인인 D처럼 남성 공모자가 있었기 때문이기도 하고, 자신이 사랑했던 C에게 밉보이기 싫다는 감정과 더불어 의도하지 않은 불편한 상황들이 이어지자 자포자기의 심정이 된 것은 아닌가라고 추측됩니다. B는 주범으로 징역 7년형을 선고받았고, C와 D는 폭행에 가담한 죄에 대해서만 징역 2년형을 선고받았습니다.

조: 고등학교 시절 교생 선생님을 향한 남학생의 순박한 사랑이 '살인'으로 끝날 거라고는 아무도 상상하지 못했을 것 같아요. 씁쓸합니다. **사랑이라는 이름으로 제자의 진심을 함부로 농락해 이용하고, 가상 인물로 자신의 오랜 친구를 속이면서 교묘히 범죄를 사주한 C는 어쩌면 가해자 B보다 더 무서운 소시오패스가 아닌가 하는 생각이 들어요. C 같은 소시오패스, 왜 생기는 걸까요?**

박: 성공과 발전을 이루기 위해 거침없이 달려오면서 어느새 한국 사회는 타인을 생각하지 않고 오로지 자기만을 생각하는 사회가 돼 버렸습니다. **남을 짓밟고, 남을 이용해서라도 잘살 수만 있으면 그 어떤 기만과 거짓, 죄도 허용되는 사회가 바로 소시오패스를 태어나게**

한 모체일지도 모른다는 생각이 듭니다.

지금 한국은 소시오패스 시대

'자신의 성공을 위해서는 수단과 방법을 가리지 않고 나쁜 짓을 저지르며, 이에 대해 전혀 양심의 가책을 느끼지 않는 사람' 소시오패스(Sociopath)를 가리키는 말입니다. 사회를 뜻하는 소시오(socio)와 병적인 상태를 의미하는 패시(pathy)의 합성어로 반사회적 인격 장애의 일종입니다.

아래는 미국정신의학회가 전한 소시오패스 진단 기준으로, 세 가지 이상에 포함되면 소시오패스의 징후를 갖고 있는 것입니다.

○ 반복적인 범법 행위로 체포되는 등 법률적 사회규범을 따르지 않는다.

○ 거짓말을 반복하거나 가명을 사용하거나 자신의 이익이나 쾌락을 위해 다른 사람을 속이는 사기성이 있다.

○ 충동적이거나 미리 계획을 세우지 않고 행동한다.

○ 쉽게 흥분하고 공격적이어서 신체적인 싸움이나 타인을 공격하는 일이 반복된다.

○ 자신이나 타인의 안전을 무모하게 무시한다.

○ 시종일관 무책임하다. 예컨대 일정한 직업을 꾸준히 유지하지 못하거나 당연히 해야 할 재정적 책임을 다하지 못한다.

○ 다른 사람에게 해를 입히거나 학대하는 것 또는 다른 사람의 물건을 훔치는 것에 대해 아무렇지 않게 느끼거나 합리화하는 등 양심의 가책을 느끼지 않는다.

사랑해요, 선생님!
긴 짝사랑의 종말

"사랑하지만 조금 덜 사랑해야겠다."

- 영화 「스토커」 중 대사

• 사건 Q) 죽음을 부르는 스토킹 살인 사건 •

지방의 국제고에 다녔던 가해 남성은 당시 진로 진학 상담 교사였던 피해 여성을 짝사랑하면서 마음을 받아달라고 요구했습니다. 자신과 사귀었다는 내용의 이메일을 학교 관계자에게 보냈다가 여교사가 항의하자 목 졸라 살해하려 하고 성폭행을 시도하기도 했습니다. 하지만 제자를 처벌한다는 것을 꺼려한 피해 여성의 선처로 유학을 떠난 남성은 유학을 간 후에도 피해 여성에 대한 집착을 멈추지 않았습니다.

SNS를 통해 계속 피해 여성을 스토킹하던 그는 피해 여성의 결혼 소식을 듣자마자 5개월 동안 이메일과 협박 문자를 보냈고 공포스러운 영화 포스터와 글을 홈페이지에 남겼습니다. 귀국한 가해 남성은 피해 여성이 근무하는 어학원이 있는 건물에서 그녀를 살해했습니다. 법원은 가해 남성에게 징역 35년형을 선고했는데, 유기징역으로 35년형이 선고된 첫 사건이었습니다.

조: '저게 과연 짝사랑일까?'라는 생각이 들었어요. 영화 「미저리」에 등장하는 스토커만큼 소름 끼치고, 불쾌한 집착을 지닌 옛 제자를 만났을 때 피해 여성은 얼마나 공포스러웠을까요?

박: 가해 남성은 자폐증의 일종인 아스퍼거 증후군을 앓고 있어 심신 미약 상태였다고 변호인 측은 주장했지만 재판부는 받아들이지 않았습니다. 간호학도인 옛 제자가 계획적으로 흉기를 준비해 여성을 잔혹하게 살해했다는 점에서 죄질을 매우 불량하게 본 것입니다.

조: 이 살인의 계기가 된 피해 여성의 결혼 소식, 알고 봤더니 진짜가 아니었다고 들었어요. 피해자 유족들은 얼마나 억울할까요?

박: 가해 남성은 과거 피해 여성을 향한 성폭행 미수 사건 후 망상 장애로 3개월 정도 정신병원에 입원한 전력이 있었습니다. 격리 차원에서 해외 유학을 보냈지만 이 망상증이 제대로 완치되지 않았던 것 같습니다.

조: 이 사건의 본질도 스토킹 범죄인 거잖아요? **자신은 정상적인 범위 내의 관심을 표하는 것이라고 생각할 수 있지만 상대방에게는 굉장히 공포스러운 것이 바로 스토킹 행위잖아요?** 이런 스토킹 범죄를 예방하기 위해서 어떻게 대처해야 할까요?

박: **협박을 하더라도 처음부터 강력하게 대처해야 합니다. '적당히 구슬리면 그만두겠지!'라는 생각은 틀렸습니다. 협박에는 그만큼의 강도로 세게 나가야 합니다.**

혼자 하기가 힘들다면 가족이나 주변 사람들의 도움을 받든지 경찰이나 사회 시스템의 도움을 받아 초기에 강력하게 대응해야 합니다. 피해 여성이 교사였을 때, 학생의 장래에 지장을 주기 싫어서 좋게 해결했던 것이 안 좋은 결과로 돌아온 겁니다.

조: 회피하거나 무시하는 것도 안 되나요?

박: 피하는 것도 엄연한 반응입니다. 오히려 '망상 장애' 성향의 사람에게는 망상의 대상으로부터 멀리 떨어져 있는 것이 더 강한 집착을 불러일으키기도 합니다. **일명 '로미오와 줄리엣' 효과로 누군가가 개입해서 사랑을 방해했다는 생각을 하면 더 집착하게 됩니다.**

조: 타인이 원하지 않는데도 계속 반복적으로 주위를 맴돌거나 하면서 심리적, 신체적 고통을 주는 스토킹에 대한 현재 우리 처벌 수준은 어떤가요?

박: **스토킹 행위를 징역형까지 가능한 중범죄로 다루는 미국이나 일본과는 달리 우리나라는 경범죄로 분류하여 벌금 10만 원에 처하니 경찰도 제대로 수사를 하지 않습니다.**

그러나 구류나 유치 명령 처분을 활용하여 일정 시간 유치장에 구금하고, 수사관이 강력경고와 함께 통신제한 조치, 신변보호 조치를 제대로 해주면 현행법 규정으로도 충분히 가능하다고 생각합니다. 문제는 수사 기관의 의지입니다. 피해자의 입장을 가장 우선적으로 생각해줘야 합니다.

조: 쫓아다니다가·신체에 위해를 가한다면 징역형도 가능하겠지만 단지 쫓아다니는 것만으로는 경범죄밖에 안 된다는 거네요? 하지만 경범죄 수준을 뛰어넘는 피해도 있잖아요?

박: **스토킹은 반복적으로 지속해서 나타나기 때문에 피해자들은 일상생활을 제대로 영위하지 못할 수도 있습니다.** 항상 신변의 위협을 느끼는 바람에 심한 경우 '외상 후 스트레스 장애'까지 달하는 아주

심각한 불면증도 겪습니다. 항상 주변의 여러 가지 상황에 대해서 경계하다가 만성적인 우울증을 앓는 사람도 있습니다.

조: **사랑이란 이름으로 행하는 폭력, 스토킹을 단순히 짝사랑이나 과도한 구애 행위 정도로만 인식하고 처벌도 이처럼 가볍다면 앞으로도 스토커 범죄는 기승을 부릴 것 같아요.**

박: 스토커나 집착증 증세로 미행을 하거나 쫓아다니면서 폭언이나 협박을 하는 경우에는 처벌이 가능합니다. 그러나 앞날에 일어날 일을 예비하거나 음모를 했다는 이유로 스토커 범죄를 수사하는 경우는 아직 없습니다.

스토킹은 그 행위 유형에 따라 형법상 강요, 협박, 폭행죄 또는 정보통신망이용촉진법, 성폭력특별법으로도 처벌될 수 있습니다. 다만 사람을 맹목적으로 쫓아다니는 행위만으로는 경범죄처벌법상 과태료를 물게 하나 벌금 10만 원에 그쳐 실효성이 없습니다.

따라서 과태료만 물 게 아니라 신변 보호를 요청했을 때 실질적으로 신변보호조치를 해주는 시스템만이라도 확실히 보완해야 합니다. 거기에 실질적으로는 구류와 유치 명령을 통해 즉결 심판 회부를 하고 피해자의 신고 후에는 피해자의 신변을 보호하고 감시·관찰을 지속적으로 하는 것이 더 효과가 있다고 생각합니다.

또한 데이트 폭력으로 인한 범죄의 경우와 마찬가지로 스토커 범죄 역시 격리 및 접근 금지 조치를 할 수 있어야 합니다. 상습 스토커의 경우 전자발찌부착명령제도 도입해야 합니다.

외국의 입법례_스토킹, Stop!

미국, 독일, 영국, 캐나다, 벨기에, 아일랜드 등은 1990년대 이미 스토킹을 범죄로 정의하고 처벌 규정을 마련했습니다.

미국은 1990년 캘리포니아에서 처음 '스토킹 방지법'이 제정됐습니다. 주마다 스토킹을 규제하는 방식에는 차이가 있는데, 무기를 소지하거나 신체 상해를 입히는 위험 행위를 저지르는 '가중적 스토킹'의 경우 중죄로 취급합니다.

독일에서는 2007년형법 개정을 통해 '스토킹 범죄 처벌에 관한 법률'이 시행됐습니다. 생명, 신체의 안전, 건강, 자유 등의 법익이 침해될 위험 범위에 대한 규정과 함께 사망에 이른 경우를 상정해 가중범으로 처벌하도록 규정하고 있습니다.

일본에서는 2000년 '스토커 행위 등의 규제에 관한 법률'을 제정해 시행하고 있습니다. 자택·근무지 등에서 기다리기, 도청·미행, 반복된 교제 요구, 명예훼손이나 성적 수치심을 불러일으키는 행위 등에 대해 경찰의 경고와 공안위원회의 금지 명령 등의 조치가 내려질 수 있습니다. 이를 위반하는 경우 1년 이하의 징역이나 100만 엔 이하의 벌금형에 처합니다. 2013년에는 스토커 행위규제를 강화하는 '개정 스토커 규제법'을 마련했는데, 개정법에서는 상대가 거부 의사를 확실히 표현했음에도 메일을 반복해서 보내는 행위가 추가됐고, 2014년에는 SNS 또는 메시지에 담긴 내용도 포함했습니다. 하지만 우리나라는 스토킹 방지에 대한 대책이 너무 미약합니다. 이 법망의 틈새로 잔혹한 스토킹 범죄가 파고들고 있습니다.

인질 살인극
악몽의 32시간

"난 단지…편안하게…먹고…자고…숨 쉬고 싶을 뿐이에요……."

– 영화 「펀치레이디」 중 대사

• 사건 Q) 안산 인질 살인극 •

안산시 상록구에서 별거 중이던 아내의 외도를 의심하던 김상훈이 아내의 전남편 집에 침입해 전남편과 그의 동거녀, 의붓딸 두 명을 인질로 잡고 경찰과 대치하는 일이 일어났습니다. 이혼 후에도 아내가 뇌병변 질환을 앓는 전남편을 경제적으로 지원하는 것에 불만을 품었던 김상훈은 아내가 집에 들어오지 않자 아내가 아이들을 피신시킨 전남편 집을 찾아가 범행을 저지른 것입니다.

인질극은 오전 9시 반에 시작돼 다음날 오후 2시 반에 종료됐는데 김상훈을 검거했지만 안타깝게도 저항할 수 없는 몸 상태였던 전남편과 막내딸은 이미 숨진 상태였습니다. 김상훈은 막내딸을 죽이기 전에 성폭행을 하는 등 엽기 행위로 사람들을 경악케 했습니다.

조: 32시간 동안의 긴 악몽으로 결국 두 명의 안타까운 목숨들을 잃었어요.

박: 인질 사건은 우리나라에서 그리 흔한 사건은 아니어서 인질범을 다루는 매뉴얼이 다소 미흡했습니다. 사건 초기 대응에 좀 혼선이 있었던 것으로 보입니다.

조: 보통 인질 살인은 형량이 어떻게 되나요?

박: **일반 살인죄의 경우 사형, 무기 5년 이상의 징역이지만 인질 살인죄의 경우 유기징역형이 없고 사형 또는 무기징역형만 있을 정도로 중하게 처벌하고 있습니다.** 김상훈은 위 인질 살인죄로 1심에서 항소했으나 항소심에서도 무기징역형을 선고받았습니다.

조: 인질극을 하면서 대치하는 경찰에게 김상훈은 부인을 들여보내라고 했고 경찰은 이를 거부하는 대신 통화를 허용했다고 합니다. 아내와의 통화로 인해 흥분해서 작은딸을 죽였다고 김상훈은 주장했습니다. 솔직히 경찰도 실수한 게 아닌가요?

박: 원하는 타깃을 들여보내면 인질범에게 주도권이 넘어가게 돼 있어서 부인을 들여보내지 않은 것은 현명한 결정이었습니다. 그러나 아내와 통화를 하게 한 것은 별로 신중한 행동은 아니었다고 생각합니다. 김상훈의 말은 뻔뻔한 책임전가성의 발언이지만 어느 정도 인질범을 자극할 만한 계기로는 충분했다고 생각합니다.

조: 이 사건이 일어나기 일주일 전 김상훈은 아내를 흉기로 협박하고 실제로 상처를 입혔습니다. 그런데 경찰은 아주 형식적으로 처벌을 원하는지 물었고 실질적으로 피해 진술이나 명확한 처벌 의사를 받는 것을 좀 미진하게 처리했더군요.

박: 이 전조 사건 때 좀 더 적극적으로 고소하게 했다면 아마 인질 살인극을 예방할 수 있었을 겁니다. 사실 허벅지를 찔렀다는 점을 경찰은 좀 심각한 사안으로 받아들였어야 했습니다. 허벅지라는 부위가 대동맥이 있는 곳이기 때문에 여기를 찌른다는 것은 사람을 해할 의지가 강했다는 것입니다.

가정 폭력 피해를 인지했을 때 즉시 수사하고, 피해자의 신변 보호, 가해자 격리, 접근 금지 조치, 가족들의 치유 프로그램과 수사, 재판 등이 모두 신속하게 이루어졌다면 일어나지 않았을 사건입니다.

조: 인질 살인극을 일으킨 이유는 무엇인가요?

박: 김상훈은 2007년에 재혼한 아내를 의심해 왔습니다. 아내가 뇌병변을 앓고 있는 전남편도 만나고 보험설계사 일을 하면서 남성 고객들을 만나는 것에 불만을 품었습니다. 하지만 김상훈과 아내가 갈등이 생긴 가장 직접적인 이유는 작은딸을 성폭행했기 때문입니다.

조: 인질극에서 목숨을 잃은 막내딸이 죽기 직전 김상훈에게 성폭행당한 것이 사실로 밝혀져서 많은 사람들이 경악을 금치 못했어요. 그런데 이미 작은딸을 성폭행했던 전력이 더 있었다는 말이네요? 그러면서도 자신도 피해자라고 뻔뻔하게 언론을 향해 말하던 김상훈의 미소 띤 얼굴이 생각나는군요. 하, 제대로 말도 잘 안 나오네요.

박: 막내딸의 성폭행을 부인하다가 시신에서 성폭행 흔적이 나오자 뻔뻔하게 김상훈은 작은딸이 자신을 사랑했다고 말을 바꾸었습니다. 이런 식으로 김상훈은 증거가 나올 때마다 능수능란하게 말을 바꾸면서 결과적으로는 자신에게 책임이 없다는 주장을 되풀이했습니다.

조: 인질 사건에서 살아남은 전남편의 동거녀와 첫딸의 충격과 후유
증이 클 것 같아요.

박: **끔찍한 테러 현장, 재해나 사고 현장에서 살아남은 사람들도 인
질극의 생존자들도 외상 후 스트레스 장애에 시달립니다.** 살아남은
큰딸은 처음 구출됐을 때 실어증 증세까지 보였습니다.

조: 그녀들이 입은 마음의 상처가 잘 치유됐으면 좋겠어요.

박: 재혼 가정의 증가로 인한 의붓아버지에 의한 학대나 성범죄가 점
점 늘어나는 추세입니다. 친족 간 성범죄의 경우 '3년 이상의 유기징
역'에 처하도록 한 형법상 형량에 비해 더 무거운 '무기징역' 또는 '징
역 7년 이상의 징역형'에 처해집니다.

물론 세상에는 좋은 의붓아버지들도 많습니다. '의붓아버지'에 대
한 나쁜 이미지를 만든 김상훈은 엄벌해야 합니다.

인질 사건의 핵심은 인질의 안전

인질 사건은 시간 싸움이고, 초기에 주도권을 선점하는 쪽이 그 이후에도
상황을 주도합니다. 그래서 초기의 심리·행동 분석이 인질 사건에서는 가
장 중요합니다.

제대로 대처하지 않으면 살해나 자살이라는 극단적인 결과로 이어지는 것
이 인질 범죄입니다. 인질의 안전에 이상이 발생할 가능성이 있다면 범인과
의 협상은 무의미합니다. 협상을 위한 협상이 아니라 인질이 된 사람의 생

명을 위한 협상을 해야 합니다. 그래서 인질범죄가 일어났을 때는 인질의 생사가 그 무엇보다도 우선순위에 있어야 합니다.

안산 인질 살인의 인질 협상에서 치명적인 실수는 현장 상황이 고스란히 범인에게 전달된 것입니다. TV 케이블을 차단하거나 전기를 끊거나, 휴대전화 중계기를 차단시켜 모든 외부 정보로부터 차단이 된 인질범이 불안을 느껴 외압에 굴복할 마음을 먹게끔 분위기를 조성했어야 했는데 그러지 못했습니다.

모든 외부 정보를 알고 있는 인질범 김상훈은 초기부터 협상의 주도권을 쥘 수 있었습니다. 시간 싸움일 수밖에 없는 인질 사건 초기부터 주도권을 선점한 김상훈은 인질극이 종료되는 시점까지 상황을 주도할 수 있었고, 경찰은 수동적으로 응해야 했습니다.

이번 사건을 반면교사 삼아 경찰은 인질 사건에 대처하는 매뉴얼을 재정립해야 합니다.

괴물 선생님
사랑의 매는 없다

"존중받으려면 먼저 존중해줘야 돼!"
- 영화 「프리덤 라이터스(Freedom Writers)」 중 대사

• 사건 Q) 인천 어린이집 폭행 사건 •

인천의 한 어린이집에서 4살짜리 여자 원생을 교사가 폭행한 사건이 있었습니다. 식판에 김치를 남겨오자 이를 억지로 먹이다 아이가 김치를 뱉자 오른손으로 왼쪽 뺨을 강하게 때려 아이가 휙 날아가는 모습이 담긴 CCTV 영상은 국민들을 충격에 빠지게 만들었습니다.

폭행당한 아이가 벌떡 일어나 토사물을 주워 먹고, 그 모습을 공포에 질린 다른 아이들도 그대로 지켜보고 있는 모습을 본 국민들 사이에서 공분이 일어났고, 결국 이 어린이집 교사는 구속됐습니다. 이 가해 교사에겐 징역 2년, 120시간 아동 학대 치료 프로그램 이수가, 원장에게는 벌금 500만 원이 선고됐습니다.

조: 어린이집에서 일어난 이 학대 영상을 보면서 저도 모르게 울었어요. 그런데 문제는 이런 폭력이 교육 현장에서 수시로 일어난다는 겁니다.

한 살배기가 고집을 부리고 칭얼거린다는 이유로 머리를 잡고 바닥에 쿵쿵 부딪치는 모습, 친구랑 싸웠다는 이유로 네 살배기 어린이의 손목을 노끈으로 묶는 모습, 낮잠 잘 시간에 운다는 이유로 아이를 낚아채 머리 높이까지 들어 올리더니 바닥에 그대로 내동댕이치는 모습, 영어 유치원에서 '도깨비 방'이라고 불리는 불 꺼진 방에 아이를 밀어 넣는 모습 모두 현실이었다는 게 가슴 아파요.

박: **보통 선생님이나 부모들의 체벌을 '사랑의 매'라 칭하는 데서 알 수 있듯 우리나라에서는 훈육을 목적으로 한 매는 아동 학대가 아니라고 생각하는 경향이 있습니다.**

조: 솔직히 이 사건 동영상을 보면서 어느 정도 '사랑의 매'의 효용성을 옹호했던 엄마로서의 제 자신을 많이 반성했어요. **강도의 차이가 있을 뿐 어떤 식으로든 체벌은 아이에게 큰 상처가 될 수도 있다는 것을 깨달았어요.**

박: 폭력의 기억은 오래갑니다. 특히 상대가 나를 사랑하거나 깊이 의지한다는 사실을 내가 알고 있는 상태에서 힘을 휘두른다면, 이는 신체적 상해에 더해 상대의 마음을 악랄하게 모욕하는, 질이 나쁜 폭력입니다.

데이트 폭력, 아동 학대, 체벌 등 친밀한 관계에서 사랑의 이름으로 행해지는 폭력의 특징은 당하는 사람에게 '내가 맞을 짓을 했다'고 믿도록 강요하는 겁니다. 하지만 세상에는 '맞을 짓'도 '사랑의 매'

도 존재하지 않습니다.

조: 전문가들이 말하길 단기적으로 체벌이 긍정적인 효과를 발휘할 때도 있지만 장기적으로는 아동의 공격적인 행동을 강화할 수 있다 하더군요. 매를 대어 억눌렀던 과격성 같은 부정적인 감정이 성인이 돼서 언제 어디서 폭발할지 모르는 시한폭탄이 된다고 해요.

박: 폭력과 학대 혹은 어린 시절의 체벌이 늘 타인을 향해서만 과격하게 표출되는 것이 아닙니다. 자살을 포함하여 자신을 파괴하는 양상으로 나타나기도 합니다. 체벌이라는 아동 학대가 결코 교육으로 포장되어서는 안 되는 이유입니다.

조: 이 사건으로 인해 10년째 국회 문턱도 못 넘었던 CCTV 설치안이 바로 통과돼 설치가 의무화가 됐어요. 그만큼 충격을 줬다는 이야기죠.

박: 현장에서 본분을 다하며 묵묵히 아이들을 사랑하는 교사들이 더 많습니다. 그런 분들 모두가 비난받아서는 안 됩니다.

이걸 계기로 보육 교사에 대해서도 많은 관심을 가져야 합니다. **아동 학대 사건의 경우 무조건 교사를 처벌하는 데에만 급급한데 이것도 문제입니다.** 왜 교사가 그런 행위를 했는지에 대해 근원적인 관심을 기울여야 합니다. 현실적으로 아동 보육 교사에 대한 보육 급여 인상, 근무 시간 단축, 다양한 복지 후생비 지급 등 복리후생도 병행돼야 합니다. 아동 학대의 책임을 무조건 아동 보육 교사의 책임으로 돌리기에는 우리나라의 아동 보육 현실이 너무 열악하기 때문입니다. 보육 교사 한 명이 원생 20여 명씩 보호하는 시스템도 달라져야 합니다.

그리고 교사를 뽑을 때 학력 등으로 뽑을 것이 아니라 실질적인 면접, 적성, 인성 검사와 더불어 철저한 신원 조회를 거쳐 채용해야 합니다. 정규직 교사가 아닌 기간제 교사가 많은 것도 문제입니다.

조: 아이들은 감히 꽃으로도 때리지 말아야 하는 소중한 존재, 우리의 미래입니다.

박: 학대와 폭력을 경험한 어린이가 성인이 되면, 자기도 모르게 어린 시절에 경험한 것을 다른 사람에게 그대로 전가하려고 하는 충동에 사로잡힐 수 있습니다.

교사는 아이들이 어린 시절에 처음 만나는 사회적, 제도적인 인물입니다. 잘못된 인성을 가진 교사가 아이들 마음속에 심은 사회와 제도에 대한 부정적인 생각이 장차 나라의 기둥이 될 아이들을 잘못된 방향으로 이끌 수 있습니다.

폭력을 사랑이라 가르치는 '사랑의 매'

사랑하기 때문에 행하는 폭력, 특히 부모가 자식에게 행하는 사랑의 매를 대단히 관용적으로 여기는 사고방식이 우리 사회에 만연해 있습니다. 단지 자녀를 잘 훈육하고자 하는 애틋한 마음에서 사랑의 매를 대는 거라 여깁니다.

하지만 사랑의 매는 결코 사랑이 아닙니다. 폭력입니다.

'사랑의 매'라는 표현이 잘못된 이유는 폭력도 사랑이라고 가르치기 때문입니다. 사랑하고 돌보는 관계에서도 더 힘이 세거나 권력을 가진 사람은 문제 해결 방법으로 폭력을 사용할 수 있다는 메시지를 은연중에 전달하고 있습니다.

그렇게 맞고 자라난 아이가 어른이 되면 똑같이 아이들을 학대하면서도 자식을 훌륭하게 잘 키우고 있다고 굳게 믿을 수 있습니다. 사랑하기 때문에 폭력을 써도 된다는 사고방식이 담긴 '사랑의 매'를 꺾어버려야 하는 이유입니다. 경미한 폭력도 마음의 상처를 줄 수 있습니다. 다만 훈계의 허용 범위를 정해줘야 합니다. 무조건 형사 처벌하는 것만으로는 근본적인 해결이 될 수 없습니다.

법이…
이것도 사랑이래요!

"사는 게 항상 이렇게 힘든가요? 아니면 어릴 때만 그래요?"

"언제나 힘들지."

— 영화 「레옹」 중 대사

• 사건 Q)
여중생 성폭행 의혹 연예 기획사 대표 무죄 판결 사건 •

자신보다 27살 어린 여성을 중학생 때부터 성폭행한 혐의로 징역 9년형을
받은 연예 기획사 대표가 결국 무죄를 선고받아 파장을 낳았습니다.

연예 기획사를 운영한 40대 남성이 자신의 아들이 입원한 병원에서 만난 당
시 15세이던 여중생에게 연예인을 시켜주겠다며 접근하여 수차례 성관계를
했습니다. 여중생은 임신한 이후 가출해 한 달 가까이 이 남성의 집에서 동
거를 하다가 결국 출산까지 했습니다. 출산 후 이 여중생은 자신이 강압에
의한 성폭행을 당했다고 이 기획사 사장을 고소했고, 1심 재판부는 12년을,
2심 재판부는 9년을 선고했지만 대법원에서 무죄 파기 환송 판결이 내려져
논란이 일었습니다.

조: 청소년의 성적 자기 결정권에 대해 한 번쯤 생각해 보게 만드는 사건이었어요. 이 여중생은 강압에 의한 성폭행을, 27살이나 많은 이 연예 기획사 대표는 순수한 사랑이라고 주장했습니다.

이 남성에게 1심은 징역 12년을, 2심은 징역 9년을 선고했는데 대법원에서 1, 2심 판결 모두가 뒤집어져서 파기환송 됐습니다. 이건 무죄라는 소리죠?

박: 네. 대법원은 유일한 증거인 여중생의 진술이 신빙성이 없다고 봤습니다. 다른 사기 사건으로 구속된 기획사 대표를 매일 면회하면서 접견, 인터넷 편지를 쓴 점, 두 사람이 카카오톡을 주고받으며 연인 같은 대화를 나눈 점, 둘의 성관계를 아무에게도 알리지 않고 남성을 계속 만난 점을 볼 때 의사에 반한 성폭행은 없었다고 판단했습니다.

조: 피해 학생 측은 강요와 위협 때문에 관계를 다른 사람에게 알리지 못하고 자기 생각과 다른 연인 같은 내용의 편지를 쓸 수밖에 없다고 주장했어요. 전문가들도 피해 학생의 심리로 충분히 가능한 일이라 했고요. 왜 1, 2심과 대법원의 판결이 달라진 걸까요?

박: 피해자가 증인으로 출석해 진술을 직접 들었던 1, 2심 재판부는 피해자가 이미 피고인에게 여러 차례 범죄 피해를 당해 임신까지 한 상황에서 정상적으로 편지를 쓴 것이 아니라고 판단했습니다. **피해자를 연약하고 미성숙해 보호받아야 할 피해자로 인식한 겁니다.**

하지만 대법원은 피해자의 적극적 애정 표현이나 피고인과의 상호작용에 집중해 피해자를 보호받을 필요가 없는 피해자로 바라봤습니다. 그래서 피해자의 피해보다는 가해자에 의한 폭행과 협박에 의한 강간죄 성립 여부만을 따졌습니다.

조: 이 사건을 계기로 청소년의 성적 자기 결정권에 대해 논란이 많은 것 같아요. 저는 유명 연예인에게 폭행당했다고 허위 사실을 유포하고 고소까지 저질렀다가 자작극으로 밝혀져 구속을 당한 이 연예 기획사 대표의 진실성도 매우 의심되거든요. 피해 여중생뿐만 아니라 다른 여학생들에게도 캐스팅을 이유로 접근한 정황까지 모두 고려한다면 아들 또래의 여학생과의 사랑을 운운하는 남성도 의심스러워해야 하는 게 아닐까요?

박: 설령 자기 스스로 관계를 맺었다고 하더라도 성에 대한 생각이 완전히 정립되지 못한 청소년의 자기 성적 결정권이 얼마나 확고한지를 생각해볼 필요가 있습니다. **저는 미성년자들의 성적 자기 결정권보다, 미성년자들의 성 보호를 받을 권리가 더욱 중요하다고 생각합니다.** 현행법은 13세 미만인 경우에 미성년자가 성인과 성관계를 할 때, 동의 유무와 상관없이 처벌받습니다.

그런데 지금 이것이 13세 이상인 경우, 즉 중학생이 동의하면 처벌하지 못합니다. 그런데 사실 여중생인 경우 동의 여부를 판단하기에는 아직 많이 미성숙할 수가 있습니다. **13세 미만을 16세 미만으로 상향하자는 의견이 여성단체와 여성 국회의원들을 중심으로 논의되고 있는데 이를 검토해야 합니다.**

조: 가출한 여중생들이 조건 만남을 핑계로 하는 성매매를 하다가 적발됐을 때 상대 남성이 동의하에 성관계를 했다고 하면 처벌을 못하는 현재와는 달리 나이를 상향 조정하면 동의 여부와 상관없이 여중생을 상대한 남성을 처벌할 수 있다는 거죠?

박: 네. 우리나라는 미성년자에 대한 성매매라든지 처벌에 있어서 성을 매도한 미성년자에 대한 보호 제도가 많이 미흡합니다.

개인이나 정신 상태에 따라 성적 자기 결정권을 행사할 수 있는 연령이 다를 수 있음을 고려해야 합니다. **성적 자기 결정권은 만 13세 이상이라는 산술적인 나이보다는 성매매 당시의 정황이나 청소년의 심리적인 측면 등에서 다양하게 판단할 필요가 있습니다.**

조: 신체적 폭력 없는 성숙한 성인 남성의 교묘한 위력이나 위압을 14~16살짜리가 얼마나 알 수 있을까요? 부모의 눈에는 예순이 넘은 자식도 갓난쟁이로 보이는 법입니다.

아직 정체성이 제대로 확립되지 않은 10대의 자녀들을 둔 부모들과 전문가들이 모두 공감할 만한 성적 자기 결정권을 행사할 수 있는 연령 기준이 어서 마련됐으면 좋겠어요.

성적 자기 결정권을
행사할 수 있는 적당한 나이?

현행법에서 13세 이상 미성년자가 자유의사나 합의하에 성관계를 했다면 죄가 되지 않습니다. 본인의 자유의사, 성적 자기 결정권을 인정한 것입니다.

미국의 경우 주별로 16세~18세, 캐나다, 스위스, 영국 등은 16세까지 동의 여부를 불문하고 강간죄로 처벌하고 있습니다. 일각에서 우리나라 역시 양형 가중 연령을 13세 미만에서 16세 미만으로 상향 조정하자는 목소리가 나오고 있습니다.

고등학생의 경우 성적 자기 결정권을 어느 정도 인정할 수 있다 하더라도 초등학생과 고등학생의 중간 단계인 중학생에게 성적 자기 결정권을 고등학생과 똑같이 인정할 수는 없다고 생각합니다. 같은 고등학생이라고 하더라도 사람마다 신체적·정신적 발달 차이가 크다는 것도 감안해야 합니다. 하물며 13세 이상이라고 무조건 성적 자기 결정권이 있다고 볼 것이 아니라 성관계 경위에 대해 조사하여 기망, 유인, 강압이 있었는지에 대한 면밀한 조사가 필요합니다.

아울러 성관계를 가지면서 반항, 저항이 없어서 동의에 의한 성관계 또는 성관계 후 상호 다정한 문자가 오고갔다는 이유로 강압에 의한 성관계로 볼 수 없다는 식의 일차원적 판결은 잘못된 것이라 생각됩니다.

성관계 전후 과정에 대한 자기 결정권 여부 판단은 법적 판단 이전에 각종 의학적·생물학적 데이터를 바탕으로 의사 결정 능력이 성숙되고 존중될 수 있는 나이에 대해 합의를 도출해야 합니다.

'아름다운 구속'이라는
참 끔찍한 말

"사랑은 말이야… 아주 간단해. 상대가 끝났다고 하면 끝나는 거.
싫다는 사람, 같이 사랑하자고 하는 건 집착."

– 드라마 「그 겨울 바람이 분다」 중 대사

• 사건 Q) 이별 살인 사건들 •

제주시의 한 어린이집에서 50대 가장이 일가족을 살해하고 스스로 목숨을 끊은 사건, 50대 남성이 아내가 운영하는 피부 관리실을 찾아가 미리 준비한 흉기로 수차례 찔러 살해하는 사건 모두 이혼 소송 중에 일어난 사건이었습니다.

이별과 동시에 돈 문제로 인한 다툼 때문에 일어나는 살인 사건도 많습니다. 세종시 편의점 여주인 가족 엽총 살인 사건은 옛 동거녀와 1년 6개월 전 헤어진 뒤 재산 분할 등을 놓고 다투다 앙심을 품고 저지른 범행이었습니다. 이혼 소송 중인 아내에게 고의로 교통사고를 일으켜 살해한 사건도 발생했는데 이 사건의 범행 동기 역시 100억 원대의 재산 분할 때문이었습니다.

조: 한 지방대에서 의학전문대학원생이 자신의 여자 친구를 네 시간이나 감금하고 뺨을 수백 대 때리고, 발로 차고, 목을 조르고, 갈비뼈가 금이 갈 정도로 폭행했는데 겨우 1,200만 원의 벌금형에 처해져서 공분이 일어난 사건이 있었어요. 그 학생은 결국 어떻게 됐나요?

박: 가해자가 학교에서 제적될까 봐 선처 차원에서 벌금형을 때렸던 1심 법원이 난감해할 일이 생겼습니다. 피해자보다 집행유예 이상의 형을 받으면 제적을 당할 수 있는 가해자를 더 배려했던 법원의 결정과는 다른 대학의 입장이 발표됐습니다. 그 가해 대학원생을 제적한 것입니다.

조: 뒤늦었지만 국민 정서에 걸맞은 결정을 대학이 내린 것 같아요. **사실 저런 사람이 벌금형을 선고받아 다시 대학원을 다니게 된다 하더라도 과연 '제대로 된, 좋은 의사가 될 수 있을까?'라는 의문을 갖고 있었어요.**

이 사건처럼 연인 사이나 부부 사이에 일어나는 끔찍한 폭력들이 많아요. 문제는 데이트 폭력이나 이별 폭력에서 더 나아가 이별을 통보했다는 이유로 연인이나 배우자에게 끔찍하게 희생당하는 여성들이 많다는 거예요.

박: 울산 자매 살인범 사건, 이혼 요구하는 아내를 살해한 목사 사건 등이 모두 이별 살인들이었습니다. 부산에 있는 어학원에서 강사로 일하는 여성이 동거남에게 살해돼 암매장됐던 사건도 이별 살인이었습니다.

조: 그런 사건들을 접할 때마다 전에는 꽤 낭만적으로 들렸던 '아름다운 구속'이라는 말이 참 끔찍하게 들렸어요. 딸을 키우는 엄마로서

노파심도 들고요. 단순히 폭행하는 수준을 떠나 성폭력 등 육체적 폭력과 정신적, 언어적 폭력을 행하는 남자들에게서 벗어나는 것이 여성들에게 쉽진 않았을 거예요.

　더 기막힌 건 가해 남성들에게 동정적인 시선을 보내거나 '오죽 사랑하면 저럴까?'라며 집착이나 소유욕을 사랑으로 미화시켜주고 옹호하는 사람들도 꽤 있다는 점입니다.

박: 선진국에서는 부부나 연인 사이의 폭력에 대해 단호하게 대처하는 것과는 달리 우리나라는 개인적인 문제로 치부하여 미온적 처벌을 할 때가 많습니다. 남자 친구가 이상 행동을 할 경우 경찰에 전과 기록 조회 등을 요청할 수 있는 영국의 '클레어법'을 과연 우리나라에 도입할 수 있을까요? 지극히 개인적인 애정사에 국가가 왜 개입하느냐는 소리만 듣기 쉽습니다.

조: 그런 방관이 우리나라의 가정 폭력을 고질적으로 만들었고, 관련 법령의 미비를 불러일으켰어요.

박: 경찰과 변호사 생활을 하면서 현실과 동떨어진 법률을 많이 봤는데 그중 대표적인 것이 가정폭력방지법입니다.

　현장에 가서 부부 싸움이 있는지 확인하고 피해자의 의사를 물어보고 처벌을 원치 않는다고 하면 사건을 종결시키고 돌아오는 경우를 많이 봤습니다. 처벌을 원하면 가해자를 파출소로 데려와 1차 조사 후 경찰서 형사 당직으로 신병을 인계하는데, 구속할 사안이 아니면 조사 후 귀가시키는 것이 일반적입니다.

조: 가해자가 신고한 피해자에게 보복할 가능성이 농후해 보이네요.

박: 피해자 신변 보호가 제대로 될 리가 만무합니다. 보복하지 말라

고 당부한다고 해서 보복을 안 하는 것이 아닙니다. 귀가 조치 후 몇 시간 만에 아내를 죽인 남편도 있습니다.

조: 어느 정도의 폭력을 가해야만 구속을 시킬 수 있나요?

박: **가정 폭력 전력이 있거나, 흉기를 소지한 채 폭행했거나 피해자의 상해 정도가 심한 경우처럼 전력, 죄질, 피해 정도에 따라 구속 여부가 결정되는데 현실적으로 구속까지 이르는 경우는 매우 드뭅니다.**

조: 가해자로부터 피해자가 보복을 받지 않으려면 경찰이 어떻게 해야 할까요?

박: 피해자를 가정 폭력 관련 상담소, 보호 시설로 인도(피해자 동의)하거나 긴급 치료가 필요한 피해자는 의료 기관으로 인계해야 합니다. 폭력 행위 재발 시 피해자 주거나 직장에서의 퇴거 조치, 100미터 이내 접근 금지, 전화 통화 금지, 나아가 유치장 수감 조치를 할 수 있습니다. 하지만 경찰이나 피해자 모두 잘 몰라서 현장에서 이것들이 제대로 이뤄지고 있지 않는 실정입니다. 안다고 해도 그 조치를 취해야 할 인력들이 턱없이 부족합니다. 검찰이나 법원으로 가더라도 검찰과 법원의 처분까지 오래 걸립니다.

싸움은 한 달 전에 발생했는데 검찰, 법원의 가정 보호 사건 회부 결정은 두 달이 지난 후 통지되기도 합니다. 법원이 피해자 주거지 접근 제한, 전화 통화 금지, 친권 행사 제한, 사회봉사 수강 명령, 치료, 상담 위탁 등 다양한 처분을 내릴 수는 있지만 결정하기까지 절차도 복잡하고 시간도 많이 걸립니다.

사건 처리를 경찰서 형사당직팀에서 법원으로 바로 연계될 수 있

게 하는 등 하루하루가 위급한 피해자를 신속히 보호할 수 있는 절차를 마련해야 합니다. 법원은 즉결 심판법에 구류(최장 29일)처분과 함께 유치장에 유치 명령을 할 수 있는 제도를 활용해 일정 기간 구금을 시키고 석방하는 경우에도 보복, 재발 우려가 있는지 감시하고 관찰해야 합니다. 지금처럼 신고 출동 후 합의를 했다는 이유로 처벌하지 않는 관행을 개선해서 가정 폭력의 가해자를 일단 구금할 수 있는 규정부터 만들어야 합니다.

조: 옳은 말씀이에요. 위해를 가한 남편 앞에서 차마 "이 사람을 처벌해 주세요!"라고 과감하게 말할 수 있는 여성들이 많지는 않으니까요. 아예 법률이 규정해 줘야 맞죠.

박: 최근에 11세 소년이 가정 폭력을 당하는 어머니를 보고 아버지를 살해한 사건이 있었습니다. 이 소년은 가해자지만 엄연히 가정 폭력의 끔찍한 피해자이기도 합니다. 가정 폭력의 피해자는 당사자뿐만 아니라 자녀를 포함한 가족 구성원 모두입니다.

가해자를 최대한 빨리 법정에 서게 해 판결을 받게 한 후, 술·게임, 도박중독, 실직 경제적 요인·정신 질환 등 가정 폭력의 원인에 걸맞은 보호 관찰 처분을 내려야 합니다. 가정 폭력은 폭력, 학대의 대물림으로 인해 제2, 3의 범죄자가 나올 수 있다는 사실을 감안해서 강력 사건에 준해 신속, 엄정하게 처리돼야 합니다.

만나는 것보다 헤어지는 것을 잘해야 합니다

이별 통보에 불을 지르고 사람을 죽이는 세상이 왔습니다. 연인이나 부부라는 이름의 소중한 '인연'이 '악연'이 되기도 합니다. 이제는 잘 만나는 것보다 잘 이별하는 법을 배워야 합니다.

이혼을 결정했다면 이혼 당사자들끼리 부부 사이의 얽힌 문제들을 원만하고 깔끔하게 정리할 필요가 있습니다. 서로의 이해득실과 감정적 대립들이 얽히고설켜서 진흙탕 싸움으로 번지지 않도록 노력해야 합니다.

이별을 마주하는 일은 관계를 시작하는 일보다 몇 배의 노력이 필요합니다. 힘들고 불편한 과정이지만 '아름다운 이별'을 해야지 범죄에 이르러서는 안 될 것입니다.

황혼 로맨스도
사람 가려 가면서!

"남자는 상처를 남기지만 돈은 이자를 남긴다."

— 드라마 「쩐의 전쟁」 중 대사

• 사건 Q) 피에 물든 황혼 로맨스 •

60대 여성이 헤어질 것을 요구한 70대 내연남에게 돈을 뜯어내려 납치한 뒤 돈을 받지 못하자 살해하고 시신을 암매장한 사건이 있었습니다.

두 사람은 9년을 만난 사이였는데 내연남인 70대 남성이 다른 여성을 만나면서 관계를 끝내려고 하자 앙심을 품게 됐고, 20억 원 상당의 재산이 있는 피해자에게 돈을 뜯어내기로 딸과 공모했습니다. 심부름센터 직원들을 이용해 남성을 집에서 납치해 감금한 여성은 위자료 명목으로 1억 원을 달라는 자신의 요구를 피해자가 거부하자 결박된 상태의 피해자를 목 졸라 살해했습니다. 그리고 딸을 통해 시멘트와 벽돌을 주문해, 빌라 거실에 사체를 유기했습니다.

조: 황혼 로맨스를 즐기는 노년층이 늘고 있네요. 사별이나 이혼으로 원래 배우자와 결별했지만 새로운 사랑을 찾아 아름다운 황혼의 감정을 즐기는 사람들을 보는 시선도 많이 달라졌어요. 하지만 이런 '멜로물'이 잔혹한 '스릴러물'이 되는 사건들이 일어나고 있습니다. **이 사건처럼 황혼 로맨스가 어긋나면서 납치, 살해, 암매장, 사기를 치는 사람들이 있습니다.** 이 사건 가해자들은 어떻게 됐나요?

박: 64세의 여성은 징역 30년, 여성의 일본계 미국인 친딸은 징역 10년, 사주를 받아 납치 감금한 혐의의 심부름센터 직원들은 3년~5년 징역형을 선고받았습니다.

조: 애드가 알렌 포의 '검은 고양이'라는 단편이 떠올라요. 벽돌을 쌓고 시멘트를 발라서 사체를 숨겼어요. 어떻게 황혼 로맨스가 잔혹한 이별 살인이 된 건가요?

박: 처음부터 이 여성은 70대 남성에게 돈을 목적으로 접근했습니다. 여성의 딸이 피해자인 70대 남성에게 거액의 유산을 상속받는 것처럼 속여 법정관리인이 돼 달라며 비용 명목으로 5억여 원을 받아 가로챈 전력도 있었습니다.

조: 피로 물든 그레이 로맨스 중에서 여성이 살해당한 사건도 있을까요?

박: 부인과 사별한 70대 남성이 오랜 세월 혼자 살아왔던 60대 여성과 여생을 외롭지 않게 보내자며 함께 살기로 했는데요, 막상 동거를 시작한 뒤 자식들의 반대에 부딪혔습니다. 갈등하는 와중에 2천만 원을 주고받으면서 자녀들로부터 비난을 듣자 싸움이 일어났고, 결국 이것은 살인으로 이어졌습니다.

조: **황혼의 로맨스가 살인극으로 치달은 원인은 재혼 가정의 고질적인 문제인 '재산' 문제 때문이었어요.** '여생을 함께 보낼 마지막 반려자'가 되는 아름다운 황혼의 로맨스를 꿈꿨던 노년의 커플이 살인 사건의 피의자와 피해자가 됐네요.

박: 60대 남성과 함께 살게 된 60대 여성이 사기를 친 사건도 있었습니다. 암 투병 중에도 폐지를 주워 생계를 이어온 60대 남성에게 60대 여성이 접근했습니다. 사실 이 남성은 강서구 화곡동 반지하에 살면서 손수레를 끌고 폐지와 병을 주워 생활을 이어갔지만 나름 여유가 있는 사람이었습니다. 젊은 시절 모아둔 목돈과 자녀가 보내주는 용돈으로 풍족하진 않지만 어렵지 않게 살고 있었습니다. 아픈 자신에게 살갑게 다가온 이 여성을 좋아하게 된 남성은 만난 지 두 달 만에 그 여성과 결혼식을 올렸습니다.

그런데 결혼식 후 바로 아내의 태도가 달라졌습니다. 아내는 부동산 개발업자인 지인에게 돈을 투자한다며 돈을 요구했고, 남성은 선산을 담보로 대출받은 2억이 넘는 돈을 아내에게 줬습니다. 돈을 넘긴 후 아내는 바로 종적을 감췄습니다. 알고 보니 지인 남성과 함께 사기를 치고 달아난 뒤였습니다.

조: 아름다운 황혼 로맨스를 꿈꾸는 분들, 뒤늦은 사랑도 사람 가려가면서 사귀어야 할 것 같아요.

박: **동거 생활 배우자, 연인, 부부간에 원치 않는 이별을 할 때 조심할 필요가 있습니다.**

심지어 이혼 소송 중, 별거 중에도 살해를 하는 경우가 있습니다. 원치 않는 이별(결별) 통보에 분노를 느껴 재결합, 보복 협박을 하는 경우에 어떻게 대처해야 되는지 알아야 하고 이에 대한 신변 보호 장치도 있어야 됩니다.

경찰도 단순히 연인이나 가족 사이의 문제로만 여기고 무조건 "112에 신고해라!", "고소해라!", "법원에 접근금지처분을 하라!"는 식의 소극적 대처에서 벗어나야 합니다. **신고가 들어오면 가해자를 추적, 강력히 경고하고 수사하고, 가해자가 피해자에게 접근하지 못하도록 지속적으로 감시·관찰하고 피해자에게 수시로 연락하여 보호해 줄 필요가 있습니다.**

조: 사랑이라는 건 때도, 시효도 없는 것 같아요. 아무리 나이 들어도 '사랑하기 딱 좋은 때'를 충분히 만날 수 있고요. 하지만 돈 문제로 사랑이 비극적 결말을 맞지 않도록 주의할 필요가 있는 것 같아요.

100세 시대, 늘어가는 노인 성범죄와 강력 범죄

노인들이 그 어디에도 소속감을 느끼기가 어려운 시대가 됐습니다. 노인들에 대한 사회의 무관심 속에서 노인 성범죄의 사각지대가 생겨나고 있습니다. 노인을 대상으로 한 성범죄뿐만 아니라 노인이 저지르는 성범죄 비율이 빠르게 증가하고 있습니다.

배우자의 외도와 이별선고로 인한 강력·보복 범죄도 늘어납니다.

고령의 여성 노인들을 대상으로 파렴치한 성범죄가 많아 고령 여성들의 주의를 요하고 있습니다. 노인에 의해 저질러지는 성범죄는 힘이 약한 아동이나 지적 장애를 가진 아동을 대상으로 하는 경우가 많습니다. 강간, 강제 추행, 카메라 등 이용 촬영죄, 통신 매체 이용 음란죄 등 다양한 성범죄 형태를 보이고 있습니다. 특히 아동이나 지적 장애인 같은 경우 성범죄를 당해도 신고도 제대로 하지 못하는 경우가 많습니다.

노인들 대부분이 성교육을 받아본 적이 없고, 죄책감도 크게 느끼지 않아 더 큰 문제입니다. 노인들이 자존감과 소속감을 느낄 수 있는 사회 환경을 만들어야 합니다. 노인들이 일탈 행위를 저지르지 않게 하는 중요한 통제 시스템은 '관심'입니다.

여성 최초
강간 미수범의 순정

"야, 너 말해 봐. 내가 너 사랑한 죄밖에 더 있니?

내가 너 사랑한 죄로 이렇게 되니?"

- 영화 「연애의 목적」 중 대사

• 사건 Q) 여성 첫 강간 미수 사건 •

내연 관계인 50대 남성에게 수면제를 먹여 성폭행하려다 미수에 그친 혐의로 40대 여성이 구속됐습니다. 경미한 지적 장애를 가진 여성은 자전거 동호회에서 만난 남성이 헤어지자고 요구하자 자신의 집으로 불러 수면 유도제를 먹인 후 강간을 시도했습니다.

이 사건은 우리나라 첫 여성 강간 미수 사건으로 초미의 관심을 불러 일으켰습니다. 하지만 구속된 지 5개월여 만에 이 여성은 국민 참여 재판에서 배심원 9명(남성 6명, 여성 3명)의 만장일치로 무죄를 선고받아 자유의 몸이 됐습니다.

조: '첫 여성 강간 미수 사건' 세간에서 화제가 될 만한 요소를 지녔

던 사건이었어요. 이 사건으로 남성의 성적 자기 결정권에 대한 논의가 일어나기도 했었죠?

박: 2013년 6월 강간 피해자를 '부녀'만으로 한정한 것에서 '사람'으로 확대한 개정 형법이 시행됐습니다. 이 사건은 개정 형법 시행 이후 남성에 대한 강간 미수죄로 여성이 첫 기소된 사례였습니다. 처음부터 검찰과 변호인은 '강간죄'가 성립되는지 치열한 공방을 벌였습니다.

조: 처음엔 유죄로 판명될 것이 확실한 사건이었다고 들었어요.

박: 수면제를 탄 홍삼액을 남성에게 먹인 뒤 강간을 시도했다는 여성을 기소한 검찰은 남성이 의식이 몽롱한 상태에서 밀어서 성관계에 실패하자 분노한 여성이 쇠망치로 남성의 머리를 때려 상해를 입혔다고 주장했습니다. 사실 여성이 수면제를 먹여 손발을 노끈으로 묶고, 망치를 휘두른 건 사실이었습니다.

조: **언론들이 너도나도 강간 가해자가 여성이라는 것에 포커스를 맞춘 선정적인 보도경쟁을 했던 게 기억나요.** 거의 유죄로 여겨졌던 사건, 어떻게 무죄로 반전이 됐던 걸까요?

박: 무죄 판결 이면에는 여성 국선변호인 두 명의 맹활약이 있었습니다. 변호인들은 '강간 미수'와 '집단·흉기 등 상해'의 죄목의 증거가 피해 남성의 진술뿐이라는 것과 여성이 지적 장애인이라는 것에 주목했습니다. 사실 이 여성은 강간 미수를 한결같이 부인하면서도 구체적 정황에 대한 말을 계속 바꾸었기 때문에 재판정의 불신을 받고 있는 상태였습니다.

변호인들은 어린 시절 계모의 학대를 견디다 못해 초등학교 중퇴 후 가족과 사회에서 버림받은 이 여성이 가학적인 성적 학대를 일삼는 남성이었음에도 그에게 집착했던 이유로 지적 장애를 들었습니다. 지적 장애 때문에 정상적으로 세상과 소통할 수 없었던 이 여성에게 내연남은 전부였습니다.

조: 진실을 밝히려는 국선 변호사 두 분의 투철한 소명감이 존경스러워요. 증거를 찾기 위해 변호사님의 초등학생 아들까지 여성의 동네 미용실에 데려가 첩보 활동을 했다는 이야기를 듣고 감동했어요. 이런 분들이 많이 계셨으면 좋겠어요.

박: 한 달에 새로운 사건 30여 개를 맡는 국선변호인으로서는 쉽지 않은 일인 건 확실합니다. 아마도 무죄를 확신했기에 최선을 다해 노력했을 겁니다.

　사실 이 사건 곳곳에 미심쩍은 정황이 많았습니다. 피해 내연남은 전치 2주의 상처밖에 없었고, 현장에서 발견된 혈흔은 여성의 것이 더 많았습니다. 머리를 다친 상태에서 여성의 피를 닦아줬다는 것도 정황상 맞지 않았습니다. 게다가 성행위를 시도했다는 내연남의 진술도 앞뒤가 맞지 않았습니다. 수면제를 먹고 잠든 사람이 아주 구체적인 것까지 설명하는 증언도, 가녀린 여성이 건장한 남성을 강간하려 했다는 증언도 상식적으로 어긋났습니다. 변호인들이 무죄를 확신할 수 있었던 결정적 증거는 바로 '피'였습니다. 여성의 혈흔에서 졸피뎀이 검출된 겁니다.

조: 그렇군요. 강간할 의도를 가진 여성이 스스로 수면제를 먹을 리가 없으니까요.

박: 내연남의 끔찍한 폭력과 가학적 성행위가 싫었지만 혼자가 된다

는 생각에 떠나지 못한, 지적 장애로 인해 세상과 단절된 여성의 '양가감정'을 배심원들이 결국 이해했고, 재판정은 여성이 강간 의도가 없었고 잠에서 깬 남성이 폭력을 휘둘러 '정당방위' 차원에서 망치를 쓴 것으로 결론을 내리고 여성을 풀어줬습니다. 이번 사건을 통해 생각해 볼 것이 많습니다. **농약, 청산가리 등 독극물과 데이트 강간의 약물로도 사용되는 수면 유도제 졸피뎀을 인터넷 등을 통해 쉽게 구입할 수 있는 실태도 개선해야 합니다.** 농약상, 화공약품상, 약국에 대한 관리 감독을 강화하고, 취급 점포에 대한 CCTV 설치, 판매자 이력추적시스템도 구축해야 합니다.

성범죄로 남성들도 아플 수 있습니다

우리나라의 모 대학 여교수가 조교를 상대로 지속적인 성희롱과 폭언을 일삼다가 기소됐습니다. 하지만 여교수에게는 3개월 정직과 상담 치료 권고라는 솜방망이 처분만 내려졌습니다. 성범죄의 대상은 주로 여성들이었던 관습 탓에 남성의 피해는 조명이 되지 못한 까닭이었습니다. 성범죄 가해자가 여성인 경우가 참 보기 드문 우리나라와는 달리 미국에서는 강간 피해자 100명 중 한 명이 남성일 정도로 흔합니다.

점점 우리나라도 성범죄 가해 여성의 비율이 높아지는 추세입니다. 여성의 사회 진출 증가로 인한 직장·학교 등에서의 위계질서 변동과도 무관치 않습니다.

사실 성범죄는 권력 관계에서 일어나는 폭력이며, 남성도 언제든지 피해자가 될 수 있습니다. 그러나 피해 남성들에 대한 보호 체계와 가해자 처벌 등은 여성에 비해 상대적으로 매우 적습니다. 피해 남성들도 주변 시선이나 불이익 때문에 대처에 소극적입니다.

강간당한 남편
부부 싸움은 칼로 살 베기!

"남자에게 제일 나쁜 여잔 바람피운 여자고
여자에게 제일 나쁜 놈은 자길 버린 놈이야."
– 영화 「아내가 결혼했다」 중 대사

• 사건 Q) 아내에 의한 첫 부부 강간 사건 •

10년 전 영국에서 어학연수를 하면서 만난 두 사람이 결혼한 후, 아내는 유학원 사업으로 돈을 벌었고, 남편은 변호사가 되기 위해 외국 대학에 입학했습니다. 하지만 부부는 돈과 외도 문제로 결혼 생활이 순탄치 못했습니다. 그러던 중 아내가 유학생들을 상대로 해서 사기 행각을 벌여 영국과 한국에서 동시에 법적 처벌을 받는 일이 있었습니다. 억대의 돈을 남자의 집안, 즉 시댁에서 변제해주는 과정에서 여러 가지 문제가 얽혔고, 결국 결혼 생활이 파탄 지경에 이르렀습니다. 아내가 먼저 국내로 귀국해 먼저 생활하고 있다가 남편이 이혼을 위해 들어왔는데 아내는 자신의 남성 지인과 함께 남편을 오피스텔에 감금하고 이혼의 책임이 남편에게 있다는 말을 녹음한 후, 위력을 행사해 남편과 성관계를 했습니다. 국내에서 처음으로 남편을 부부 강간죄와 상해죄로 고소한 아내는 결국 구속됐습니다.

조: 아내에 의한 남편의 강간 사건, 우리나라에서 생긴 최초 사례입니다. 사건의 소개 좀 부탁드립니다.

박: 아내가 이혼 조건을 유리하게 만들기 위해서 만든 범행이었습니다. 남자와 공모해서 오피스텔로 유인한 다음에 옷을 전부 벗기고 청테이프로 결박을 한 상태에서 아내는 청부 살인 위협을 하며 남편을 계속 협박했습니다. 남편은 아내가 시키는 대로 자신의 유책 사유에 대해 진술했고, 아내는 이를 휴대폰으로 녹음했습니다. 그리고 그 과정에서 성관계를 했습니다.

조: 제가 들어본 남편의 피해 진술은 매우 구체적이었고, 피해자가 아니면 느낄 수 없는 고통스러운 감정을 담고 있었기 때문에 전 '강간'이라고 확신했어요. 그런데 전문가 사이에서도 급박한 상황 속에서 성관계가 과연 가능한지에 대한 갑론을박이 일어났다면서요?

박: 남편은 살아남기 위한 선택으로 성관계를 했다고 주장했습니다. 키 165cm에 체중 58kg인 남편, 키 170cm, 체중 60kg인 아내. 보통 성폭력은 신체적으로 강한 자가 약한 자를 대상으로 저지르는 것이 대다수입니다. 게다가 현장에는 아내를 도운 지인 남성도 있었습니다. 충분히 가능할 수 있습니다.

　남편이 이런 행위를 주도한 아내를 부부 강간과 상해죄로 고소하자 검찰 역시 손발을 묶어놓은 상태에서 성행위를 했기에 강간의 의도가 많다고 봤고, 법원 역시 구속 영장을 발부했습니다.

조: **우리는 피해자 중심으로 사건을 바라보고 들을 필요가 있어요. 피해자가 '남성'이라는 이유로 그의 말에 의구심을 품는다는 자체도 하나의 역차별이라 봐요.** 우리 수사 당국이나 사회가 가진 선입견도

깨질 필요가 있고요.

박: 실제로 남성을 대상으로 한 성폭력 범죄는 꾸준히 증가하고 있습니다. 다만 여성 또는 동성에게 성폭력을 당한 것에 대한 수치심과 사회적 편견 등에 대한 두려움, 수사 당국이나 재판부의 무관심으로 인해 감추고 있어 잘 드러나지 않을 뿐입니다.

혼인증명서는 배우자를 강간할 자격증이 아니다

2013년에야 부부 강간죄를 인정한 우리나라와는 달리 미국에서는 서로가 부부라도 자신의 몸을 통제할 자격은 가지고 있는 것이라며 1984년에 인정했고, 프랑스는 1981년, 영국은 1991년에 인정했습니다.

이 형법 개정에는 남자의 성적 자기 결정권도 인정받아야 한다는 시대적 흐름이 반영돼 있습니다. 과거에는 제3의 성이라 할 수 있는 트랜스젠더들이 성폭행을 당하면 무작정 강제 추행으로 처벌했습니다. 강제 추행은 10년 이하지만, 강간 같은 경우는 5년 이상 처벌을 받을 수 있습니다. 이런 불합리함을 해소해야 한다는 시대적 요구가 있었고, 결국 양성 평등 사회에 발맞춰 혼인과 성에 대한 시대적인 조류를 반영하게 된 것입니다.

결혼이 부부간 개인의 성적 결정권의 포기를 뜻하지는 않습니다. 부부 사이라도 동의 없이 억지로 성관계를 맺는다면 이는 '화간(和姦)'이 아니라 '강간(強姦)'입니다.

간통죄는 갔지만,
간통은 남다

"불륜은 상대방의 영혼을 죽이는 거야."
— 드라마 「따뜻한 말 한 마디」 중 대사

• 사건 Q) 내연녀 본처 청산가리 살인 •

송파구에서 농협은행에 다니던 한 여성이 집안에서 숨진 채 발견된 사건이
일어났습니다. 사인은 청산가리 중독으로 밝혀졌는데 경찰이 SNS와 CCTV
를 수사한 결과 범인은 피해 여성의 남편과 동창이자 내연 관계를 맺은 여성
으로 밝혀졌습니다. 전날 내연남의 집으로 찾아간 내연녀는 내연남의 아내와
술을 마셨고 4시간 후 아내가 사망했습니다. 소주에 청산가리를 탔을 것으로
추정되지만 결정적인 증거인 소주병과 뚜껑이 사라진 상태였습니다. 증언에
의하면 내연녀를 만난 피해 여성은 남편과의 결별을 요구하며 이 내연녀에게
3억 5천만 원을 건넸다고 합니다. 용의자였던 내연녀가 묵비권을 행사하다가
유치장에서 자살을 기도해서 병원 치료를 받은 후 풀려나 집에서 칩거했다가
다시 경찰에 체포돼 재판을 받고 있습니다.

조: 간통죄가 없어지면서 법으로 해결할 수 없어 상간녀나 상간남을 직접 응징한 범죄는 쉽게 그려지는데 상간녀가 내연남의 아내를 죽인 경우라 좀 특이하네요.

박: 내연녀는 살해 혐의를 부인하지만 내연녀의 컴퓨터에서 인터넷으로 청산가리 살인 방법, 청산가리로 죽이기 등을 28번 검색한 것이 확인이 됐고, 이메일로 청산가리 구입이 가능한지를 문의한 것도 확인됐습니다.

조: 진실이 밝혀져서 억울하게 돌아가신 부인의 한을 풀어줬으면 좋겠어요. 배우자의 불륜은 상대방의 영혼을 살인하는 행위예요.

간통죄가 영원히 사라졌지만 법적인 문제에 앞서 도덕적인 차원에서 부부간의 윤리는 우리 사회가 반드시 지켜가야 할 규범이라고 생각해요. 간통죄 처벌이 개인의 성적 결정권을 과도하게 침해한다는 이유로 법전에서 죄목은 사라졌을지는 몰라도 간통이라는 부도덕한 행위는 여전히 지탄받아야 마땅한 행위죠.

박: **형사법으로 처벌을 할 수 없지만 여전히 간통은 이혼 소송에서 중요한 유책 사유가 될 수 있습니다.** 이 유책 사유는 위자료 산정 시에도 영향을 줄 수 있습니다. 이제는 공권력을 앞세워 간통 현장을 덮칠 수 없으니까 흥신소나 심부름센터 같은 곳도 더 성행하고 있습니다.

조: 흥신소 같은 곳에서 취득한 건 불법이라 이혼 소송에서 사용할 수 없지 않나요?

박: 민사 소송에는 상관이 없습니다. 배우자가 바람피우는 것을 알아도 증거를 못 찾아 이혼도 못 하고 참고 지내는 사람들이 많습니다.

증거를 찾기 위해 만약 몰래카메라를 찍었다면 몰래카메라에 대한 것은 처벌받지만 그렇게 해서 얻은 자료로 민사 소송, 이혼 소송에서는 증거로 쓸 수 있습니다. **형법상 간통죄는 죄를 입증하려면 아주 엄격하게 입증 증거 자료가 필요했는데 민법상으로는 불륜의 의심, 정황만 있어도 증거로 사용이 가능합니다.**

하지만 외도 증거를 확보하려다가 모르게 불법을 저지르는 경우를 조심해야 합니다. 간통이 사실상 범죄가 아닌 것으로 바뀌었기 때문에 함부로 간통 현장에 들어가 카메라를 들이댔다간 주거침입이나 성폭력특례법 위반 등으로 도리어 고소당할 수 있습니다.

조: 굳이 '배우자의 부정행위'는 꼭 잠자리를 함께하지 않아도 여러 정황 증거를 통해 인정될 수 있다는 말이군요?

박: 카카오톡이나 SNS, 함께 찍은 사진, 신용카드 명세나 블랙박스 영상, 심지어 하이패스 기록 등도 증거로서의 효과가 있을 수 있습니다. **실제 법원에서는 휴대폰 메시지나 다정하게 찍은 사진까지도 부정행위의 증거로 인정한 사례가 있습니다.**

조: 증거와 위자료 부분 같은 경우 다른 나라는 어떻게 하고 있나요?

박: 미국은 민사 소송을 통해 유책 배우자에게 엄청난 위자료를 부과하고 있고, 양육비에 대한 책임도 매우 큽니다. 돈이 아까워서라도 불륜을 저지르는 것을 두려워할 정도로요.

조:: 그런데 우리나라는 그렇게 미국처럼 민사상 처벌규정이 강하지는 않잖아요? 위자료를 주는 것도 남성의 재산 형성 기여도를 크게 따지는 분위기가 있고요.

박: 간통으로 인한 이혼 소송에서 위자료 액수 기준을 높이거나 유

책 배우자에게 이혼 파탄의 책임 비율을 높여 재산 분할을 조정해야 합니다. **간통의 형사 책임 면제를 민사상으로라도 책임지게 해야 합니다.**

불특정다수 노린다…
무색무취의 살인마, 독극물

2004년 대구 공원 벤치 요구르트 독살 사건, 2007년 경북 영천 재래시장 상인 독살 사건, 2008년 전남 완도 60대 부부 독살 사건, 2011년 광양 남편 독살 사건, 2012년 전남 함평 경로당 독살 사건, 2013년 충북 보은 음식점 독살 사건, 2015년 상주 사이다 독살 사건. 이 사건들의 공통점은 독극물에 의해 발생한 살인 사건이라는 점입니다.

독극물 살인 사건은 잊을 만하면 심심찮게 일어나곤 합니다. 목적성이 있는 독살 사건도 있지만 불특정 다수를 대상으로 한 '묻지마 독살' 사건도 있습니다. 독극물 범죄 피해를 예방하려면 특이한 냄새나 맛이 나거나 출처나 소지자를 알 수 없는 음료는 마시지 말아야 합니다. 의외로 어른들이 어린이들보다 더 낯모르는 사람들이 주는 음식물을 무방비한 상태로 경계심 없이 섭취하는 경우가 많다고 합니다.

요즘은 독극물도 다양해지고, 인터넷이나 택배 등이 발달해 일반인도 독극물을 쉽게 접할 수 있게 됐습니다. 극소량만으로도 사람을 죽음에 이르게 하는 독극물. 자신도 모르는 사이 쉽게 위험에 노출돼 피해자가 될 수 있다는 것을 명심해야 합니다.

가 까 이
있 기 에
더 무서운
'이웃 사람'

사람 인(人)은 두 사람이 서로를 향해 기대고 서 있는 모습을 형상화한 상형 문자입니다. 사람만큼 사회적 동물도 없습니다. 우리 속담에는 '이웃사촌'이라는 단어가 있을 정도로 이웃에 대한 긍정적이고 신뢰가 어린 마음이 존재했습니다. 하지만 사회가 점점 각박해질수록 '이웃 사람'은 가까이 있기에 더 무서운 존재가 돼버렸습니다.

이웃이 행복하지 않은 것은 당연하게 여기고 내가 행복하지 않은 것은 납득하기 어려워하는 사람들도 늘고 있습니다.

범죄학적으로도 살인이나 범죄는 우리와 밀접한 관계가 있고 친밀한 사람들에게서 더 많이 일어납니다. 층간 소음 때문에 다툼이 일어나 어제까지 얼굴을 맞대던 이웃을 죽이고, 돈 문제나 심리적인 소외감이나 울분으로도 이웃을 죽입니다.

이렇게 우리와 가깝고 친밀한 사람들에게서 살인이 많이 일어나는 것을 어떻게 생각하십니까? 왜 우리는 이 '친밀한 살인자'들을 경계해야만 생존할 수 있는 세상에 서 있는 것일까요?

셋

네 이웃의
사건·사고를 탐하라!

친한 동네 언니는
은둔형 소시오패스

"니 말대로 내가 범인이라고 치자.
그래서 내가 고홍식을 죽였다고 치자.
사람이 사람 죽이는 데 이유가 있냐?"
– 영화 「공공의 적」 중 대사

• 사건 Q) 양양 방화 살인 사건 •

강원도 양양의 한 농가 주택에서 30대 후반의 여성과 그녀의 12살, 9살, 6살 자녀들이 불에 타 숨진 사건이 일어났습니다. 경찰은 일반 화재 현장에서의 사체 상태와는 다른 점, 휘발유 냄새가 나고 늦은 시간 집 문이 잠겨 있지 않은 점을 수상히 여겨 수사하다가 당일 행적을 모순되게 진술한 이웃 여성을 체포했습니다.

평소 피해 여성과 친한 이웃이었던 그녀는 수면제 탄 술과 음료수를 먹인 후 피해 여성과 자녀들이 잠들자 집에 불을 질러 숨지게 했습니다. 피해 여성으로부터 빌린 돈 8천만 원을 갚지 않기 위해 저지른 범행이었습니다.

조: 옆집에 사는 평소 친한 동네 언니가 어두운 본성을 숨긴 채, 사회

에 섞여 사는 소시오패스라면? 아무런 징후도 없었는데 내 곁에 있던 사람이 잔혹한 범죄를 저지를 수 있는 존재라는 상상만으로도 소름이 끼쳐요. 원래 둘은 친한 사이였다면서요? 그런데 이렇게 잔인한 가족 살해를 한 이유가 뭘까요?

박: 별다른 재산도 가족도 없이 살다가 이 동네로 흘러들어온 가해 여성은 유일한 혈육이지만 소아마비 장애가 있는 아이를 키우기 위해 아등바등 힘겹게 살아가고 있었습니다.

아이 때문에 아이를 집에 두고 직장에 나갈 수도 없었던 가해 여성은 사회망과도 단절된 생활을 했습니다. 타지인에, 외톨이였던 여성은 동네 사람들에게는 동정을 받는데 이 피해 여성은 그런 그녀를 평소 많이 챙겨줬던 사람이었습니다.

조: 그런데 왜 그토록 자신을 챙겨준 여성과 아직 어린 그녀의 세 아이들을 죽음으로 내몬 걸까요?

박: 보이는 구체적인 범행 동기는 채무 때문이었습니다. **하지만 수사를 하면서 가해 여성이 자신은 가지지 못한 남편과 정상적인 세 자녀를 가진 피해 여성을 동경하고 있었고, 열등감을 아주 심하게 느꼈던 것이 드러났습니다.** 이 열등감과 채무에 대한 압박감이 범행을 부추겼던 것으로 보입니다.

조: 배타적인 동네에서 그나마 자신을 품어준 사람을 그렇게 죽이고, 게다가 자신도 아이를 키우면서 다른 이의 자녀들을 죽인다는 것이 정말 끔찍하네요. 화재로 인한 화상 또는 질식사가 아닌 방화와 범죄사라는 것을 어떻게 밝힐 수 있었나요?

박: 일반적인 화재의 양상과는 다른 정황들이 발견됐기 때문입니다.

보통 일반적인 화재에서는 사망자들이 창문 앞이나 출입구 쪽에서 발견됩니다. 본능적으로 불을 피해 탈출하려는 상황에서 사망하게 되니까요.

하지만 이 사건에서 피해자들은 작은방과 방문 앞, 거실 등에서 발견됐습니다. 게다가 검시 과정에서 휘발유를 직접 뿌리고 불을 붙였을 때 생길 수 있는 물결무늬가 발견됐고, 현장 감식에서도 휘발유가 사용된 것을 발견했습니다. 결정적으로 부검에서 수면 유도제 '졸피뎀'이 검출되는 바람에 방화 살인으로 특정할 수 있었습니다.

조: 그 이웃 언니가 범인이라는 것은 어떻게 알았나요?

박: **방화 사건의 경우 유력한 용의자는 첫 신고자이거나 현장에서 소화를 돕는 행동을 하는 인물인 경우가 많습니다.** 자신이 저지른 범죄에 대한 결과가 궁금해 그 자리를 떠나지 못하는 심리 때문입니다. 보통은 배우자를 의심하는데 피해 여성의 남편은 당일 알리바이가 완벽했습니다.

그런데 가해 여성이 수상쩍은 행동과 진술을 하면서 실마리를 찾았습니다. 현장에서 구조 활동을 도운 가해 여성은 소방관을 따라 불구덩이 속으로 들어가려고까지 했고, 피해 여성이 아이들을 데리고 동반 자살을 시도한 것 같다며 진술하기도 했습니다.

조: 굉장히 의심스럽네요. 뭔가 행동에 오버스러운 면도 있고, 굳이 묻지도 않았는데 정보를 던지려는 것도 그렇고…. 거짓을 감추려 했던 본능이 더 거짓을 돋보이게 했네요.

박: 가해 여성을 의심하기 시작한 경찰은 집에서 그녀와의 채무 관계를 증명하는 서류를 찾아냈고, 결정적으로 그 가해 여성 주변에서

일어난 원인 모를 방화 사건이 한두 번이 아니었다는 걸 알고 수사를 벌여나갔습니다.

수사 결과 그녀의 50대 내연남에게도 이미 몇 번 보험범죄를 저지르려고 했던 전력이 드러났습니다. 내연남에게 수면 유도제를 탄 소주를 마시게 한 후 휘발유를 뿌리고 불을 붙여 살해하려 했으나 남성이 정신을 차리고 탈출하는 바람에 미수에 그쳤던 일이 있었습니다. 그리고 내연남의 보험 수익자가 바로 그녀였습니다.

조: 차라리 그 여성의 범죄가 이때라도 제대로 조사해서 들통이 났다면 인심 좋았던 이웃 여성과 그 자녀들이 숨지는 일이 없었을 텐데 안타까워요.

박: 보험 관련 범죄로 의심이 된다면 철저히 수사를 해야 하는 이유가 있습니다. **보험 범죄는 언제든 다시 재연이 될 가능성이 농후하고, 또 다른 대상자를 물색하는 집요함은 쉬이 사라지지 않기 때문입니다.**

조: 그녀같이 사회와 단절되고, 모자 가정이라는 힘든 환경에서 외톨이가 된 사람들이 우리 주변에는 많아요. 그런 외톨이들을 잘 품어주는 공동체 문화가 아쉽네요. 하지만 개인의 비뚤어진 욕망과 음험한 범죄까지도 포근히 품어줄 공동체는 그 어디에도 없을 겁니다.

남성과 다른 여성의 살인 방식 '익숙함'

여성이 생계를 책임지는 경우가 늘면서 여성이 주체가 된 범죄 역시 증가했습니다. 주로 잘 알지 못했던 제3자를 대상으로 범죄를 저지르는 남성들과 달리 여성들은 친밀한 생활 범위 집단에서 범죄의 대상을 찾는 경향이 있습니다.

육체적으로 타인에게 위협을 가하기 어렵고, 사회적으로 활동 범위가 좁은 여성이 가장 쉽게 접근할 수 있는 범죄 수단은 '독극물'과 '화재(방화)'입니다. 반면 총기 규제가 느슨한 미국의 경우 여성 범죄 중에서도 총기 범죄가 많습니다. 여성의 신체가 크고 물리적인 힘을 이용하는 데 익숙한 동유럽의 경우 여성에 의한 흉기 살인 사건이 심심찮게 일어납니다.

여성의 보험 범죄 대상은 자신의 '내연남'이었다거나, 평소 잘 알고 지내던 '동네 언니'였다거나 자신과 같이 학부모회에서 활동하던 '누구 엄마'인 경우가 많습니다.

원수보다도 더 무서운
이웃사촌들

"네가 사람을 죽여본 적이나 있냐? 난 죽이고 싶으면 죽여!"
– 영화 「이웃 사람」 중 대사

• 사건 Q) 소음과 주차 시비가 부른 칼부림 사건 •

이웃 간의 소음이나 주차 시비가 부른 칼부림이 이제는 낯선 일이 아닙니다. 한 남성이 심야에 텔레비전 소리를 줄이지 않는다는 이유로 이웃 주민의 담장을 넘어가서 이웃을 여러 차례 때려 숨지게 한 사건이 있었고, 주차 시비로 이웃 간 칼부림이 일어나 30대 자매가 살해된 사건도 있었습니다. 평소에도 주차로 인해 자매에게 앙금을 갖고 있던 한 남성이 자신의 승용차를 집 앞에 주차한 뒤 20분간 차량 안에서 기다리고 있다가 옆집 빌라 건물에서 나오는 언니를 흉기로 살해하고, 마침 언니를 태우러 왔다가 범행을 만류하는 여동생까지 찔러 죽였습니다. 차량에 있던 여동생의 유치원생 자녀는 고스란히 그 살해 장면을 목격했습니다.

조: 요즘은 이웃 사람들하고 함부로 시비 붙지 말라는 소리를 많이 들어요. **무서운 이웃들과 벌이는 소소한 언쟁이나 시비가 엄청난 살인 사건이 되는 일은 이제 흔한 일이 돼버렸어요.** 어린 자녀가 엄마가 살해당하는 모습을 고스란히 봤다고 생각하니 가슴 떨리네요.

박: 자매를 살해한 범인이 편집성 정신분열증으로 병원에 입원한 전력이 있었습니다. 오래도록 앙금을 갖고 있는 주차 문제에다가 정신적인 병력까지 결합이 되어 일어난 사건이라 생각합니다. 아마도 순간적인 분노를 결국 참지 못해 일어났다고 생각합니다.

조: 이웃 간 소음 시비로 싸움이 붙어 일어난 살인 사건도 몇 번 들었어요. 자신의 사생활을 중요시하는 개인주의가 만연한 문화에 인내심보다는 즉흥적인 심리가 넘쳐나는 세상 분위기 때문일까요? 왜 이런 일이 끊임없이 일어나는 걸까요?

박: 예전에 사당동에서 층간 소음으로 끔찍한 사건이 있었습니다. 일상생활에 너무 많은 지장을 받던 1층의 어머니와 아들이 소음을 그대로 녹음을 해서 반상회에서 주변 이웃들에게 알린 것에 격분한 2층 남자가 이들 모자에게 욕을 하자 형제가 대들었고, 분이 풀리지 않은 2층 남자가 흉기를 갖고 와 찌른 사건입니다. 이 사건으로 작은 아들은 죽고, 어머니는 전치 4주의 부상을 입었습니다. 가해자는 징역 18년을 선고받습니다.

면목동에서 일어난 사건은 더 안타까웠습니다. 설날 하루 전날 명절을 맞아 첫째 아들 내외와 둘째 아들 내외 그리고 세 살 손주가 함께 집에 모였는데 아래층에 사는 사람들이 그들이 내는 소음을 견디지 못해 항의를 하다가 싸움이 일어났습니다. 화가 난 아들 형제와 아래층에 사는 여성의 남자친구 간에 다툼이 벌어졌고 격분한 남자친구가 흉기로 두 형제를 살해했습니다.

조: 아, 언론에서 나온 게 기억나요. 피해자 가족들은 소음이 심해 생활을 많이 방해받았던데요? 피해자 가족들이 고성능 녹음기에 녹음한 소음은 잘 때 귀마개를 사용하고 수면 유도제를 먹고 자야 할 정도로 크더군요. 그리고 면목동의 사건으로 가해자 가정까지 포함해 네 가정이 풍비박산 나버렸어요. 아들 둘을 잃은 충격에 아버지는 사건 발생한 지 며칠 만에 돌아가시고……

박: **이 소음 문제를 이웃 간의 에티켓 문제로 치부하고 건설사나 정부가 수수방관해서는 안 된다고 생각합니다.**

경찰에서 해당 이웃에게 강력하게 경고를 하고 건설 회사, 아파트 관리 회사, 구청 등 지자체에 연락하여 보강 대책을 세우도록 하는 자세도 필요합니다. 건축법, 주택법 등 관련 법령을 개정하여 층간 소음이 발생하지 않도록 방진, 방음 자재 구입과 준공 검사, 감리 등을 강화할 필요가 있습니다. 이미 일어난 소음 분쟁에 대한 합리적이고 만족할 만한 대안을 제시할 수 있도록 노력해야 합니다.

조: '우분투UBUNTU'라는 아프리카 코사Xhosa어는 "우리가 있기에 내가 있다."라는 말이라고 해요. **'우리'라는 공동체를 위해 '내'가 어느 정도는 타인을 배려해야 하는 부분이 있는 것 같아요.** 자신의 기분이나 감정만 앞세우지 말아야 하는데 자기 맘대로 하는 사람들 곁에 있는 사람들은 한결같이 불행해지는 것 같아요.

공동체 삶이 가능하려면 상대방의 입장을 많이 생각해 줘야 하고, 다른 사람들이 주는 불편함과 불이익에 대해 즉각적이고, 감정적으로 반응하는 것보다 합리적인 대화를 통해 문제를 해결해 나갈 필요가 있어요.

박: 감정보다는 이성적으로 대처해야 합니다. 어떤 상황에서도 극단적인 말이나 행동은 피해야 하고, 더구나 술기운을 빌려 대응하다 보면 반드시 문제를 악화시킬 위험이 있습니다.

성숙한 사람은 화禍의 상황을 다루는 지혜가 있습니다. **화를 불러 일으키는 상황을 다스리는 기술을 잘 터득해야 합니다. 이런 것을 조정·중재해 주는 기관이나 사람이 있으면 더 좋을 것입니다.**

조: 이웃을 원수로 만들지 않고, 그 화에 내가 당하지 않는 가장 좋은 방법은 싸우기 전에 양보하고, 대화하는 것이 아닐까요?

그 자체만으로도 사람 죽이는 분노

미국의 의학자 엘머 게이즈 박사가 한 실험을 했습니다. 사람 호흡의 액체를 냉각시켜 색깔을 보았더니 화를 많이 낼 때는 진한 갈색, 슬플 때는 회색, 기쁠 때는 청색으로 나타났습니다. 계속 화를 내고 있으면 많은 독소가 발생하여 온몸에 퍼지는 것도 밝혔습니다.

화를 낼 때의 날숨을 냉각시킨 뒤 증류수에 타서 쥐에게 주사했습니다. 그랬더니 그 쥐가 죽었습니다. 더 놀라운 것은 화를 내는 호흡의 독을 분석해 보니 80명의 사람을 죽일 수 있는 성분이 검출됐다는 사실입니다.

분노라는 감정의 위험성을 극명히 알려준 실험이었습니다. 인간인 이상화를 내지 않고 살 수는 없습니다. 그래서 신은 화난 마음을 다스릴 수 있는 지혜도 함께 주셨다고 합니다. 성경 구절에 이런 말씀이 있습니다. "분을 내어도 죄를 짓지 말며 해가 지도록 분을 품지 말고 마귀에게 틈을 주지 말라!"

길 위의
움직이는 흉기

"기쁨, 슬픔, 분노, 쾌락… 이 중에서 뭐가 제일 중요할 것 같냐?

분노야, 분노. 분노가 제일 형님이다."

— 영화 「분노의 윤리학」 중 대사

• 사건 Q) 보복 & 난폭 & 위협 운전 사건 •

용인~서울 고속도로 터미널 안에서 고급 승용차를 몬 한 남성이 자신의 끼어들기를 방해했다는 이유로 상대편 차량과 승강이를 벌이다가 위협적으로 상대편 차량을 막고 멈췄습니다. 자신의 차량 트렁크에서 삼단봉을 꺼내든 이 남성은 다짜고짜 욕설과 함께 수차례 상대방의 차량을 내리쳤습니다. 피해 운전자는 문을 열지 않은 채 차분히 경찰에 신고했고, 그 장면을 본 가해 남성은 차를 몰고 떠났습니다.

이후 이 사건 동영상이 온라인상에 유포되자 공분이 일었고, 며칠 후 가해 남성은 사과문을 올렸습니다. 하지만 법원은 도로 위에서 삼단봉을 휘두른 것은 용인될 수 없는 반사회적 행동이라며 징역 10개월을 선고했습니다.

조: 솔직히 사건이 공론화되기 전까지는 가해 남성은 자기가 뭘 잘못했는지도 몰랐을 것 같아요. 며칠이나 지나고 난리가 나니까 온라인 사이트에 사과문만 게재한 거잖아요?

박: 법원도 그 점에 주목했습니다. 당장 피해 구제 없이 도로 위를 떠났고, 만약 피해자가 영상을 유포하지 않았다면 언제든 또 다른 차량 시비에도 일어날 개연성이 높다며 죄질을 나쁘게 본 것입니다.

조: 일명 '로드 레이지road rage' 즉, '도로 위의 분노'라 불리는 난폭 행동에는 어떤 게 있을까요?

박: **급가속과 급정지, 다른 차량과의 의도적 충돌 유발 등 난폭 운전, 보복 운전, 위협 운전 등이 있습니다.** 이런 로드 레이지를 벌이는 사람들에게 이유를 물어보면 대다수가 상대 운전자에게 겁을 주거나 사과를 받기 위해 그랬다고 말합니다. 뒤따라오는 승용차가 2차로에서 오토바이를 중앙분리대로 밀어붙여 오토바이 운전자가 무릎 골절상을 당하는 사고가 있었는데 그 이유가 오토바이가 느리게 운전해서 열 받았기 때문이었습니다.

그 외에도 진로를 변경하려 하는데 양보를 해주지 않아서, 앞에서 깜박이를 켜지 않고 끼어들고 사과를 하지 않아서, 뒤에서 경적을 울리며 쌍 라이트를 켜서, 운전 중 핸드폰을 계속하며 천천히 진행하여 화가 나서 그랬다고 하는 운전자가 많습니다.

조: 정말 사소한 이유네요. 그런데 결과는 결코 사소하지 않잖아요? 고의로 급정거하거나, 진로를 방해하는 위험 운전으로 생명을 위협하는 대형 사고가 이어진 경우를 많이 봤어요. 이런 아찔한 로드 레이시 행태에 대해 법은 어떤 처벌을 내리고 있나요?

박: 교통사범으로 경미하게 처벌하지 않고 형량이 중한 '폭력 행위 등 처벌에 관한 법률' 제2조 제1항(폭행 등)과 제3조 제1항(흉기 등 폭행·협박·상해·재물손괴 등)이 적용되어 1년 이상의 유기징역, 상해를 가한 경우 3년 이상의 유기징역에 처할 수 있습니다.

조: 구속이나 형사 처벌을 할 수 있게 하면 운전자들에게 경각심을 갖게 할 수 있을 것 같네요. 위협 운전이나 난폭 운전은 어떻게 처벌하고 있나요?

박: 위협 운전이나 난폭 운전도 상당히 위협을 줄 수 있는 행동입니다. 예전에는 사고위험이 높은 난폭 운전에 대해서 도로교통법상 안전운전의무위반 등으로 비교적 가벼운 범칙금(2~6만 원)을 물렸지만, 이제는 단순 난폭 운전만 하더라도 1년 이하의 징역이나 500만 원 이하의 벌금형에 처할 수 있도록 하는 내용의 개정된 도로교통법이 통과됐습니다. 난폭 운전으로 탑승 승객을 위협한 택시 기사에 '협박죄'를 적용해 벌금 300만 원을 선고한 사건도 있었습니다.

조: 난폭 운전으로 차량 외부에 있는 차량이나 사람을 위협했을 때 말고 그냥 택시에 탄 승객이 위협을 느꼈다고 협박죄를 적용할 수 있는 건가요?

박: 택시라는 '위험한 물건'을 이용한 협박으로 볼 수 있다고 판단했고, 법원은 검찰과 마찬가지로 특수협박죄 성립에 필요한 '위험한 물건 휴대'의 범위를 폭넓게 판단해 유죄를 선고한 겁니다.

조: 보복·난폭 운전의 근본적인 원인은 끼어들기, 가로막기 등 운전자들의 '교통의 흐름'을 막는 행위로 인해 발생하는 경우가 많은 것 같아요. 옛말에 '급할수록 돌아가라'는 말도 있잖아요? 처벌에만 의

존할 게 아니라 운전자도 운전 습관을 바꿀 필요가 있어 보여요.

박: **난폭·보복 운전은 책임이 따르는 범죄 행위라는 것을 운전자들은 알아야 합니다.** 남해에서 17t 화물 차량과 승용차 사이에 사소한 시비로 시작됐다가 결국 승용차 운전자가 사망하는 끔찍한 사건도 있었습니다. 승용차가 갑자기 차로를 변경해 끼어든 것에 화가 난 화물 차량 운전자가 승용차를 고속도로 4차로로 밀어붙이다가 승용차 앞에서 시속 14km로 급감속해 뒤에서 달려오던 차량 3대와 연쇄 추돌하게 만들었습니다. 승용차에 화재가 발생해서 바로 그 자리에서 운전자는 숨졌습니다.

　순간의 화나 짜증이 자신과 남의 인생까지 파괴할 수 있는 폭력적인 운전 행태에 저는 폭력 행위 등에 관한 처벌법뿐만 아니라 살인미수도 적용해야 한다고 생각합니다.

조: 어떻게 하면 이런 충돌을 막을 수 있고, 만약에 이런 사고가 일어난다면 어떤 식으로 행동해야 할까요?

박: 도로 위에서 상대방 운전자를 자극하지 않도록 해야 합니다. **다른 사람의 운전 습관에 대해 훈계나 간섭을 하려는 자체가 어리석습니다.** 그만큼 운전 습관은 바꾸기 힘든 겁니다. 운전 에티켓을 먼저 어긴 경우라면 등이나 경적으로 표현해 주는 것도 좋습니다.

　그럼에도 불구하고 보복, 난폭, 위협 운전을 당했다면 블랙박스 동영상 등 증거를 확보해 경찰에 신고해야 합니다.

조: 도로 위의 흉기들을 없애기 위해 경찰은 어떤 노력들을 하고 계세요?

박: **현재 보복 운전 특별 단속은 형사과에서 하는데 실제적으로 보복**

운전을 예방하려면 사이카나 순찰차를 통해서 순찰을 해야 하는 것이 맞습니다.

조: 아, 교통과에서 하는 줄 알았어요. 도로 위의 흉기가 되는 보복, 난폭, 위협 운전이 폭력 행위이기 때문에 형사과에서 하는군요.

박: 투 트랙으로 운영해야 합니다. 지금은 보복 운전 블랙박스 동영상을 가지고 경찰서에 신고하면 민원실에서는 "수사과 가라!" 하고 수사과에서는 "소관 사항이 아니니까 가라!" 하는 핑퐁치기가 일어납니다.

형사과 내 보복 운전 전담팀, 교통과 내 교통범죄전담수사팀을 구성하라고 하지만 지금도 너무 많은 전담팀이 있어 별 의미 없습니다. 폭력 행위 처벌에 관한 특별법으로 수사하고 입건하는 것은 형사과에서 하고 예방활동은 교통과에서 해야 합니다.

또한 도로 위를 기동력 있게 많이 돌아다녀야 예방할 수 있는데 우리나라 경찰관 중에서 사이카를 타는 자격증 있는 사람이 별로 없습니다. 순찰차를 통해서 순찰도 하고, CCTV를 증설해서 모니터링도 강화해야 합니다. 난폭 운전 장면이 찍힌 CCTV 영상을 녹화, 경찰에 신고하면 끝까지 추적, 수사해야 합니다. 가해자에 대해서도 단순히 벌금형보다는 면허 취소 등 강력한 처분이 뒤따라야 합니다.

난폭, 보복운전을 사라지게 할 묘약
- 조심 운전과 배려심

평소에는 차분한데 운전대를 잡으면 성격이 바뀌는 사람도 있습니다. 차에 타면 용감해지는 사람은 자기 자아를 그 차와 동일시해서 마치 자신의 힘이 세지고, 차 안에 있으면 자신이 보호받을 수 있으니까 공격적인 행동을 해도 괜찮을 거라 착각하기 때문입니다.

특히 자존감이 낮거나 혹은 아주 높은 사람 중에서 불안정한 사람들이 충동 조절을 못 하는 경우가 많습니다. 차선을 막는 것이 자존감을 해치는 행동이라고 여겨 그 자존감을 회복하기 위해 공격 행동을 보이기도 합니다.

평소 운전을 할 때 다른 사람의 운전 습관을 고치려 들지 말아야 합니다. 결코 우리는 몇 년간 지속됐을 다른 사람의 운전 습관을 바꿀 수 없다는 것을 알아야 합니다. 보복 운전을 당할 때 화가 난다고 갓길에 서거나 차량에서 내려 스스로 처리하는 것은 매우 위험한 행동입니다. 위해를 당할 수 있기 때문입니다.

양보나 사과의 제스처에도 과도한 운전 공격이 이어진다면 경찰에 신고하여 법의 손에 '도로 위의 흉기'를 맡겨야 합니다. 일단 속도를 감속해야 합니다.

걸어 다니는 폭탄
거리의 성범죄자들

"여섯 살 먹은 애한테 그렇게 끔찍한 짓을 한 범인을 돈 받아먹고

정신질환에 의한 범인이라고 주장해서 살려줬으니까

24시간 잠잘 때도 밥 먹을 때도 숨을 쉴 때마다 기억했어야지."

– 영화 「오로라 공주」 중 대사

• 사건 Q) 특수강간범 김선용 탈주 및 성폭행 사건 •

특수강간죄로 징역 15년에 치료 감호를 선고받고 공주치료감호소에 수용 중

이었던 김선용이 이명 증상으로 입원한 외래 병원에서 화장실에 간다는 핑계

를 대고 달아난 사건이 있었습니다. 탈출 후 대전으로 간 김선용은 자금을 마

련하기 위해 20대 여성이 혼자 있던 가게에 들어갔다가 성폭행을 저질렀습

니다. 피해 여성은 9시간 넘게 김선용과 함께 있으며 성폭행을 당했지만 추

가 범행을 막아야 한다는 생각에 김선용에게 자수를 설득했습니다.

결국 이 여성과 함께 택시를 타고 경찰서를 찾은 김선용이 자수하면서 28시

간 만의 도주가 끝났습니다. 법원은 김선용에 대해 징역 17년과 성 충동 약물

치료, 일명 화학적 거세를 선고했습니다.

조: 보통 성폭력 사건을 보면 선고된 형이 미약한 경우가 많아 국민들이 분노할 때가 많아요. 생명 침해나 중대한 상해 결과가 발생하지 않았다는 이유를 드는데요, 여성으로서 성적 자기 결정권을 침해당하면 트라우마가 죽는 순간까지는 가는 분들도 많잖아요?

성폭력을 당한 여성들을 가리켜 '성폭력 피해자'가 아니라 '성폭력 생존자'라고 부르는 이유는 영혼을 살해당한 것과 마찬가지이기 때문인데 법 감정과 집행된 법과는 참 많은 괴리가 있는 것 같아요. 탈주범 김선용에 대해 화학적 거세가 선고되기는 했지만 처음에는 논란이 많았잖아요? 좀 이해가 안 되는데……. 우선은 탈주범 김선용에 대해서 좀 알려주세요!

박: 김선용은 전과 7범에 3건은 성범죄를 저지른 사람이었습니다. 김선용은 2012년에 특수강간죄로 징역 15년에 치료 감호를 선고받고 공주치료감호소에 수용돼 있었습니다. 과거 출소한 이후에 3개월만에 또 범죄를 저지른 적도 있었고, 최근에 저지른 범죄 역시 여성 3명을 잇따라 성폭행을 하는 등 죄질이 나쁜 사람이었습니다.

조: 수감된 곳이 교도소가 아니라 치료감호소라는 곳이죠? 치료감호라는 것도 좀 설명 부탁드려요.

박: 범죄의 원인에 어떤 마약이라든가 정신 질환이라든가 성적인 분노 조절 장애라든가의 원인이 있다고 판단되면 먼저 치료를 한 후 그다음 형을 복역하는 게 낫다고 해서 치료감호를 시킵니다.

국내에는 공주에 있는 치료감호소가 유일합니다. 성적 충동 범죄의 경우 보통 길게는 15년 동안 치료감호를 할 수가 있는데 김선용이 여기에 해당됐습니다.

조: 김선용과 같은 성 선호 장애인들은 한마디로 걸어 다니는 시한폭탄과 같은 존재군요. 범죄자인 동시에 환자인 셈이라는 거죠? 치료 없이 사회에 내놓으면 또 성범죄를 저지르겠군요? 그런데 공주치료감호소에 있던 김선용이 어떻게 탈주를 할 수 있었을까요?

박: 이명 증세로 대전의 한 외래 병원에 입원했다가 화장실에 간다는 핑계를 대고 감시 소홀을 틈타 달아났습니다.

조: 뭔가 허술하기 짝이 없네요. 엄연히 재범의 위험성이 있는 성범죄자에다가 치료감호소에 수감된 그런 사람을 감시하는 사람들이 없었던 건가요? 교도관이 아니라도 전문성 있는 계도자가 있어야 마땅할 텐데 말입니다.

박: 50대 후반의 간호조무사 같은 사람들이 따라간 겁니다. 김선용의 탈주를 알고서도 문책에 대한 두려움에 자체적으로 찾다가 한 시간 반이나 지나 늑장 신고가 이뤄졌습니다.

조: 보고만 빨리 했어도 무고한 한 여성이 성범죄 피해를 당하지 않았을 텐데 좀 화나네요.

박: **공주치료감호소도 달라져야 합니다. 다른 경비 인력도 보충해야 하고, 테이저 건과 같은 장비도 갖춰야 합니다. 외래 치료가 필요한 경우 그 병원이 있는 소재지 관할 경찰서와의 공조체계도 든든하게 맺을 필요가 있습니다.**

조: 성범죄 피해 여성에게 어떤 보상 조치가 있었나요?

박: 문제는 국가의 잘못으로 일어난 범죄지만 제대로 된 사과조차 없었다는 것입니다. **이 피해 여성한테 국가를 대표하는 사람, 법무부 장관이나 공주치료감호소장이 방문해서 사죄를 확실히 하고 치료비**

와 정신적 위자료를 배상해 줘야 마땅합니다.

게다가 이 피해 여성의 자수 설득으로 김선용을 잡을 수 있었던 만큼 범죄 신고자 보호 및 보상 조치를 경찰이 해야 합니다. 새 삶을 살 수 있도록 범국가적인 차원에서 신분 보장을 해줘야 합니다.

조: 그 모든 보상을 한들 그녀의 정신적, 육체적 피해가 얼마나 복구가 될까 싶지만 그렇게라도 해주지 못하는 현실이 더 씁쓸하네요. 이 사건을 계기로 성 선호 장애를 가진 성범죄자에 대한 화학적 거세 논란이 격렬하게 벌어진 것으로 알고 있습니다.

박: 화학적 거세란 성 충동을 약물로 억제하는 것입니다. 법률이 2010년부터 시행되고 있습니다.

조: 법률로 화학적 거세의 근거가 마련됐는데 성 선호 장애를 가진 김선용은 그냥 해버리면 되는 거 아니었나요?

30대 초반의 그가 15년형을 살아봤자 고작 40대 후반이면 이 사회에 나오는데 충분히 추가 범죄가 충분해 보이는 연령대의 그를 그대로 나오게 해서는 안 되고, 뭔가 강력한 치료를 한 후 나와야 되는 거 아닌가요? 그런데 왜 논란이 일었죠?

박: 2010년도부터 반복해서 성범죄를 저지르는 성 도착증 환자들 중 의사에 의해 진단받은 성범죄자들은 개인의 동의 없이 법원의 결정에 의해 약물 투여를 할 수 있습니다.

그런데 헌법에 보장된 개인의 기본권을 침해하는 것이 아닌가 하는 논란이 일었습니다. 2013년 대전지방법원에서 기본권 침해 소지가 있다며 직권으로 위헌법률심판을 제청한 것입니다. 헌법상 보장된 신체의 자유, 자기 결정권이 동의 절차 없이 강제되는 방법에 의해 침해됐다고 본 것입니다. 그러나 위헌심판제청은 헌법재판소에 의해 기각, 합헌 결정이 났습니다.

조: 다른 사람의 인권을 잔혹하게 침해한 사람의 인권까지 꼭 보호를 해야 하는 걸까요? 만약 인권을 존중해서 화학적 거세를 하지 않았는데 출소 후 또 다른 성범죄를 저질러 한 여성의 일생을 짓밟고 영혼을 죽인다면 그건 누가 책임져야 하는 문제일까요? 가해자 인권보다 더 중요한 건 피해자 인권 아닐까요?

박: **유럽과 미국에서도 재범 이상의 성폭력 범죄자의 경우엔 또 강제적으로 화학적 치료를 받도록 하는 법률을 가지고 있습니다.** 다만 덴마크는 인지 행동 치료 효과가 없을 때 본인 동의 아래 '화학적 거세'를 규정하고 있고, 미국 캘리포니아 주는 가석방 조건으로 화학적 거세를 하는 등 개인의 동의를 거치는 절차 부분이 있기 때문에 이런 논란도 일어난 것입니다.

조: 솔직히 저는 그런 인권 측면보다는 효과 측면에서 화학적 거세의 필요성에 대한 논란이 일어나는 것에 더 관심이 갔어요. 복용할 때만 그렇지 복용이 끝나고 나면 오히려 성 충동이 높아진다는 소리를 들었고, 약물을 투여해서 제대로 발기가 안 되는 상황 속에서도 성범죄자들은 또 다른 방법에 의해서라도 성추행을 한다는 이야기를 들었거든요.

화학적 거세가 효과가 없다면 굳이 인권 침해 논란 속에서 할 필요는 없잖아요? 혹시 그만큼의 효과가 없다는 주장이 사실이어서 그런 걸까요? 지금 화학적 거세는 어떤 식으로 이뤄지나요?

박: 현재 형이 종료하기 두어 달 전부터 약물을 강제로 투여하는 방

식을 채택하고는 있습니다.

성 충동 억제 약물 치료는 법상 최대한 출소 전 2달부터 15년 동안만 할 수 있습니다. 즉, 15년이 지난 후에는 성 충동 범죄에 대한 근본적인 대책은 될 수 없습니다.

이런 화학적 거세라는 방법을 통해 성범죄자가 줄어들고 성범죄율이 줄어들 것이라고 낙관하는 것은 너무 순진한 생각입니다. 전자발찌를 찬다고 해서 성범죄가 줄어드는 것이 아닌 것처럼요. **성 충동 장애를 가진 성범죄자들은 심리치료나 인지 행동 치료를 함께해야 합니다.** 스스로 갱생 활동, 변화하고자 하는 의지가 없으면 아무 소용이 없다고 생각합니다. 사회적으로 그들의 성 충동을 억제시키는 감시와 관찰 환경(거주지, 활동지 주변 CCTV 설치 감시 등)을 만드는 것도 중요합니다.

조: 맞아요. 평범한 일반인이 봐도 자극적이고 충동을 느낄 만한 광고, 드라마, 유해 업소 같은 것들이 많은데 이런 것들이 그런 사람들에게는 더 영향을 줄 테니까요. 사회문화적으로 공조해서 유해 환경을 없앨 필요가 있어 보여요.

박: 지금도 실시하고 있지만 상습성 폭력 범죄를 차단하기 위해 범죄자들의 정보를 더 세밀하게 공개하고, 이웃들이 다 알 수 있도록 표식을 하고, 감시 관찰해야 한다고 생각합니다.

특히 성 충동 장애를 가진 성범죄자들을 무조건 처벌하기보다는 먼저 치료시키고 나중에 형을 살도록 해야 합니다. 무작정 가두고 의미 없는 복역을 시키는 것은 국가가 가장 손쉽게 선택할 수 있는 무책임이라고 생각합니다.

제도보다는 성에 대한 가치관부터 바꿔라!

우리나라는 신상 공개 제도, 위치 추적 장치를 이용한 범죄 예방 제도, 전자 발찌 제도, 성 충동 약물 치료 등 외국에서 많이 사용하고 있는 성범죄 관련 제도를 거의 다 도입했지만 제도적 허점들로 인해 그 실효성이 의문시될 때가 많습니다. 예를 들자면 성폭력범, 살인범, 미성년자 유괴범 등 전자 발찌 착용자에 대해 주거 제한 등의 명령이 없어서 마구 돌아다니는 등 문제점이 있습니다.

제도의 실효성을 높이기 위해서는 성범죄자의 신상 등록 제도를 많은 사람들이 알 수 있도록 공개해야 합니다. 등록만 하고 주변사람들이 알지 못한다면 감시와 관찰이 제대로 되지 않습니다. 전자 발찌 부착, 신상 공개 제도 역시 관련된 사람들과 경찰관들이 알 수 있도록 해야 합니다.

성범죄자들이 가지고 있는 성에 대한 왜곡된 인식과 이 사회에 존재하는 남성 위주의 가부장적인 가치관도 바꿔야 합니다. 그런 다음, 화학적 거세의 확대나 성범죄자 생활 전반을 모니터링할 수 있는 시스템에 대한 논의가 뒤따라야 합니다.

더 이상 피해자가 나오지 않게 하려면 자기가 힘으로 폭력을 사용해서 피해자를 자기가 마음대로 통제할 수 있다는 성범죄자들의 왜곡된 성 인식과 잘못된 생활 습관과 행동 방식을 바꿔주는 치료 프로그램을 우리나라 실정에 맞게 도입해야 합니다.

가족보다도 돈이 먼저,
보험 사기(살인)

"세상에 사람이 없어지는데 아무도 모른다는 게 이해가 안 가…."

– 영화 「화차」 중 대사

• 사건 Q) 제초제 가족 보험 살인녀 사건 •

거액의 보험금을 노리고 첫 남편과 재혼한 남편에게 잇따라 농약을 먹여 살해하고, 재혼한 남편의 어머니 역시 농약으로 살해한 것도 모자라서 친딸에게도 소량의 농약을 먹여 입원시킨 매정한 여성이 구속됐습니다. 두 명의 남편은 거액의 보험금 때문이었고, 시어머니는 자신을 무시하고 잔소리를 계속해 홧김에 살해한 것이었습니다. 친딸에게 농약을 먹인 이유도 폐렴으로 입원한 딸에게 나온 보험금 때문이었습니다. 천인공노할 이 보험 살인과 살인미수 범죄는 두 남편의 사인과 딸의 입원을 수상히 여긴 보험사 측이 행적을 추적하다 경찰에 고소하면서 드러났습니다.

조: 영국 시인 바이런이 말했습니다. "남자의 사랑은 인생의 일부지

만, 여자의 사랑은 인생의 전부이다." 하지만 이 제초제 보험 살인녀의 전부는 보험금이었나 봅니다. **욕망하는 돈을 위해 전남편과 지금 남편, 시어머니까지 비정하게 죽인 이 여인의 범행 동기는 무엇이었나요?**

박: **'보험금'이라는 일관된 목적이 있었습니다.** 이 가해 여성은 잘나가던 사업가였던 전남편이 사업에 실패하자 '위장 이혼'을 했고, 불화를 겪었습니다. 그 와중에 전남편이 집에 없을 때 몰래 가서 주스통에 소량의 제초제를 넣어서 아무도 모르게 서서히 죽어가게 한 겁니다.

조: 그런데 어떻게 아무도 주변에서도 의심을 하지 않았을까요?

박: 맹독성 제초제를 한꺼번에 넣지 않고 장시간 넣어 섭취하게 하는 등 교묘하게 범행한 데다가 사업에 어려움이 있었던 남편의 유서도 없고, 이 가해 여성뿐만 아니라 전남편의 가족들까지도 자살 가능성에 대해 얘기했기에 경찰과 유족들이 부검을 하지 않았습니다. 이렇듯 첫 사건이 잘 묻혔던 탓에 이 여성은 다음 범행을 다시 계획할 수 있었습니다.

조: 재혼 남편과 그의 어머니 즉 시어머니까지 죽인 것이 모두 보험금 때문이었나요?

박: 남편은 보험금 때문이고, 시어머니는 잔소리가 심해서 앙심을 품었기 때문에 죽였다고 진술했습니다. 두 번째 남편도 맹독성 제초제를 조금씩 탄 국을 먹여 '폐렴'으로 죽게 했고, 시어머니는 농약 미량을 섞어서 밥을 할 때마다 조금씩 먹였습니다. 그 여성이 얼마나 치밀한 사람이었냐면 사망 보험금을 받은 후 추적이 어렵도록 375g

무게의 골드바 18개를 구입해 숨기고, 손자들에게 재산을 증여한다는 시어머니 사실 확인서까지 위조했습니다.

조: 끔찍하네요. **더 끔찍한 것은 자신이 첫 남편과 사이에서 낳은 친딸에게도 이 농약을 먹였다는 거예요. 인면수심이라는 말이 절로 떠올랐어요.** 죽일 생각은 없고 다만 보험을 타내기 위해서라고 했는데 믿을 수 없는 말처럼 느껴져요.

박: 가해 여성이 쓴 농약은 맹독성 제초제인데 미량이라면 바로 죽지는 않아도 폐기능이 망가져서 결국 죽게 될 위험성이 높은 약입니다. 친딸 역시 죽을 수도 있다는 것을 충분히 예견했기에 미필적 고의에 의한 살인미수가 될 수 있었습니다.

조: 두 남편의 사인과 딸의 입원을 수상히 여긴 보험사 측이 경찰에 고소했다고 들었어요. 유사한 사건·사고가 끊이지 않는 수상한 여성을 왜 수사 기관은 인지조차 못했을까요?

박: 워낙 교묘한 사건이었을 뿐만 아니라 이 사건 관련 기관들, 즉 보험사나 국민건강보험공단 등과의 정보 공유가 안 되고 있었기 때문입니다. **보험 계약 체결 시 보험사 간에 정보도 공유하고 심사를 엄격히 하면 보험 사기 범죄는 사전에 차단할 수 있습니다.**

조: 가족 3명을 살인하고, 친딸까지 아프게 만든 이 여성, 보험금은 얼마나 탔고 어떻게 활용했나요?

박: 가해 여성이 타낸 보험금은 무려 10억 원에 달했습니다. 이 10억으로 호화 생활을 이어갔습니다. 백화점에서 하루에 수백만 원을 쓰고, 골드바를 사거나 고급 차량을 몰고 다녔습니다. 동호회 활동을 하겠다며 2천만 원짜리 자전거를 구입하고, 겨울에는 거의 매일 스

키를 즐겼습니다. 원래는 전남편의 어머니, 전 시어머니도 살해하려고 했는데 소득도 많지 않은 그녀가 전남편의 보험 불입금이 많은데 또 가입하려고 하자 보험사가 거부했다고 합니다.

조: 보험사가 전 시어머니를 살려 준 셈이네요. 처음부터 보험금과 관련된 수사를 했다면 첫 남편을 살해했을 때부터 단서를 잡아 빨리 사건을 해결했을 거란 아쉬움이 들어요.

박: 가해 여성은 검거된 후 이제라도 자신이 잡혀서 범행을 더 이상 저지르지 않게 돼 다행이라고 말했습니다. 또한 보험금 10억 원에 대한 상속이 4살 아들에게 있어 아들에 대한 후견인 지정을 아내가 전남편의 20세 아들로 지정한 것 역시 문제가 되고 있습니다. 상속자인 4살 아들의 복지와 양육을 위해서는 남편(4살 아들의 아버지)을 살해한 아내에게 후견인 지정을 하도록 하면 안 되고, 법원이 지정한 제3자(아동보호재단, 변호사협회)가 후견인을 하도록 법률을 다시 검토해야 할 필요가 있습니다.

조: '아내', '어머니', '모성', '가족'이라는 따뜻한 명사가 이렇게 어둡게 왜곡된 가족이 존재할 거라고는 감히 상상할 수가 없네요. 친어머니에 의해 죽을 수도 있었던 가해 여성의 딸이 더 큰 상처를 받지 않고 치유됐으면 좋겠어요.

타살 사건에 반드시 보험 수사를 해야 한다

타살의 의심이 있는 사체에 대해서는 반드시 보험과 관련된 수사를 해야 합니다. '타살 사건이 발생하면 보험에 가입되어 있는가?', '자녀 보험이라면 이 보험 계약자가 누구인가?', '보험의 수익자가 누구인가?', '보험 계약자 또는 수익자가 과연 보험금을 낼 만한 능력이 되는가?'를 세세히 조사할 필요가 있습니다. 현재 국민건강관리공단은 경찰이 압수 수색 영장을 가져오지 않으면 개인 정보 보호 때문에 자료를 주지 않고 있는데 저는 이를 개선해야 한다고 생각합니다.

보험 회사도 스스로 가입자의 재산 상태를 면밀히 파악하고, 지나친 중복 가입 시 특별 심사를 하는 등 여러 수단을 동원해 보험 범죄를 예방하도록 일조해야 합니다.

살생부를 품고 다닌
트렁크 살인마

"이 세상은 빈틈을 보이는 자가 지는 거야."

- 일본 드라마 「백야행」 중 대사

• 사건 Q) 김일곤 여성 납치살인 사건 •

아산의 대형 마트에서 여성을 납치한 후 살해한 김일곤은 피해 여성의 차 트렁크에 사체를 실은 채 지방 이곳저곳을 다니다가 서울로 올라와 성동구의 한 빌라 주차장에서 사체를 태운 자동차에 불을 질렀습니다. 경찰은 불에 탄 차량 안에서 살해된 피해 여성을 발견한 후, 김일곤에 지명 수배를 내렸고, 주변의 한 동물병원에 흉기를 들고 들어가서 안락사용 약물을 달라고 난동을 피우다가 출동한 경찰에 잡혔습니다. 일산의 한 대형 마트에서도 여성을 납치하려다가 미수에 그친 적이 있었던 김일곤의 납치 및 살해 동기는 납득이 되지 않은 것이었습니다. 그는 예전에 자신과 차량 시비가 붙어 쌍방 폭행으로 입건이 된 모 남성에게 복수를 하기 위해 피해 여성을 납치해 그 남성이 운영하는 노래방의 도우미로 위장시키려 했지만 달아나려는 데 격분해서 피해 여성을 목 졸라 살해했다고 진술했습니다.

조: 강도, 특수절도 등 전과 22범인 김일곤이 트렁크에 시체를 싣고 일주일간 종횡무진했습니다. 우범자 관리가 너무 엉망인 거 아닌가요?

박: 우범자는 범죄 전력과 재범 위험성, 성향 등을 종합적으로 평가하는데, 김일곤과 같은 강도·절도범의 경우 3회 이상 금고형 이상의 실형을 받고 출소하면 대상자가 됩니다. 따라서 출소 후 재범을 막기 위한 석방 재소자에 대한 관찰이 필요합니다. **출소 전 석방 후 어디서 어떻게 생활할 것인지를 상담하고 필요하면 취업도 알선하고 보호관찰관과 경찰로 하여금 상담과 관찰을 통한 재범 차단을 위한 노력도 필요합니다. 이러한 노력을 할 경우 출소 후 재범을 막을 수 있습니다.**

그런데 이러한 노력을 하지 않아 재소자들은 또다시 범죄를 저지르게 되고 선량한 다수의 국민들이 희생됩니다. 그럼에도 사법 당국은 범죄자를 잡아도 재범이 늘어나는 이유와 이로 인한 사회적 비용과 희생이 증가한다는 사실을 잘 모르고 있는 것 같아 많이 안타깝습니다.

조: 어떻게 일주일 동안 그가 경찰의 추적을 피할 수 있었나요?

박: 나름 추적을 피하려고 선불폰을 구입하는 등 치밀하게 움직였기 때문입니다. 전과 22범이 되는 동안 습득한 여러 범죄와 도주 지식을 한껏 활용했던 것입니다.

조: 아산의 대형 마트에서 피해 여성을 납치하기 전, 김일곤이 예행연습 겸 일산에서도 여성을 납치하려다가 미수에 그쳤어요. 첫 범행만 잘 수사했어도 막을 수 있었을 텐데요?

박: 납치 미수 여성의 차를 가지고 도주했던 김일곤을 일산경찰서와 경기지방경찰청에서 좀 더 추적했다면 추가 범행을 막을 수가 있었

다고 생각합니다. 적어도 유사 장소에서 또 일어날지 모를 동종 수법의 범죄에 대해 전파만 잘 했어도 막을 일이었습니다.

조: 빌라 주차장에서 사체를 태운 자동차에 불을 지른 후 CCTV에 포착된 김일곤의 모습은 정장을 입고 그냥 지나가는 행인처럼 표정이 굉장히 태연해서 매우 충격적이었어요.

박: 범행을 은폐하기 위해서 부탄가스통을 준비하고, 차에 불을 지른 후 옷을 갈아입는, 아무나 할 수 없는 대범한 행동을 했습니다. 배낭까지 짊어진 모습에서 치밀한 범행 준비를 한 것으로 보입니다.

조: 일주일 만에 검거됐는데요, 검거되기 전 동물병원에서 동물을 안락사 시키는 약을 달라고 난동을 부렸다고 들었습니다. 혹시 자살을 하려고 했던 걸까요?

박: 김일곤이 자살 시도를 할 인물로는 보이지 않습니다. 수많은 취재진들 앞에서 자신은 아무 잘못이 없다고 외치며 할 일이 있기에 더 살아야 한다고 소리쳤던 사람입니다.

조: 혹 또 다른 범행에 쓰려고 했다면 너무 소름끼치네요. 왜 피해 여성을 납치했나요?

박: 그가 체포된 뒤 발견된 김일곤 살생부가 큰 논란을 불러 일으켰습니다. 메모지에는 판사, 형사, 간호사 등 총 스물여덟 명의 이름이 적혀 있었습니다. 명단 속의 인물들이 본인에게 피해를 입힌 사람들이라고 하며 그들을 살해할 목적으로 직접 작성한 것이라고 말했습니다. 특히 김일곤은 살생부에 올려져 있는 20대 한 남성 때문에 피해 여성을 납치했다고 주장했습니다. 이 남성과 영등포에서 사소한 접촉사고 시비로 김일곤과 폭행 시비가 붙었는데 이 때문에 김일곤

이 벌금 50만 원 형을 받았다고 합니다. 이후 김일곤은 그에 대한 구체적인 복수 계획까지 세웠는데 노래방을 운영한다는 이 남자를 유인할 목적으로 트렁크 속 피해 여성을 납치해서 노래방 도우미로 위장시키려 했다는 겁니다. 피해 여성을 살해할 의도는 없었고 그녀의 차와 휴대전화를 갈취하기 위해서 납치했는데 피해 여성이 "남자가 할 짓이 없어 강도를 하느냐?"라고 말해 모욕감을 느꼈고, 도망치려 하자 우발적으로 살해했을 뿐이라고 했습니다.

조: 한마디로 "별 미친놈이!"라는 욕만 나오네요. 자신의 잘못을 반성하기보다는 남 탓만 하는 그가 정상적으로는 보이지 않아요. 김일곤은 어떤 인물인가요?

박: 김일곤은 가난한 어린 시절 부모의 학대에 시달리다 중학교 때 가출해 공장이나 식당 종업원 등을 전전하다 폭행과 절도, 강도 등 범행을 저지르며 살아왔습니다. 김일곤은 18년을 교도소에 복역했는데 그동안 가족을 포함해 단 한 명도, 단 한 차례도 면회를 오지 않았다고 합니다. **그런 소외와 단절로 인해 그는 사회에 나와서도 잘 섞일 수 없었고, 점점 범행도 심화된 것 같습니다. 그리고 전과 22범의 좀도둑은 트렁크 살인마가 됐습니다.**

조: 교도소의 교화 기능이 이 사람한테는 전혀 영향을 주지 못한 것일까요? 이런 반사회적인 성향은 체포 직후에 공판 과정에서도 뚜렷하게 드러났던 것으로 기억해요.

박: 재판 방청객 중에 있는 기자들도 사실과 다른 왜곡된 기사를 쓴다고 비난했고, 자신의 변호를 맡은 국선 변호사도 믿을 수 없다며 접견도 거부했습니다.

조: 변호사 없이 재판은 진행이 될 수 있나요?

박: 과거 국선 변호사에게 당해 10년 동안 억울하게 옥살이를 했었다는 이유로 거부했습니다. 국선 변호인 없이 재판하면 재판이 무효가 된다고 말했지만 김일곤은 궐석재판[1]을 해도 할 수 없다고 말했습니다. 자신이 만든 살생부에 있는 사람들부터 조사해야 한다고 목청을 높이기도 했습니다. 검사를 노려보며 전과 기록을 보면서 웃지 말라고도 했습니다. 사건 전 과정에서 반사회적인 성향을 뚜렷이 보여줬습니다.

조: 피해자 유족들이 이런 김일곤의 모습을 보고 기도 안 찼을 것 같아요. 그런데 제가 또 궁금한 것은 김일곤의 살생부가 어떻게 작성이 될 수 있었냐는 거예요. 대부분 폭행 사건 등과 같은 사건의 목격자들이었다고 들었어요. 이런 신상 정보가 어떻게 위험한 사람 손에 쉽사리 들어갔을까요?

박: 다른 곳도 아닌 법원에서 개인 정보가 샜습니다. **현행법상 소송이 시작되기 전 검사가 보관한 기록에 대해선 열람과 복사 등이 제한되지만, 소송이 시작되면 법원이 보관하는 소송 기록에 대해선 제한 규정이 없습니다.**

조: 소송 기록을 보거나 복사할 때 응당 피해자나 목격자의 개인 정보를 보호하는 것으로 알았어요. 보복범죄에 이용하는 김일곤과 같은 사람에게 법이 오히려 정보를 제공한 꼴이라고 생각하니 한숨이

---

1 궐석 재판은 피고인이 법정에 출석하지 않은 상태에서 진행되는 재판을 뜻한다. '소송촉진등에관한특례법'에 따르면 사형·무기 또는 장기 10년이 넘는 징역이나 금고에 해당하는 사건은 궐석 재판 적용 대상에서 제외된다.

나오네요.

박: 작은 '바늘 도둑'이 재사회화를 거치지 못하고 '소도둑'이 됐고 선량한 여성을 살해한 '트렁크 살인마'가 됐습니다. 또다시 비슷한 소도둑들을 만들지 않으려면 김일곤이 가진 반사회적 분노와 불신이 어떻게 형성된 건지 지금이라도 제대로 들여다볼 필요도 있습니다.

여성이 대형 마트 주차장을 안전하게 이용하려면?

대형 마트에 가면 CCTV가 물론 많이 설치돼 있습니다. 그런데 CCTV 모니터는 주로 경비 요원들이 주로 물건들이 있는 진열 장소나 사람들의 이동 장소를 봅니다. 실제 주차장에는 CCTV를 모니터링을 하거나 근무하는 사람은 거의 없습니다.

CCTV만 설치되어 있다고 해서 방범 활동이 끝난 것은 아닙니다. 대형 마트를 이용하는 여성들을 보호하기 위해서 주차장에 경비원을 배치하고 CCTV 모니터링을 철저히 해야 합니다. CCTV 관제 센터도 별도로 주차장에 설치해서 모니터 요원을 두어야 합니다.

주차장을 이용할 때 여성 운전자들은 주변에 수상한 사람이 있는지 반드시 확인한 후 탑승해야 합니다. 특히 주차장 기둥 주변을 확인하는 습관을 가져야 합니다. 탑승 후에는 차 문을 바로 잠가놓는 것이 좋고, 혹 탑승 후에 누가 고의로 부딪혀서 문을 열어달라고 할 때에도 일단 창문을 열어 상대의 신원을 확인할 필요가 있습니다.

19세 발달 장애인이 던진 2세 아기

"결국 잘못한 사람은 아무도 없네요."

– 영화 「분노의 윤리학」 중 대사

• 사건 Q) 정신 장애인에 의한 살인 사건 •

부산에 있는 한 사회복지관 3층에서 장애를 가진 6살 난 형의 수업에 따라온 두 살배기 아이가 당시 복지관 안에 있던 19세의 발달 장애인에 의해 3층 비상계단 난간에서 9.2m 아래 바닥으로 내던졌습니다. 아기는 병원 응급실로 옮겨졌지만 심한 뇌출혈로 인해 사건 발생 5시간이 지나 숨을 거두고 말았습니다. 가해 발달 장애인을 살해 혐의로 기소했지만 발달 장애와 심한 자폐 장애로 인한 정신 상태에서 생긴 범행으로 처벌할 수 없다며 법원은 무죄를 선고했습니다. 피해자 측은 가해 부모와 복지관 측으로부터 한마디 사과를 듣지도 못했을 뿐만 아니라 배상 책임, 가해자의 전자 발찌 청구 자체도 기각이 돼서 큰 논란이 일었습니다.

조: 블로그에 올린 엄마의 글을 봤습니다. 갑자기 나타난 신장 180cm에 100kg이 넘는 거구의 10대 후반의 발달 장애 남성이 아이 엄마를 보며 이상하게 웃더니 아이를 눈앞에서 던지는 장면을 목격한 충격과 괴로움을 토로한 글을 보는데 눈물이 났어요.

　일어난 사건만큼 충격적인 것은 법원이 아무런 죄도 묻지 않고 배상 책임도, 전자 발찌 청구 자체도 기각했다는 사실이에요. 변호사님, 장애를 가졌다는 이유로 법적 책임을 묻지 않는 것은 너무한 결론 아닌가요? 아이를 두 번 죽게 만든 판결이라는 생각이 들어요.

박: 재판부는 살해 행위가 충분히 인정되지만 발달 장애 1급인 이 군은 심한 자폐 증세로 사물을 변별하거나 의사를 결정할 능력이 없는 심신 상실 상태에서 범행했기 때문에 처벌할 수 없다고 판결을 내렸습니다. **그렇게 판시한 재판부를 비난하기에 앞서 발달 장애라는 이유로 법적 책임을 물을 수 없는 현행 법 체계에 대한 비판이 먼저 앞서야 합니다.**

조: 또 화가 나는 건 가해자인 10대 발달 장애 남성의 가족은 물론, 복지관과 활동보조인 측이 한 번도 제대로 된 사과를 하지 않았다는 사실이에요. 죽은 아이는 있는데 잘못한 사람은 없다는 게 말도 안 된다고 생각해요. 무죄 판결로, 배상 책임도 없고, 검찰이 청구한 치료 감호와 부착 명령도 기각됐어요. 또다시 이런 유사한 일이 일어난다면 누가 책임을 져야 하는 건가요? 법인가요? 재판부인가요?

박: 발달 장애인이 살인을 저질러도 그들은 보호받고 일반인은 보호받지 못하는 이 상황에는 누가 사회적 약자냐? 적어도 보호자 등 법적 책임을 지는 사람은 있어야 하는 것이 아닌가라는 의견이 충분

히 나올 수 있는 사건입니다. 저 역시 재발을 사전에 막기 위한 부착장치명령청구가 기각된 것이 매우 의아하고 아쉬웠습니다. **현재 기소된 범죄에 대해 무죄 판결을 받은 경우 그에 수반하는 청구명령도 기각하도록 돼 있습니다.** 하지만 특수 사례를 반영하여 해당 법률조항을 개선해야 한다고 저는 생각합니다.

조: 정신 질환이 부른 '묻지마 범죄'가 점점 늘어나고 있다고 들었어요. 불특정 다수 대상으로 강력 범죄를 저지르는 사람들 1/3 이상이 정신 질환자라는 보도가 있더군요.

박: 제주도에서 부엌칼로 어머니의 목을 절단하고, 안구를 훼손하고 아킬레스건을 자른 우울증 딸 사건도 있었고, 드라이기 소리를 듣고 자신을 공격한다고 오해해 아랫집 모자를 공격해 아들을 죽인 망상증 환자의 사건도 있었습니다. 현재 공주 한 곳에만 있는 치료감호시설을 확충해야 한다고 생각합니다. 정신 질환 범죄의 경우 일반 교정 시설 대신 치료감호시설로 보내 치료하는 것이 더 바람직한데 그런 기관이 턱없이 부족한 실정입니다.

　정신질환자인 자녀를 보호하는 부모에 대한 폭력, 살인 등 강력범죄를 막기 위해서는 부모가 신고한 경우 경찰이 정신질환자인 자녀를 정신병원에 수감할 수 있는 제도 개선이 필요합니다.

　정신병원 치료 후 다시 재범하는 경우가 있으므로 이러한 위험가정에 대한 보호조치도 필요합니다.

조: 정신 장애인들이 저지르는 범죄가 보통 면제되거나 감면되는 경우가 있잖아요? 이 부분에 대한 보완책은 무엇이라고 생각하세요?

박: 법원은 가해자인 발달 장애인에게 무죄를 선고하더라도 장애인

의 부모와 복지관 시설장으로 하여금 관리 감독에 대한 손해배상책임을 묻게 하고 발달 장애인이 재범을 하지 않도록 치료보호 처분과 보호관찰 처분을 병행하도록 해야 합니다.

　정신 장애인들이 위험한 존재, 지역사회의 걸림돌이라는 부적절한 여론이 형성되는 것도 매우 주의해야 하지만 그들이 저지르는 범죄에 대해 그들 또는 그들의 가족 혹은 그들을 품고 있는 사회나 정부가 좀 더 책임져야 합니다. 예를 들면 복지관 발달 장애인 살인 사건 같은 건은 가해자의 가족들이나 보조 책임을 다 못한 복지관이 진정 어린 사과와 함께 배상해야 했습니다. 아이를 잃어버린 고통이 부모에게 완전히 사라지지는 않겠지만 적어도 억울함은 다소 덜 수 있었을 것입니다.

살인자의 가장 친밀한 공범자, 무관심

1964년 3월, 뉴욕 주 퀸스 지역 도로에서 캐서린 제노비스라는 20대 여성이 정신 이상자에게 35분이라는 긴 시간에 걸쳐 살해당하는 사건이 발생했습니다. 제노비스가 살해되는 35분 동안 뉴욕 도로 인근 집에는 38명이나 되는 목격자가 있었습니다. 그럼에도 불구하고 필사적으로 비명을 지르며 도움을 요청한 제노비스를 도와준 사람은 없었습니다. 단순히 38명의 목격자 중 한 명만이라도 그를 도와줬거나 적어도 경찰에 신고했다면 그는 살해당하지 않았을 수도 있습니다.

살인자의 가장 친밀한 공범자는 사건 현장 주변 사람들의 방관과 무관심입니다. 하지만 선한 사마리아인을 칭찬하거나 보호하기는커녕 오히려 오지랖 넓은 사람으로 취급한다면 이 무관심이라는 공범자는 앞으로도 계속 활개를 칠 것입니다.

성범죄의 사각지대, 여성 장애인

"내가 용서 안 했는데, 누가 용서했다고 그래요?
나랑 동생 앞에 와서 무릎 꿇고 빌지도 않았는데… 누가요, 누가!"

– 영화「도가니」중 대사

• 사건 Q) 여성 장애인 성폭행 사건_ 제주판 도가니 •

2002년부터 2013년까지 11년간 제주 시내 모 아파트에서 장애인 여성 6명을 상대로 이웃 남성 7명이 몹쓸 짓을 한, 집단적이고 반복적인 성폭행 사건이 일어났습니다. 이른바 '제주판 도가니'라고 불리는 이 사건의 가해자 중에는 아파트 입주자 대표도 있었고, 지역 장애인 단체 부회장도 있었습니다. 그들에게 성범죄를 당한 피해자 중에는 모녀 사이와 10대 청소년도 있었고 출산한 30대 여성도 확인돼 지역사회에 큰 충격을 줬습니다.

조: 지적 장애를 가진 여성들이 성범죄의 사각지대에 방치되어 있어 안타까워요.

박: 스마트폰 채팅 앱으로 유인해 젊은 지적 상애 여성을 성폭행하고

수천만 원을 대출받도록 사기를 치는 남성들이 있었습니다. 피해 여성은 지적 수준이 초등학생 정도라 무기력하게 당할 수밖에 없었습니다. 50대 지적 장애인 여성이 자신에게 활동보조서비스를 제공하던 60대 남성 활동보조인으로부터 수개월간 성폭행을 당했는데 가해 남성이 징역 5년을 선고받았고, 이 남성은 불복해 항소한 사건이 있습니다. 통상 항소하면 항소심에서 감형되는 것이 일반적입니다.

조: 저는 장애를 가진 여성을 성폭행했는데 가중이 되지는 못할망정 감형된다는 게 잘 이해가 되지 않아요?

박: 지적 장애인 여성에 대한 성범죄 사건 재판은 통상적으로 많이 어렵습니다. **수사에서 재판까지 두 번 죽는 성폭력 피해자들인데 그 피해자가 지적 장애를 앓고 있다면 더 많이 무시당하고 외면당하기 십상입니다.** 대부분 지적 장애가 있는 여성들은 자신이 성폭행을 당한 시기와 장소를 정확하게 특정하진 못하는 경향이 있습니다. 그래서 가해자들은 피해자가 거짓말을 하고 있다는 주장을 펼치기가 더 쉽습니다.

조: "거짓말 아니냐?", "왜 저항하지 않았냐?", "왜 도움을 청하지 않았냐?", "왜 뒤늦게야 신고를 할 생각을 했느냐?", "위력이 있었냐?", "당신이 원한 것 아니냐?" 같은 가해자 입장 위주의 질문을 받으면 정신적으로, 신체적으로 멀쩡한 피해자들도 혼란스럽고 괴로울 텐데 지적 장애 여성들이 얼마나 제대로 응할 수 있을까요?

박: **피해자의 고통에 비해서 가해자 처벌 수준이 대부분 미약하기 짝이 없습니다. 그리고 그 감경 사유는 대부분 '초범'이라는 것입니다.**

조: 지적 장애 여성을 보호해야 할 장애인 단체 간부가 장애 여성들

을 상대로 성범죄를 저지른 제주판 도가니 사건의 가해자들은 어떻게 처리됐나요?

박: 최대 가해자는 1심에서 징역 18년을 선고받았는데, 항소심에서는 공소시효 만료를 이유로 징역 7~10년형을 받은 가해자 3명에게는 면소 판결도 내려서 논란이 일었습니다.

조: 제가 알기로는 2011년 당시 영화를 통해 알려진 '도가니 사건'을 계기로 '성폭력 범죄의 처벌 등에 관한 특례법'을 개정해 '장애인에 대한 강간'의 경우 가해자들이 아무런 처벌을 받지 않는 것을 막기 위해 공소시효를 폐지한 걸로 알고 있는데요?

박: 원래 1심에서는 부진정소급효를 적용했습니다. 부진정소급효란 공소시효가 살아있는 사건에 한해 시효를 연장해 적용하는 것을 뜻하는데 2011년 11월 성폭력법 개정으로 장애인에 대한 강간죄는 공소시효가 폐지된 만큼 시효 연장이 가능하다고 판단했습니다.

그런데 이것이 항소심에서 뒤집혀진 겁니다. 항소심에서는 재판부가 공소시효 완료일인 이전 개정안에 경과규정이 없는 만큼 형사소송법상 원칙적으로 소급 적용이 되지 않아 공소시효 10년이 완성돼 면소 판결을 내렸던 겁니다.

조: '연예 기획사 대표 여중생 성폭행 사건'과 같이 또다시 듣는 어이없는 대법원의 판결이네요. 1심과 2심에서는 정당한, 적어도 피해자의 응어리를 풀어줄 만큼의 판결이 있었는데도 왜 대법원은 그 판결을 뒤집었을까요?

박: 1, 2심은 실제로 피해자들을 대면하고 실체적 진실에 더 가까이 다가갈 수 있었던 반면 대법원은 서류 기록 중심의 심리 시스템을

갖고 있기 때문입니다. 대법원도 때로는 법적 판단에만 그치지 않고, 서류에 기록되지 않는 진실을 읽어내기 위해 사실심과 같은 사실 관계 조사를 통해 실체적 진실을 밝혀내야 합니다.

현장을 관찰하고 경청하고 증거도 찾아주는 그런 법 집행이 돼야 합니다. 페이퍼에서 벗어나야 국민들의 눈높이에 맞출 수 있습니다.

조: 물론 18년형을 언도받은 사람도 있지만 면소 판결을 받은 가해자들이 피해자 보호에 대한 아무런 대책도 없는 상황에서 마을로 돌아가면 피해자들은 어떻게 될까? 걱정되네요. 공포 속에서 피 마르는 하루하루를 살아야 하는데…

안 그래도 18년형을 선고받고 복역 중인 가해자가 편지로 피해자뿐만 아니라 사건을 알리고 담당했던 아파트 청년회장과 담당 형사에게도 적개심을 보이며 "죽여 버리고 싶다."라는 얘기를 했다고 들었어요.

박: 법원도 사회도 변해야 합니다. **피해자를 보호하는 법률이 만들어져 있음에도 불구하고 기계적으로만 집행하는 법원도 반성해야 하고, 성폭력을 당한 여성에게 더 가혹한 사회 역시 변해야 합니다.**

미국의 오프라 윈프리나 한국의 구성애 씨 같이 성폭행을 당한 사람도 당당한 사회인으로 살아가도록 사회적 컨센서스consensus도 마련해야 합니다. 성을 판 것이 아니라 성을 도둑질당한 여성에게는 따뜻한 관심과 위무를 건네야 합니다. 만약 그 여성이 장애를 가졌다면 더더욱 배려해야 할 것입니다.

외국에서는 조두순이 돌아올 수 있을까?

외국은 아동이나 장애인을 상대로 저지른 성폭행범의 인권은 전혀 고려하지 않습니다. 형량도 어마어마하고 '영혼 살인 범죄'라 여기기 때문에 자비도 베풀지 않습니다.

스위스 아동성폭행범은 무조건 종신형에 처합니다. 미국 플로리다 주는 12세 미만 아동을 상대로 한 성폭행범은 최소 25년형에 처해지고, 출소 후에도 평생 전자 발찌를 부착해야 합니다. 미국 텍사스 주에서 10대 3명을 2년간 성폭행한 범인에게 성폭행 한 번마다 종신형 한 번씩 총 40차례 종신형과 소년 1명당 20년씩 모두 4060년의 징역형을 선고했습니다. 캔자스 주는 재범 가능성 높은 성범죄 전과자는 형기 만료 뒤에도 재범 가능성이 사라질 때까지 정신병원에 강제 입원시킵니다.

외국의 언론은 아동 대상 성범죄자들에게 '성 맹수'라는 표현까지 쓰면서 인간 취급도 하지 않습니다. 성폭행범은 가석방 자체도 어렵습니다. 중국은 14세 이하 어린이와 성관계를 맺다 적발되면 사형에 처합니다. 체코는 EU의 비난 여론에도 피해자의 인권을 최우선시한다면서 성범죄자의 고환을 외과적으로 들어내는 물리적 거세도 시행합니다.

하지만 우리나라는 성범죄에 대해 너무도 너그럽습니다. 우리나라 법원은 초범, 우발적 범행, 피해자와 합의, 반성하고 있다는 등의 이유로 집행유예, 형을 감경합니다. 문제는 이런 양형 기준이 제2, 제3의 조두순을 만들어 낼 수 있다는 것입니다. 조두순이 곧 돌아옵니다. 그와 같은 잔혹한 성 맹수들이 활개를 치지 못하게 법이 조금은 더 단단해질 필요가 있다고 생각합니다.

대물림된 학대,
외면한 이웃들

"저는 도희가 불쌍하면서도 말입니다. 뭔가 느낌이 좋지 않단 말입니다.

엄마도 도망가고 맞고만 자라서 그런지 보통 애들과는 많이 다른 거 같습니다.

속을 잘 모르겠고 말입니다.

애 같지도 않고 꼭 어린 괴물 같단 생각이 들 때가 있단 말입니다."

— 영화 「도희야」 중 대사

• 사건 Q) 게임 폐인 아빠와
동거녀의 인천 11세 딸 학대 사건 •

인천시 연수구의 한 빌라에서 한 왜소한 소녀가 노끈을 풀고 가스 배관을 타고 집에서 탈출했습니다. 추운 겨울 반바지에 맨발 차림의 소녀는 곧장 슈퍼마켓으로 향했고, 소녀의 깡마른 몸과 남루한 행색을 수상하게 여긴 슈퍼마켓 주인은 경찰에 신고했습니다.

처음에 집으로 돌아갈 것을 염려한 소녀는 보육원에서 나왔다고 감금 사실을 감췄는데, 결국 경찰 조사에서 2년이 넘게 친아버지와 아버지의 동거녀에게 감금과 폭행을 당한 사실이 밝혀졌습니다. 심지어는 동거녀 친구에게까지 폭행을 당해왔던 소녀는 발견 당시 11살의 나이였지만 4살 평균 몸무게인 16kg 밖에 되지 않았고, 늑골도 골절된 상태였습니다.

게임에 빠져서 화장실과 세탁실에 감금한 채 소녀를 돌보지 않은 친아버지와 동거녀, 동거녀의 친구는 아동 학대 범죄의 처벌 등에 관한 특례법상 상습 상해·감금·학대치상과 아동복지법상 교육적 방임 등의 혐의로 구속됐습니다.

조: 처음 뉴스 화면으로 본 11살 소녀의 깡마른 모습을 보고 가슴이 많이 아팠어요. 북한의 꽃제비라 불리는 아이들의 모습을 연상시켰어요. 딸을 감금한 30대 아버지가 자신도 어렸을 때 비슷한 학대를 당했다는 것을 듣고 학대의 대물림에 대해 다시 한 번 생각했어요. 학교를 다닐 당시에는 제법 영특해서 상까지 받았다는 소녀의 갑작스런 장기 결석, 행방불명에 대해 정말 학교나 이웃이 아무도 몰랐던 걸까요?

박: 신고 의무가 있는 교사들에 의해 그래도 발견되는 경우가 많습니다. 이웃들은 남의 가정사에 끼어들어 괜히 귀찮은 일에 휘말릴까 봐 꺼려 하는 겁니다. 초등학교 1학년 때 아무 이유 없이 장기 결석을 하고 학교를 두 번 옮긴 것을 이상하게 여긴 담임교사가 면담 요청을 했지만 아이의 정신 상태가 온전치 않아 집에서 돌봐줘야 하기 때문에 학교에 갈 수 없다고 변명하며 면담을 거절했다고 합니다.

아버지와의 연락도 끊기자 담임교사가 실종 신고를 하려고 주변 지구대를 찾았지만 규정상 친권자와 사회복지사가 아니면 실종 신고 자체가 불가능하다는 답변만 듣고 손을 더 쓸 수 없었다고 합니다. 2학년 2학기 이후로 학교에 못 간 소녀는 화장실과 세탁실에 감금된 채 수돗물만 마시며 옷걸이용 쇠파이프로 맞는 등 학대를 당했습니다.

조: 분노가 절로 일어나네요. 검거되자마자 아버지와 동거녀가 아이 걱정은커녕 자신들이 기르던 강아지 걱정만 했다고 들었어요. 주변 사람들이 다 몰랐던 것도 아니고 동거녀의 지인들도 아이가 학대당하는 것을 알면서도 방관하고 심지어 학대에 동참하기도 했다죠? 인간들이… 어떻게 그럴 수 있을까요?

박: 우리나라에서는 '부모가 아이를 때릴 수도 있는 거지?'라는 생각에 좀 관대한 편입니다. **가정이 해체되고 가족 간의 유대 관계가 약해진 요즘 가정의 소중함에 대해 더 많이 생각해야 합니다. 가정 내 아동 학대는 학교와 이웃, 사회의 무관심에 점점 방치되고 있습니다.**

예전에는 선생님들이 가정방문을 하고 가정환경 조사를 했습니다. 경찰관들 역시 관내 주민들을 방문하고 의견을 청취했습니다. 사생활 보호, 유착 또는 금품 비리 근절이라는 명목으로 없어졌지만 이것들이 기여한 부분도 많았습니다. 학생들과 관내 주민들의 사정을 잘 알고 있으면 이런 어린이 학대 문제도 조금 더 빨리 예방할 수 있습니다.

이 사건을 계기로 장기 결석 아동만 조사한다고 정부가 발표했습니다. 그리고 이 발표로 장기 결석 아동을 조사하는 과정에서 한 장기 결석 초등생 남아가 냉동된 절단 사체로, 한 여중생이 부패된 사체로, 7살 난 여아가 암매장된 사체로 발견됐습니다. 장기 결석을 하거나 갑자기 사라졌는데도 학교, 교육청, 주민 센터 모두가 소재를 파악하지 못했습니다.

저는 모든 아동들을 조사할 필요가 있다고 생각합니다. 초등학교, 중학교뿐 아니라 특히 가출학생들에 대해서도 학대 관련 여부에 대한 조사가 필요합니다.

단기간 내 전수조사보다는 경찰, 교사, 지자체 합동으로 부모와 아이에 대한 심층 면담, 가정 내 탐방 실시 등 심층적인 조사가 필요합니다. 가출 아동을 찾아 줄 때도 가출의 원인을 심층조사하고 부모에게 가출 원인인 교육적 방임, 학대의 원인이 있는지 면밀히 조사하여 부모에 인계 여부를 판단하고 인계 후에도 학대를 받고 있는지 여부에 대한 사후 관리·감독을 제대로 해야 합니다.

최근 정부대책으로 발표한 경찰 내 학대 아동전담경찰관, 법원 아동학대전담재판부 설치는 보여주기식 발표일 뿐 실효성이 떨어지는 대책입니다. 전담경찰관, 전담재판부가 없어서 그동안 아동 학대 범죄 적발 못 했나요? 오히려 경찰, 검찰, 지자체, 시민단체, 법원이 협조하여 원스톱으로 사건을 신속히 수사, 재판을 하고 피해자를 치료보호해주는 시스템 마련이 필요합니다.

조: 학대 부모에 대한 친권을 정지, 박탈할 경우 학대 아동 피해자는 과연 누가 양육해야 될까요? 그리고 양육비 부담은 누가 해야 할까요?

박: 학대 아동이 정신적 치료를 받을 수 있도록 국가, 사회가 보호하고 치료해 줘야 할 텐데 그에 대한 대책이 없습니다. 학대 아동을 국가, 사회가 방치하면 학대의 대물림으로 연쇄범죄자가 나온다는 것을 심각하게 인식할 필요가 있습니다.

조: 옳으신 말씀 같아요. 부작용만 생각해서 장점이 많은 제도를 없앴다는 생각이 들어요. **남의 집 숟가락이 몇 개인지 알 정도로 공동체 문화가 강했던 과거에는 긴 시간 은밀하게 학대가 신행될 수가**

없었던 것 같아요. "한 아이를 지키는 데에는 온 마을이 필요하다." 라는 아프리카 속담이 떠오릅니다. 이 11살 소년의 아버지가 구속이 됐는데 아이는 어떻게 될까요?

박: 소녀 자체가 아버지와 그 동거녀와 사는 것을 거부하고 있습니다. 친할머니가 나타나 보호를 하겠다고 하지만 법원이 그동안 방관한 친할머니에게 맡기지는 않을 것 같습니다. 검찰은 친권 직권을 정지시켰고 아예 박탈하는 것을 법원에 청구했습니다.

현재 부모가 자녀를 학대하는 등 친권을 부당하게 행사하는 경우에 친권 행사를 제한할 수 있게 법으로도 개정됐습니다. 다소 경미한 폭력을 한 부모의 친권 정지는 최장 2년 이내, 사안 따라서 1회에 걸쳐 2년 더 연장할 수 있으며, 정도가 심한 어떤 폭력이 있는 경우에는 친권을 아예 박탈시킬 수 있습니다.

조: "본다고 보이는 게 아니고 듣는다고 들리는 게 아니다. 관심을 가지는 만큼 알게 되고 아는 만큼 보이고 들리게 된다. 호기심과 관심은 모든 것의 출발점이다."라는 말이 생각나네요.

한 아이의 생명을 살리고, 행복하게 만들 수 있는 우리의 작은 관심이 얼마나 세상을 바꾸는 큰 미덕인지를 많은 사람들과 함께 긍정하고 싶어요.

자녀는 샌드백이나 인형이 아닙니다

보통 가해자와 피해자가 되는 학대 부모와 피해 자녀 사이에 나타나는 '샌드백 효과'와 '인형 효과'가 있습니다.

'샌드백 효과'는 부모의 모든 스트레스를 자기 주변의 가장 나약한 존재인 자녀에게 일방적으로 폭력을 행사하여 해소하는 현상을 말합니다. '인형 효과'는 아동과 같이 자신의 의사를 표현하기 어려운 피해자의 경우 인형처럼 어떠한 반응도 없이 부모로부터의 일방적인 폭력을 감내하는 현상을 말합니다. 생명이 없는 인형은 조각이 나거나 찢겨지면 그만이지만, 어린이의 경우 그러한 폭력을 당하면 죽음에 이를 수 있습니다.

그동안 아동 학대로 인해서 자녀가 사망에 이르더라도 죽일 생각은 없었다는 것 때문에 '살인'이 아닌 '상해치사'로 판결했습니다. 하지만 연약한 아이들이 지속적으로 학대를 받아왔고, 아주 심한 정도의 학대를 받았으며 죽음에 이를 수 있다고 예상되는 상태에서 죽었다면 부모가 사실상 미필적 고의를 가지고 살인을 했다고 보는 것이 맞습니다.

외국의 경우에 아동 학대로 인해서 사망에 이른다면 종신형에 처하거나 몇백 년형에 처하거나, 아니면 무기징역, 아니면 사형제도가 있다면 사형을 언도하는 등 아주 엄하게 처벌하고 있습니다.

Intro
다 문 화
디 지 털
글 로 벌
범 죄

다문화: 이주민이 150만 명을 훌쩍 넘기며 '다문화 사회'에 본격적으로 진입한 우리나라에서 외국인의 범죄가 점점 늘고 있습니다. 이에 따라 제노포비아(xenophobia)[1] 현상도 심화되고 있습니다. 코리안 드림을 꿈꾸며 취업이나 결혼, 이민을 통해 들어온 다양한 인종의 외국인 모두를 잠재적 범죄자로 취급해서는 안 됩니다. 하지만 점점 증가하는 외국인 범죄와 그것이 일어날 수밖에 없는 이주민 거주지의 범죄 환경을 주의 깊게 분석할 필요가 있습니다. 그들이 진정한 대한민국의 새로운 국민으로 편입되는 환경을 제공해야 합니다.

디지털: 인터넷을 통한 디지털 기술의 환경이 급속도로 발전하고 있습니다. 여러 순기능도 있지만, 이에 비례해 역기능도 급속하게 증가하고 있습니다. 컴퓨터를 통한 새로운 범죄 방법, 기술들은 언제, 어디서나 쉽게 인터넷에서 습득 가능하며, 이를 범죄자들이 악용하고 있습니다. 디지털 시대의 범죄에 대해 우리는 얼마나 지능적이고 발 빠르게 대응하고 있는지 잘 생각해봐야 합니다.

글로벌: 이제 세계는 명실상부 하나가 됐습니다. 그만큼 범죄의 글로벌화도 가속화되고 있습니다. 세계 사법 기관과 탄탄한 공조를 펼치기 위해서는 우리나라 수사나 사법 체계 역시 다른 나라와 호환 가능할 정도로 수준 높은 매뉴얼과 표준을 가져야 합니다.

---

1. 이방인에 대한 혐오현상을 뜻하는 말이다. 낯선 것, 이방인이라는 뜻의 '제노(xeno)'와 싫어한다, 기피
   한다는 뜻의 '포비아(phobia)'를 합쳐 만든 말이다.

넷

열린 사회와
그 범죄들

GUILTY

중국 동포의 범죄,
잘 안아야 막는다

"발목 뒤 있잖아요. 아킬레스건 거길 자르고 걸어놓으면
피랑 잡물이 다 빠져서 가벼워지거든요."

– 영화 「추격자」 중 대사

• 사건 Q) 시화호 토막 살인 사건 •

경기도 시흥시 시화산업단지 남단 시화호에서 낚시를 하던 낚시꾼이 머리가 없는 토막 난 시체를 발견한 사건이 있었습니다. 다행히 사체 토막 중에 손목 부분이 있어서 지문을 채취할 수 있어서 사체의 신원이 밝혀졌습니다.

살인용의자는 중국 국적을 가진 조선족 김하일로, 피해 여성의 남편이었습니다. 조사 결과 몇 년 전 취업 비자로 입국한 김하일을 따라 한국에 들어온 피해 여성과 김하일은 시화공단에서 일하며 알뜰하게 돈을 모으며 코리안드림을 꿈꾸던 평범한 부부였는데 김하일이 도박에 빠지자 말다툼을 벌였고, 우발적으로 아내를 살해하고 말았다고 진술했습니다. 그런데 김하일 구속 후, 19년 전 중국에서 일어난 토막 살인 사건의 유력한 용의자와 김하일이 동일 인물임이 밝혀져 큰 충격을 줬습니다.

조: 전형적인 코리안드림을 찾아 들어온 재중동포들이었네요. 그런데 이 부부에게 무슨 일이 왜, 어떻게 생겼을까요?

박: 지린성 출신 재중 동포인 김하일은 2009년 취업비자를 받고 우리나라에 입국했고, 몇 개월 뒤 고향에서 아들을 시부모에게 맡긴 채 부인도 남편을 따라 한국에 들어왔습니다.

　김하일과 부인은 처음에는 한국에 나름 잘 정착했습니다. 시흥시 정왕동에 둥지를 튼 후, 금속 제조 공장에 다닌 김하일은 평균 300만 원 정도의 월급을 받았고 부인도 시화산업단지 공장에 취업해 맞벌이를 하면서 알뜰히 돈을 모으면서 내 집 마련을 꿈꾸었습니다.

조: 근면하게 살던 이들 부부에게 왜 비극이 발생했을까요?

박: 한국에 들어온 김하일이 도박에 빠지면서 벌어놓은 돈을 탕진하면서 부부 사이가 어긋나기 시작했습니다. **그들 부부가 거주하는 곳은 이주자들이 거주하는 시흥에서도 낙후된 동네였습니다. 외국인 이주자들이 많이 사는 곳이지만 먹고살기 바쁜지라 이웃 간의 교류가 잦지 않은 곳이었습니다.**

　중국에 있을 때부터 오래 선원 생활을 했던 김하일은 사람들과 어울리는 데 서툴러 인간관계가 협소했고, 텔레비전이나 컴퓨터도 없어서 딱히 즐기는 여가가 없었습니다. 그런 그가 빠져든 것이 카지노였습니다. 아내와 말다툼 끝에 우발적으로 아내를 살해한 김하일은 사체를 머리, 몸통, 손, 발, 팔, 다리로 토막 낸 뒤 두 차례에 걸쳐 사체를 시화호에 버렸습니다.

조: 그래도 이해가 되지 않는 점이 있어요. 죽인 후 그렇게 잔혹하게 토막을 내서 여기저기에 사체를 유기한 것이 정상적인 사람으로는

느껴지지 않아요. 더군다나 아내잖아요? 김하일은 범죄 성향이 강한 인물이었나요?

박: 사회성이 떨어질 뿐 성실하게 직장을 다니고 주변에서도 평이 나쁘지 않았기에 그의 살인 행각이 밝혀지자 주변 사람들은 경악했습니다. 처음 경찰은 김하일을 연쇄살인범으로 오해했습니다. 시체를 훼손한 방식이 너무 능숙하고 깔끔했기 때문이었습니다.

보통 토막 살인(훼손)을 하는 범죄자들을 보면 큰 칼로 뼈를 내려치거나 하는 방식으로 시체를 절단 내는데 이번 경우에는 관절 부분을 아주 능숙하고 깔끔하게 도려냈습니다.

조: 그런데 왜 토막을 냈을까요? 오원춘도 그렇고, 박춘풍도 그렇고 왜 그들은 사체를 토막 내는 걸까요? 토막 살인을 하는 사람들의 심리적인 기제는 뭔가요?

박: **보통 토막 살인은 사회성이 상당히 결여된 인격 장애를 가진 사람들이 범행을 저지른 것으로 추측하곤 합니다.** 하지만 김하일의 경우 엄밀히 말하면 토막 살인이 아니라 살인을 한 후 시체를 유기하기 위해 방어적인 토막을 한 경우입니다.

살해 후 시신 유기나 증거 인멸을 편하게 하기 위한 방어적 토막을 할 수 있을 만큼 칼을 능숙하게 다룬 것도 토막을 낸 이유 중 하나일 것입니다. 무엇보다 여러 군데에 나누어서 버린 이유도 사체가 발견되지 않도록 하기 위한 목적이 있었을 것입니다.

조: 다행히 손목이 있어서 피해자의 신원이 밝혀졌고, 운이 좋게도 빠른 시일 내에 검거할 수 있었네요.

박: **경찰은 사체가 토막 난 살인 사건인 경우에는 신원 확인에 총력**

을 기울입니다. 대략 신원 확인이 되면 십중팔구 이런 사건은 대개 가까운 사람, 보통은 남편이나 애인, 동거남 같은 사람의 소행인 경우가 많습니다.

텔레비전이 없었던 김하일은 아내의 사체가 발견된 줄 모르고 있었습니다. 차가 없었던 김하일은 자전거를 타고 버려야 하니까 시화호까지 가서 가장 무거운 부분을 유기를 하고 나머지 부분을 순차적으로 유기 중이었습니다. 김하일은 남은 사체를 조카가 사는 집 옥상에 숨기려다 잠복 중이던 경찰에 붙잡혔습니다.

조: 그런데 김하일의 체포 후 놀라운 사실이 밝혀졌잖아요? 시화호 사건을 접한 중국 공안이 중국에서 일어난 토막 살인 사건의 유력한 용의자로 김하일을 특정했다고 들었어요.

박: 20년 전 비닐에 싸인 20대 여성의 훼손된 시신이 발견되자마자 중국 공안은 김하일을 유력한 용의자로 지목했고 체포에 나섰지만 실패했던 것이었습니다. 중국과의 살인 사건과 연계한다면 김하일이 일련의 연쇄 살인을 했을 가능성이 전혀 없지는 않습니다.

조: 그렇게 범죄를 저지른 외국인들이 아무런 필터링 없이 우리나라에 입국한다는 것도 큰 문제가 아닌가요? **제노포비아를 확산시키는 근거 없는 편견을 가지고 싶지는 않지만 외국 이주민들을 대상으로 하는 선별 시스템이 있어야 할 것 같아요.**

박: 외국인 노동자, 불법 체류자, 탈북자 등이 증가하면서 관련 범죄가 늘어나고 있습니다. 그들에게 준법 교육이 선행돼야 할 것입니다. **체류의 실태와 외국인의 특성을 고려한 보다 철저한 치안 대책을 수립하지 않으면 제2의 오원춘, 제2의 박춘풍, 제2의 김하일을**

막을 수 없을 겁니다.

조: 사회성이 떨어지는 개인의 문제도 있지만 이주민들을 우리 사회에 안정적으로 융합하기 위한 기반을 만들어줄 필요도 있는 것 같아요. 이주자들이 입국해 가지는 직업들 대부분이 3D 업종들이 많고, 그들의 주거환경도 쾌적하지 못한 문제들이 있잖아요?

알게 모르게 사회에 대한 분노나 패배 의식, 욕구 불만 이런 게 상당히 팽배해 있을 수 있는데 이런 것들이 범죄로 표출된다고 생각해요. 우리 국민들을 위해서라도 이들이 일하고 살아가고 영위하는 여러 삶의 발판들을 조금 더 든든하게 만들어줄 필요가 있는 것 같아요.

잔혹 범죄, 경기도에 몰리는 까닭
_구멍 난 치안력

경찰관의 담당 국민 수 같은 객관적인 지표가 존재합니다. 전국적으로 보면 평균 경찰 한 명이 국민 500명을 담당한다고 알려져 있습니다. 서울 중구 같은 경우에는 100명을 담당하고, 범죄 발생이 잇따르는 경기 남부권의 경우에는 1,000명을 담당하고 있습니다.

세계 각국의 다인종들이 모여들어 자연스럽게 슬럼 지역이 생길 수밖에 없는 미국과 달리 우리나라는 비교적 거주하고 있는 다인종의 수가 적고, 영토 자체가 좁아 치안이 어디에든 유지될 수 있다고 자랑하지만, 사실 대한민국에도 '슬럼'이 존재하고 있습니다. 경찰과 지방자치단체의 무관심으로 말입니다. '시화공단' 주변이 그 예입니다.

시화공단 주변 밤거리가 상당히 위험한 데도 불구하고 야간에 경찰의 방범 활동이 제대로 이뤄지지 않고 있습니다. 가장 많은 치안력이 필요한 곳에 정작 없다면 범죄율은 높을 수밖에 없습니다. 경찰서나 가로등, 신호등과 같은 공공재, 셉테드(CPTED: 환경 설계를 통한 범죄 예방 건축 설계 기법)가 도입된 건물이나 거리를 거의 찾아볼 수 없습니다.

이런 곳에 과연 얼마나 많이 자치단체장이나 경찰청장, 경찰서장들이 방문했을까요? 글쎄요!

디지털 범죄와
디지털 낙인

"전 잘못한 게 없는데요."
"제가 사과를 받는 건데, 제가 왜 도망가야 해요?"
― 영화 「한공주」 중 대사

• 사건 Q) 채팅 앱 & 몸캠 관련 사건들 •

광화문에 있는 한 고층빌딩에서 25세의 남자 대학생이 투신자살을 했습니다. 경찰 수사 결과 평범한 대학생이 극단적인 선택을 한 배경에는 바로 '몸캠' 때문이었습니다.

채팅을 하다가 호기심에 몸캠이란 화상 채팅이 가능한 애플리케이션을 다운받아 상대방과 알몸 사진을 주고받았습니다. 전문 몸캠 사기꾼 일당이 보내준 전용 앱 파일을 다운받자마자 피해 대학생의 핸드폰에 저장된 모든 정보가 유출됐고 이것을 빌미로 핸드폰에 저장된 가족과 지인들의 번호로 대학생의 알몸 영상을 유출하겠다고 협박했습니다. 지속적인 협박을 받다가 괴로움을 견디지 못한 대학생은 300만 원을 주지 않으면 다니는 학교 게시판에 자신의 나체 사진을 유포하겠다는 말에 극심한 스트레스를 받다가 투신자살을 선택하고 말았습니다.

조: IT가 발전하는 시대에 사건·사고들도 디지털 시대에 맞게 변모하고 있는 것 같아요. 특히 요즘 중·고등학생 자녀들한테 휴대폰을 사주는 부모님들은 스마트폰이 매개가 되어 일어나는 여러 범죄들, 특히 성범죄에 대개 민감해하시는 것 같아요.

제 아이도 중학생인데 반 아이들끼리 카톡이나 메시지로 음란 영상을 주고받는 일이 있다고 들어서 가슴이 철렁해졌던 적이 있었거든요. 이렇게 쉽게 유해 환경을 받아들일 수 있는 수단을 자발적으로, 아니면 어쩔 수 없이 쥐어준 부모로서 참 걱정이 많아요.

박: 스마트폰 채팅 앱을 통한 조건 만남과 성범죄, 몸캠 피싱fishing 등 다양한 형태의 디지털 범죄가 일어나고 있습니다. 제가 본 인터넷은 범죄자들의 범죄 천국입니다.

폭발물, 마약 제조와 구입, 범죄 모의가 다 인터넷에서 이뤄집니다. 마약 제조와 구입, 범죄 모의, 청부 살인 등이 다 인터넷에서 이루어지고 심지어 카페, 밴드 모임까지 생기는 실정입니다. 디지털 범죄를 철저하게 감시하고 차단하는 제도가 필요해 보입니다.

조: 디지털 세상의 특성처럼 반복적이고, 재생산되는 '디지털 낙인' 문제도 심각한 것 같아요. 특히 가해자들보다는 피해자들에게 찍히는 낙인은 더 뜨겁고 잔인한 것 같아요.

박: 호기심으로 채팅을 하던 여고생이 이른바 알몸으로 대화하는 '몸캠 채팅'을 하다가 성범죄자의 마수에 걸린 사건이 있었습니다. 상대 남성은 여고생의 동영상을 몰래 녹화했다가 인터넷에 올려 일파만파 퍼졌습니다. 몸캠 영상을 유포하겠다면서 돈을 갈취하거나 성폭행하는 2차 범죄로도 이어집니다.

몸캠 등 성행위 동영상 유출 피해는 해마다 급증하고 있는데, 많은 수의 피해자가 청소년이라는 사실은 상당히 심각한 문제입니다. 돈 요구와 영상 유포 협박에 스트레스를 받다가 자살이라는 극단적인 선택을 하는 경우도 있었습니다.

조: 몸캠 피싱 일당을 검거하는 게 쉽지 않다고 들었어요. 왜 그런 거예요?

박: 우선은 동영상이 유포될까 봐 피해자 스스로 신고를 꺼려 하는 경향이 큰 것도 있고, 만약 신고를 하더라도 전화번호는 물론 통장 계좌번호 모두 대포 폰, 대포 통장인 경우가 대부분이라 범인의 신원 파악도 어렵습니다.

조: 왜 이런 범죄 피해를 당하는 것일까요?

박: 순간적인 호기심이나 사이버 공간에서 인정받고 사랑받고자 하는 욕구를 충족시키기 위해 잘못된 선택을 합니다. **불건전한 채팅 앱을 이용하지 않는 것이 최선이겠지만 만약 사용하다가 문제가 생기면 빨리 경찰에 신고해 초기에 대응하는 것이 제일 중요합니다.**

조: 좀 알면 대응할 수 있을 것 같은데요, 구체적인 사례를 좀 들어주세요!

박: 몸캠이란 화상 채팅이 가능한 애플리케이션인데, 이를 다운받아 스마트폰으로 채팅하면 서로의 알몸 사진을 주고받을 수 있습니다. 화상 채팅 중에 상대 여성은 상대 남성에게 음성 채팅 전용 앱이라며 자신이 보내주는 'apk 파일'을 다운받으라고 합니다. 이 파일을 다운받는 순간, 남성의 핸드폰에 있는 모든 정보가 상대 여성에게 유출됩니다. 여성은 녹화된 영상으로 돈을 요구하고, 말을 듣지 않

으면 이미 확보한 피해자의 지인들 전화번호로 남성의 알몸 사진을 전송해 돈을 뜯어내는 수법을 보였습니다.

조: 그런데 이런 건 성인용 앱일 텐데요, 청소년들이 왜 무방비하게 당하는 걸까요?

박: 범죄에 악용될 가능성이 있는 화상 채팅 앱의 종류는 무궁무진합니다. 최근에는 SNS를 통한 무작위 1:1 채팅도 있고, 스마트폰과 컴퓨터를 이용해 채팅하는 방법도 있습니다. 스마트폰에서 '채팅'이라고 검색하면 약 250개의 채팅 앱이 나오는데 이런 채팅 앱은 따로 회원가입이 필요 없어서 청소년도 이용하는 데 아무 제약이 없다는 게 문제입니다. 근데 문제는 대부분 채팅의 상대방이 거의 다 가상 인물이라는 겁니다.

조: 개인의 가족뿐만 아니라 친구, 회사 동료, 지인들한테까지 그 디지털 낙인을 뿌리기 때문에 심각한 정신적인 스트레스를 받는 것 같아요. 정말 지우고 싶고, 잊고 싶은데 그럴 수가 없다면 많이 괴로울 것 같아요.

박: 몸캠으로 친구들한테 왕따를 당하던 어린 여학생이 자살해 파장이 일어나는 등 해외에서도 몸캠으로 인한 '디지털 낙인'이 큰 사회문제가 되자 유럽과 미국에서는 처벌을 강화하고 있습니다.

조: **요즘 디지털 시대 '잊혀질 권리'에 대한 이야기들이 많이 나오는데요. '알 권리' 못지않게 중요한 것이 '잊혀질 권리'가 아닐까 싶어요.** 한때 인터넷상을 떠들썩하게 했던 개똥녀와 같이 공공장소에서 무개념적으로 행동한 사람들의 나쁜 짓(?)을 인터넷에 올리는 것도, 한 사람에게는 괴로운 주홍 글씨가 될 수 있잖아요?

자신들이 정의를 실천한다고 믿는 대중들의 자제가 좀 필요한 것 같아요. 아무리 공익 목적에 부합한다고 하더라도 한 개인의 인생이 걸린 문제이니까요.

박: 개인 정보뿐 아니라 소셜 네트워크 서비스에 올린 사적인 글과 사진 등이 전 세계에서 검색되고 무제한의 '퍼 나르기'를 통해 복제되면서 무심코 남긴 디지털 흔적 하나에도 큰 곤욕을 치를 수 있는 시대입니다. **호기심도 상식의 수준을 벗어나서는 안 될 것입니다.**

조: 우리의 디지털 행적이 문신처럼 여기저기에서 새겨져서 떠돌아다니는 것을 원하는 사람은 아무도 없을 거예요. 삶과 사회생활의 많은 부분이 기록되고, 기억되는 디지털 세상에서는 오히려 더 인생을 바르고 가치 있게 살 필요가 있어 보이는군요.

남의 삶까지 훔치는 SNS 가면 인생

남의 페이스북 등 SNS 공간에 게재된 사진을 도용하여 자신이 그 사람인 양 온라인상에서 다른 인생을 사는 사람들이 있습니다. '리플리 증후군'을 앓는 사람처럼 남의 삶을 수집한 후, 마치 자신의 인생처럼 살아가는 사람들이 저지르는 SNS 도용, 하지만 알고 보면 이는 심각한 범죄입니다.

다른 사람들의 일상과 사진을 도용하여 디지털 공간에서 다른 이와 친분까지 맺으며 살아가는 사람들로 인해 도용된 신분의 원주인인 피해자들은 극심한 스트레스를 겪는 것도 모자라 범죄에 노출되는 위험까지 겪고 있습니다.

이런 신상 도용 피해가 늘고 있지만 이 문제를 해결할 수 있는 법률은 미비하여 보완이 필요합니다.

SNS의 빛과 그림자

• 사건 Q) 살인 예고를 한 쿠팡맨의 정체 •

일간베스트 일명 '일베'라 불리는 극우 성향의 인터넷 커뮤니티에 "소셜 커머스 쇼핑몰, 쿠팡 채용 전형에 합격했다."라는 한 네티즌의 글이 올라왔습니다. 글에 무시무시한 내용의 댓글이 달리기 시작했는데 그 댓글 중에 자신을 쿠팡 현직 배송 직원으로 일명 '쿠팡맨'이라고 밝힌 한 남성이 "배송하면서 알게 된 혼자 사는 여성들의 주소를 적고 있다.", "힘들게 물 배달시키는 여성들은 다 죽이겠다.", "내가 쓴 글을 다른 커뮤니티로 퍼간 사람의 신상도 알아내 죽이겠다." 이렇게 살인을 암시하는 충격적인 글이 달렸습니다.

이 댓글은 SNS를 통해 빠르게 확산됐고, 쿠팡 회사 측도 알게 됐습니다. 쿠팡 측은 글쓴이가 회사의 명예를 훼손했다며 경찰에 고소를 했습니다. 경찰이 수사에 나서자 글을 올린 남성은 두려움을 느낀 나머지 결국 자수했는데, 잡고 보니 평범한 20대 취업 준비생이었습니다.

조: 트위터나 페이스북 같은 SNS를 몇 번 하다가 요즘에는 거의 하지 않고 있어요. 처음에는 사진도 글도 올리고 그것에 리플이 달리거나 '좋아요' 버튼이 눌려지는 것에 거의 중독적인 수준의 열성을 보였는데요, 어느 순간 두려움이 생기더군요.

내가 나를 보여주는 욕망, 남이 나를 들여다보고 싶은 욕망이 끔찍하게 느껴졌어요. 이런 디지털 세상에서 인정받아서 뭐 어쩔 건데? 라는 마음도 생겼고요.

박: **SNS가 일으키는 하나의 심리적 중독들이 심각한 세상이 됐습니다.** 제일 좋은 사진, 제일 괜찮은 사진, 제일 예쁜 사진들을 올려서 거기를 통해서 세간의 관심을 받고 그 관심을 통해서 내가 또 새롭게 조명이 되는 것을 즐기다가 현실의 삶과의 괴리가 생길 때 더 견디기 힘겨워하는 사람들이 생기는 것 같습니다.

조: SNS상의 자아와 현실 속의 자아가 분리되는 지경에 이른 것 같아요. 자기의 열등감이나 콤플렉스를 숨기고자 SNS에 더 몰두하는 사람들이 있어요. 하지만 실제의 그들은 공허해 보이기도 해요. 허울이고, 껍데기라는 것을 이미 마음은 느끼고 있는 것일지도 몰라요. 요즘은 SNS가 상업적 목적으로도 쓰이는데 자칫 잘못하다가는 그 상업적 목적에 내가 함몰이 되는 경우도 생겨요. 제가 보기에 SNS는 부서지기 쉬운 모래 위의 성 같은 거예요.

박: **SNS 공해도 심각합니다. 사람들이 여과 없이 내뱉는 막말들, 듣기 싫은 괴담이나 악플들이 바로 그 공해입니다.** 호도된 여론의 쓰레기 집하장처럼 보일 때가 많습니다. 타인의 고통에 대한 공감 능력을 상실한 '분노 사회'의 병리 현상이 SNS의 발달로 대중적으로

전파되는 것 또한 무시무시해 보입니다.

조: '일베충'이라고 부르는 특정 사이트 회원들이 진보·여성·전라
도·외국인을 집중적으로 조롱하는 것을 보면 한숨이 나와요. 그리
고 SNS는 이를 또 퍼 나르고요. **게다가 SNS를 통해 범죄가 모의되
고, 범죄 장면과 심리들이 여과 없이 중계되는 것은 아주 심각한 일
같아요.**

박: 용인 모텔 토막 살인의 경우가 대표적입니다. 모텔에서 친구와
머물다 성폭행 목적으로 평소 알고 지내던 여고생을 불러냈고, 친구
가 모텔 방에서 나가자 여고생을 강제로 성폭행한 뒤 목 졸라 살해
한 사건이었습니다.

그런데 가해 10대 남성의 엽기 행각은 거기서 끝나지 않고 죽은
여고생 시신을 공업용 커터 칼로 훼손했습니다. 그리고 잔혹하게 사
체를 토막 낸 후, 사체 사진을 친구에게 핸드폰으로 전송하고, 자신
의 심경을 SNS에 올렸습니다.

조: "내게 인간에게 느낄 수 있는 감정이 이젠 메말라 없어졌다. 오
늘 난 죄책감이란 감정 또한 느끼지 못했고, 슬픔이란 감정 또한 느
끼지 못했고, 분노를 느끼지도 못했고, 아주 짧은 미소만이 날 반겼
다. 오늘 이 피비린내에 묻혀 잠들어야겠다."

이 문구였죠. 정말 충격적이네요. 외국에서도 자신이 자살하는 장
면이나 타인의 자살 장면 또는 총기 난사 전 범죄 모의나 예비 장면
을 SNS에서 중계를 하는 사람들이 있는데 정말 소름 끼치는 행위였
어요. 왜 그런 행동을 하는 걸까요?

박: 자신의 행위에 대한 뭔가 정당성을 불어넣는 행위일 수도 있고,

말 그대로 타인과의 소통이나 교류가 없는 범죄자들이 사람들의 눈길이나 관심이 쏠릴 수 있는 범죄 내용을 SNS라는 매개에 올림으로써 소통한다는 착각을 하는 것으로 보입니다.

조: **잔인한 영화나 영상, 게임 등이 범람하면서 범죄의 잔인성에 대해 점점 둔감해지는 사회가 된 것 같아요. 범죄 그 자체도 무섭지만 그런 범죄 심리와 장면을 중계하고, 그것을 태연히 사람들이 소비한다는 자체에 더 거부감이 컸어요.**

공분을 일으켰던 인천 부평 커플 폭행 사건의 동영상이 빠르게 SNS를 통해 전파되어 며칠 만에 가해자들 신상이 공개되고 결국 구속이 됐는데 저는 이 사건의 가해 여고생이 "그래 봤자 시간 지나면 모두 경험일 거 너무 깊게 생각 않고 나 자신을 가장 사랑해야겠다. 나는 아직 너무 어리고 너무 사랑스러울 나이니깐…."라고 자신의 SNS에 올렸다는 글귀가 어처구니가 없어서 잊히지가 않아요.

쿠팡맨 예고 살인 역시 SNS를 통해 해당 댓글이 빠르게 확산됐던 탓에 빨리 검거할 수도 있었지만, 평범한 시민이 불특정 다수를 향해 살인 예비를 공표했다는 자체가 충격이었습니다.

박: 쿠팡맨 살인 예고 대상이 혼자 사는 여성, 그중에서도 내가 이미 만나봤기에 신상을 알고 있는 여성이라는 점에서 댓글을 읽은 여성들이 더 공포를 느꼈던 것 같습니다.

실제로 검거한 남성은 소심한 20대 취업준비생으로 드러났지만 우리 사회에서 실제로 면식범에 의한 여성 대상 범죄가 너무 많은 건 사실이니까 그냥 허황된 공포가 아니었던 겁니다. 그리고 사실 강력 범죄는 원래 적극적인 사람들보다 소심한 사람들이 많이 저지릅니다.

조: 소셜 커머스 공간을 이용하는 여성들은 자신들의 신상 정보가 노출될 여지가 있다는 것을 알고 있기 때문에 이런 위협과 공포가 잘 먹혔던 같아요. **개인적인 사생활 같은 것이 공적인 영역으로 쉽게 드러나는 요즘, 이를 매개로 노리는 범죄자들도 증가하니까요.**

박: 오늘날 대한민국은 비단 SNS뿐만 아니라 휴대폰, 게임, 인터넷, 술, 마약, 성에 탐닉하는 중독 사회가 돼 버렸습니다. SNS나 문자로는 대화를 하지만 직접 얼굴을 마주 보며 대화하는 것은 어색해합니다. 정말 말을 해야 할 때 침묵하는 직무 유기자가 늘어났고, 말 같지도 않은 말을 내뱉는 허언증 환자들이 늘어났습니다.

금방 검색하면 어떤 정보든 손에 얻을 수 있는 시대가 됐지만 그 반면에 뇌는 사유하고 상상하는 능력을 잃어버렸습니다. 소통이 없어진 세상 속에서 많은 아이들과 젊은이들이 주의력 결핍 장애를 앓고, 소외감이나 우울감에 빠져들었고, 마침내 쉽게 범죄를 저지르게 됐습니다. **SNS라는 빛에 눈이 멀어 현실을 뒤덮는 어두운 그림자에 매몰된 삶을 살아가는 것에 대해 더 경계할 필요가 있어 보입니다.**

범죄를 저지르는 공상은 죄가 아니다?

인터넷 공간에서 젊은 여성을 납치하거나 살해해 요리를 해먹겠다는 음모를 꾸며 유죄 평결을 받았던 미국 뉴욕의 전직 경찰관이 무죄를 선고받았습니다.

'식인 경찰'이라는 닉네임을 선사받았던 그 전직 경찰관은 "여자에게 산 채로 요리를 당하는 경험을 안기고 싶다."라며 자신의 부인과 다른 여성을 어떻게 살해하고 요리할지에 관해 네티즌과 대화를 나눈 혐의로 체포됐습니다. 자신은 그저 공상에 불과한 인터넷 대화를 했을 뿐이라고 항소를 했던 전직 경찰관이 무죄가 되자 공상과 범죄 사이의 경계선이 어디냐에 관한 논란이 일었습니다. 이번 사건은 특히 '상상 범죄'가 실제 범죄 행위로 이어지는 시점이 어디인지를 묻는 까다로운 법적 문제를 제기했습니다.

여러분은 어떻게 생각하십니까? 우리나라 형법은 범죄에 대한 공상이 구체적이고 실제 범죄 행위로 실행에 옮길 만한 정도라면 이를 음모죄로 처벌하고 있습니다. 따라서 범죄를 저지르는 공상이 언제든 충분히 범죄로 발전할 수 있다는 점에서 그 경계에 대한 고민이 필요합니다.

상업화된 관음증이 부르는 몰카 범죄

"진짜 기쁨은 말이다. 내가 기쁠 때 다른 사람도 기뻐야 돼."
– 드라마 「나쁜 녀석들」 중 대사

• 사건 Q) 워터파크 샤워실 몰카 사건 •

국내 유명 워터파크 내 여자 샤워실에서 몰카로 찍은 영상들이 확산되어 충격을 줬습니다. 일명 '워터파크 몰카' 사건을 조사한 경찰은 몰카 영상 속 거울에서 노출된 한 여성을 범인으로 주목했지만 신원을 밝히지 못했습니다. 그런데 사건의 실마리는 의외의 곳에서 풀렸습니다.

한 20대 여성이 아버지로부터 폭행당했다면서 경찰에 신고했는데 조사 과정에서 여성의 아버지로부터 "내 딸이 워터파크 동영상의 촬영자 같다."라는 진술을 확보해 긴급 체포했습니다. 체포된 여성과 스마트폰 채팅으로 만난 이 남성은 수도권 및 강원도 워터파크와 야외 수영장 등 6곳의 여자 샤워실 내부 몰카 동영상 촬영을 사주하고 촬영해 온 동영상을 다른 남성에게 120만 원에 판매한 혐의로 함께 구속됐습니다.

조: 지하철, 모텔, 학교 등 장소를 가리지 않고 은밀하게 여성들을 찍은 몰카들이 나돌고 있는 것 같아요. **몰카 범죄는 단순히 조심한다고 해서 피할 수 있는 것도 아니어서 더 불안해요.** 범행 당시 피해 사실을 알 수 없었던 여성들이 나중에 알고 나서 가지는 충격은 생각 외로 크고요.

게다가 단순히 성적 호기심을 충족하기 위해 시작했던 예전 몰카 범죄와 달리 돈벌이 수단으로 몰카 범죄의 양상이 달라진 것 같아요.

박: **상업화된 관음증은 명백히 범죄입니다.** 몰카를 찍은 여성을 사주한 남성이 체포됐을 때 '나는 보기만 했지 유포는 안 했다'고 했지만 유포를 안 해도 촬영을 사주했기 때문에 처벌을 할 수 있었습니다. 만약 유포했다면 더 강한 처벌을 받았을 겁니다.

조: 은밀하게 여성을 노리는 몰카 범죄가 점점 늘어나는 이유는 뭘까요?

박: 수단이 다양화되고 쉽게 접근할 수 있기 때문입니다. 초소형 카메라를 장착한 볼펜, 안경, 넥타이, 단추, 구두 등이 등장했고, 스마트폰 앱을 악용하여 카메라 촬영 중에 인터넷 뉴스 화면으로 대체하여 주위 시선을 피하고 저장된 후에도 사진첩이 아닌 비밀 폴더에 숨겨두어 범행이 발각된 후에도 증거 사진의 발견을 어렵게 하는 기능도 탑재하고 있습니다.

최근 어느 소셜 커머스에서 몰카 기능이 있는 초소형 카메라를 판매했다가 거센 항의를 받은 일이 있습니다. 그만큼 몰카 기능품들이 대중화됐다는 것을 의미합니다. **몰카 범죄가 늘어나는 이유에는 현행법의 처벌 수준이 너무 낮은 점노 삭용합니다.**

초범, 호기심, 반성 등 사유로 집행유예, 벌금형 선고 그리고 단기간의 치료 프로그램 이수 명령 선고 등 온정주의 처분이 문제입니다. 허락 없이 전신이나 일정한 신체 부분을 촬영하면 성적 욕망이 충족되지 않고 수치심을 주지 않는다고 보는 법원의 판단 기준도 문제입니다.

성적 욕망은 가해자의 기준, 수치심은 피사체가 된 피해자의 기준에서 바라보고 판단해야 합니다. 법관의 눈높이가 일반 사회 평균인의 관점이라는 미명하에 합리화될 수 없다고 생각합니다.

조: 몰카범에 대해 애매모호하게 내린 판결이 기억나네요. 노출이 심한 여성의 몸을 몰래 찍었어도 의도적으로 특정 부위를 찍은 몰카가 아니라 전신을 찍은 몰카라면 처벌 대상이 아니라는 법원 판결에 대해 어떻게 생각하세요?

박: 재판정은 '의도적'으로 신체 일부를 찍은 사진이냐, 아니면 전신을 촬영한 사진이냐에 유·무죄 판단의 초점을 맞췄습니다. **'하이 앵글**High Angle**'이나 '로우 앵글**Low Angle**'로 일부러 다리만 찍은 사진은 성적 욕망, 수치심 유발 사진에 해당한다며 유죄 판결을 내린 반면 전신을 찍은 사진은 무죄로 판단했습니다.**

사회가 변한 만큼 노출이 심한 여성을 놓고 성적 욕망, 수치심을 유발할 신체라고 해석하는 것은 '비논리적'이라고 무죄 이유를 판시했습니다. 물론 몰카를 찍은 남성에게 '신체 일부 사진'을 증거로 징역 8개월 형에 집행유예 2년을 선고했습니다.

조: '이 사진에 찍힌 여성들이 과연 이 판결에 공감할까?'라는 생각이 들었어요. 또 그 여성이 일부든 전체든 자신을 찍는다는 것을 알았

을 때 과연 '허락했을까?'라는 생각도요.

박: 타인 사진을 허락 없이 찍는다고 현행법에 무조건 불법은 아닙니다. 타인의 사진을 허락 없이 찍는 것을 모두 범죄로 규정하는 것은 과잉 규제로 보기 때문입니다.

조: 하지만 이 판결에도 피사체가 된 여성들의 감정에 대한 배려는 없어 보이네요….

박: **우리나라 법으로 유죄 판결을 하기 어렵더라도 다른 사람의 신체를 허락 없이 찍은 것 자체는 잘못입니다. 그런 까닭으로 민사적인 손해배상 책임까지 인정하고 있습니다.**

조: 최근 소라넷이라는 성인 커뮤니티 사이트가 논란이 됐잖아요? 그 사이트를 방문하면 충격적인 몰카들이 마구 공유되고 있다는 소리를 들었어요. 워터파크 몰카 동영상의 최초 유출처도 이 소라넷이었다고 들었어요. 이 사이트 폐쇄가 어떻게 진행되고 있나요?

박: 소라넷에서 성매매 정보를 공유하거나 직접 알선하기도 하고 사이트에 글을 올려 함께 강간을 모의하는 사람들도 있습니다. 실제로 만취한 상대 여성을 몰래 데려와 성폭행한 것을 찍어 인증하는 글도 적지 않습니다. 하지만 해외에 서버를 두고 있어 별다른 제재를 받지 않은 채 피해자 수만 점점 늘고 있습니다.

경찰청장이 미국 경찰하고 합동으로 수사한다고 했지만 정확하게 서버 운영자를 파악하는 것도 쉽지 않은 상태입니다. 이미 2004년 운영자를 한 번 처벌한 전력도 있지만 금세 다시 활성화됐듯이 뿌리를 뽑기까지는 오래 걸릴 것 같습니다.

소: 이 소라넷에 청소년들도 무방비로 노출돼 있다고 들었어요. 특

정한 인증 절차 없이도 가입이 가능하고, 메일 계정만 입력하면 되는데 가짜 이름이나 생년월일을 기재해도 회원이 될 수 있다더군요. 저와 같이 청소년을 자녀로 둔 부모들이야 이런 사이트가 깡그리 없어지면 좋겠지만 또 어떤 사람들은 민주주의 사회에서 성인들의 볼 권리와 알 권리를 막는 게 시대착오적이라고 주장하더군요. 어떻게 생각하세요?

박: 일탈된 성문화를 전파하는 숙주 같은 사이트라면 폐쇄하는 것이 정답입니다. 몰카 범죄는 호기심이 아니고 범죄입니다. 누군가의 인격에 심각한 상처를 입히는 행위입니다. 제가 볼 때는 경찰의 단속도 중요하지만 방송통신위원회, 미래창조과학부 산하의 기관들이 공조해 수시로 모니터링을 해서 즉각 폐쇄시키는 것이 중요하다고 생각합니다.

그리고 몰카 촬영이 의심되는 취약 장소를 수시로 관리하고 감독해야 합니다. 전문 몰카 탐지 업체를 활용해야 합니다. 경찰청에서 성폭력 수사대 여경을 물놀이 시설에 배치해서 잠복근무시키겠다고 했는데 이는 전형적인 탁상행정입니다. 오히려 그 시설 업체가 제대로 관리 감독을 할 수 있도록 맡겨두고 유통되는 행위에 대해서 강하게 처벌해야 합니다.

조: 예방, 관리, 처벌도 중요하지만 타인의 사생활이나 신체를 즐거움의 대상으로 여기는 인식을 바꾸는 것이 선행돼야 할 것 같아요.

몰카 범죄를 막을 수 있는 방법

상대의 동의를 받지 않고 상대방의 신체를 촬영한 행위를 사전에 막기는 어렵습니다. 다만 건물 관리자가 사전에 탐지를 철저히 하거나 촬영한 영상이 인터넷 등을 통해 유포됐을 경우 이를 삭제시키는 제도적 장치가 필요합니다.

처벌도 성적 수치심이나 성적 욕망을 충족시키기 위한 목적으로 촬영한 경우에만 처벌하지 말고 동의를 받지 않고 신체를 촬영한 경우에도 처벌하고 다만 이런 경우에는 피해자의 의사에 반하여 처벌할 수 없도록 하는 것이 필요합니다.

피해 발생 시에는 발견 즉시 신속한 신고로 증거 및 피의자 확보가 중요합니다. 무엇보다 몰카 범죄를 예방하기 위해 평소 주의를 기울이는 것이 중요합니다. 여성 탈의실이나 샤워장에 들어갔을 때, 평소와 다르게 반짝거리거나 이상한 물체, 수상한 행동을 하는 사람이 있으면 바로 신고해야 합니다.

진화하는 보이스 피싱에
안 낚이는 방법

"세상에서 성공하려면 딱 두 가지만 알면 돼.
나한테 필요한 사람이 누군지, 그 사람이 뭘 필요로 하는지."

– 영화 「비열한 거리」 중 대사

• 사건 Q) 점점 대담해지는 보이스 피싱 범죄 •

고령자들을 대상으로 신종 보이스 피싱 수법이 유행하고 있어서 주의가 요구
되고 있습니다.

노인들에게 전화를 걸어 금융기관이나, 검찰, 경찰 등을 사칭해 피해자가 대
형 사기 사건에 연루되어 있고, 피해자의 통장이 사용된 것 같으니 예금 보호
를 위해 현금을 인출해 김치 냉장고, 옷장 등에 보관하게 한 다음 집안으로
침입해 훔쳐가는 이른바 '절도형 보이스 피싱' 피해 사례가 발견됐습니다. 나
이 든 피해자들은 다른 개인 정보나 금융 정보에 대한 요구 없이 경찰, 금융
사 직원으로 사칭해 안심시키기 때문에 더 쉽게 속아 넘어갔습니다.

조: 소중한 내 돈을 노리는 그놈 목소리, 보이스 피싱 범죄는 수법에

관한 정보도 많고, 홍보도 어느 정도 돼서 피해가 많이 줄었다고 생각했어요. 그런데 실제로는 더 늘었다면서요? 왜 그런가요?

박: 날이 갈수록 수법이 지능화, 고도화되기 때문입니다. 범죄 사건에 연루됐다며 심리적 압박을 주는 것이 보통 피싱 사기의 수법인데 의외로 그런 전화를 받으면 많이 당황해하고 당혹스러울 수밖에 없습니다. 게다가 언변이 좋은 피싱범들은 강압적인 목소리, 전문용어, 협박 등을 사용하여 이성적인 사고를 불가능하게 만듭니다.

실제로 20~30대가 피해자의 반이 넘습니다. 사회적 경험과 금융 지식이 부족한 대학생이나 직장 초년생이 의외로 잘 속습니다. 노년 세대는 세상 소식을 알려주는 미디어 매체와의 접촉이 적고, 국가기관에 대한 신뢰가 커서 잘 믿기 때문에 범죄 피해를 당합니다.

조: 보이스 피싱은 단순히 돈만 잃는 것이 아니라 한 개인이나 가정의 미래까지 바꾸는 엄청나게 나쁜 범죄더군요. 보이스 피싱 피해를 당한 후 목숨을 끊는 분들도 많고, 가정이 풍비박산이 나는 경우도 많다고 들었어요. 이런 보이스 피싱 범죄를 당하지 않으려면 어떻게 해야 할까요?

박: 조금이라도 의심스러우면 바로 전화를 끊고, 경찰청 112에 전화를 걸어 사실 여부를 확인하시거나 피싱 신고를 하시면 됩니다.

만약 이미 사기범 계좌에 자금을 송금·이체한 경우에는 [지급 정지와 피해 신고]를 재빨리 경찰청 112에 신고하고, 해당 금융회사 콜 센터에 전화하여 '지급 정지'를 신청해야 합니다. [피해 상담 및 환급]은 금융감독원 1332에 전화를 합니다.

조: 보이스 피싱의 수법을 자세히 숙지하고 있으면 피해를 막을 수

있을 것 같아요. 좀 구체적으로 범행 사례를 말씀해 주세요!

박: **자녀 납치를 빌미로 돈을 요구하는 것은 전형적인 수법입니다.** 자녀와 부모의 전화번호와 신상 정보를 이미 알고 있는 사기범은 학교나 군대, 유학을 간 자녀의 전화번호로 발신자 번호를 변조하여 부모로부터 자금을 편취하려는 시도를 합니다. 만약의 사고를 대비해 자녀의 주변인들 즉 친구, 선생님, 학교나 학원 전화번호를 꼭 알아두셔야 합니다. 진짜 납치를 당하면 경찰에 알리지 말라고 했더라도 꼭 경찰과 협력하셔야 합니다.

온라인 메신저상에서 지인을 사칭하여 송금을 요구하는 유형도 있습니다. 이때, 지인이나 지인의 주변인에게 직접 전화를 걸어 확인하기 바랍니다. **대출, 취업 등을 미끼로 통장 양도를 요구하는 유형도 있는데 대포 통장으로 이용하기 위한 수법이니까 절대 주면 안 됩니다.**

또한 현금지급기로 예금보호 조치를 해주거나 돈을 환불해준다는 유형이 있습니다. 현금지급기에 가서 돈을 이체하거나 출금하라는 안내에 응하시면 안 됩니다. **파밍은 악성코드에 감염된 PC를 조작해 이용자를 피싱**(가짜)**사이트로 유도해 개인 금융 정보 등을 몰래 빼가는 수법**인데, URL를 누르면 악성 코드 바이러스에 감염당할 수도 있습니다. 출처가 불분명한 이메일이나 URL과 함께 오는 문자는 열지 말고 바로 삭제하는 것이 좋습니다.

조: 보이스 피싱범들이 지능화되고 집단화됐다고 들었어요. 기존 보이스 피싱 수법이 더는 통하지 않으니까 신종 수법들을 막 만들었다고 하는데 어떤 것들이 있나요?

박: "금융 정보 유출됐다."라며 돈을 찾게 해서 특정 장소에 놓아두게 한 후, 직접 가정으로 침입해 돈을 훔쳐가는 사례가 요즘 다발하고 있습니다. 대부분 연세가 많은 사람들을 대상으로 벌인 수법이었습니다.

조: 보이스 피싱범 조직에 '범죄 조직'을 적용해 첫 판결을 한 사례가 있던데요? 이 판결이 주는 의미는 무엇인가요?

박: **중국과 한국에 콜센터를 두고 기업형으로 보이스 피싱 범행을 한 혐의로 범죄 단체 가입 및 활동죄·사기로 기소된 조직 구성원들에게 처음으로 폭력조직과 같은 '범죄 단체' 혐의를 적용해 실형을 선고했습니다.** 이 판결로 앞으로는 보이스 피싱 조직에 가입하거나 협조한 것만으로도 형사 처벌할 수 있는 선례가 생겼습니다.

조: 범죄 단체로 보이스 피싱 조직을 처벌한다면 구형량에도 영향을 주게 되나요?

박: 보이스 피싱 총책에 대해서는 징역 7~15년형을 구형해왔지만, 앞으로는 피해 금액과 범죄 사실에 따라 특정 경제 범죄 가중처벌법 조항을 적용해 무기징역까지 구형할 수 있게 됐고, 통장 모집·알선책 같은 단순가담자에 대해서도 징역 5년 이상을 구형하고, 중간 관리책급 조직원은 징역 7년 이상을 구형할 수 있게 됐습니다.

조: 보이스 피싱 범죄로 피해를 입은 사람들을 구제할 수 있는 방법이 있나요?

박: 보이스 피싱으로 수익금이 중국으로 많이 넘어갑니다. 실제 중국에 있는 총책들이 주로 부를 축척하는 겁니다.

우리나라의 외교부나 법무부가 수사 자료를 중국에 건네 중국 공

안 당국과 공조 수사를 해야 합니다. 자료 하나 건네지 않고 막연하게 잡아달라고 하면 절대 잡아주지 않을 겁니다. 중국에서 이득금을 회수한 후, 그 돈으로 우리나라의 피해자를 구제해줘야 한다고 생각합니다.

조: 보이스 피싱 범죄를 근본적으로 근절시키려면 어떻게 해야 할까요?

박: 중국 콜센터에서 오는 전화를 차단하는 노력이 필요합니다. 이게 VPN이라고 가상 인터넷망을 별정 통신 업체들이 이용하는데, 이 망에서는 암호화 프로그램도 안 되고, 보이스 피싱뿐만 아니라 여러 가지 유해 사이트들이 있는데 이것을 차단하는 것이 필요합니다.

통장을 쉽게 개설해주는 것도 개선해야 합니다. 현재 이체 한도가 300만 원 이상이면 30분간 지연한다고 하는데 다소 금융 서비스가 불편하더라도 지금보다 더 이체 한도를 축소하고 이체 시간을 늘려서 보이스 피싱을 막는 것도 필요하다고 생각합니다.

더 대담해진 '그놈 목소리'

보이스 피싱 조직들이 다른 범죄들과 융합한 새로운 형태의 수법을 사용하고 있습니다.

가장 오래된 융합형 보이스 피싱 유형이 바로 '스미싱'입니다. 가짜 사이트를 이용해 피해자들을 유인하여 피해자의 컴퓨터나 휴대폰을 해킹하고, 이후 금융사 직원으로 가장해서 통장 번호와 비밀번호, 보안 카드 등 정보를 빼냅니다. '스미싱' 보이스 피싱은 이미 금전적 피해와 별개로 사생활 노출 등의 피해를 줘 악명이 높았습니다.

최근에는 실존 인물을 사칭하는 보이스 피싱도 성행하고 있습니다. 금융감독원에 근무하는 실제 직원을 사칭하거나 공공 기관 및 금융 기관의 전화번호로 걸려오도록 조작하기도 합니다.

보이스 피싱에 절도의 방법을 융합하기도 합니다. 피해자에게 "안전 조치를 하지 않으면 보이스 피싱 피해를 당할 것이다."라고 엄포를 놓은 후 현금을 맡아준다고 하거나 집 안에 보관토록 해 이를 빼내는 방법입니다.

'침입 절도형'은 피해자에게 돈을 냉장고 등에 보관하게 한 뒤에 몰래 들어가 훔쳐가는 수법이고, '대면편취형'은 직접 만나서 신분증을 보여주면서 안심케 한 뒤 돈을 받는 수법입니다. 범죄자와 만날 가능성이 높은 이 수법은 돈을 빼앗는 데 실패하면 폭행이나 성폭력 등 신체적 위해를 당할 수 있는 위험성이 커서 주의해야 합니다.

국민과 언론까지 속인
세 모자 사기극

"한 사람의 영혼이 파괴되는 학대 현장엔 세 종류의 인간이 있어.

피해자, 가해자 그리고 방관자.

그 셋 중에 하나만 없어도 불행은 일어나지 않아."

- 드라마 「킬미힐미」 중 대사 -

• 사건 Q) 세 모자 성폭행 의혹 사건 •

인터넷에 '저는 더러운 여자이지만 엄마입니다'라는 글이 나오자마자 큰 파문이 일었습니다. 글의 내용은 목사였던 남편의 강요로 20년 결혼 생활 동안 1,000명에 달하는 남자를 상대했고, 두 아들도 300명 넘는 남자들에게 성폭행을 당했다는 엄청난 내용을 담고 있었습니다. 얼마 후 그 글을 썼다는 여성과 10대 청소년 두 명이 마스크를 쓴 채 영상에 등장해 남편과 시아버지 그리고 동네 사람들에게 성폭행을 당해 온 내용을 폭로해 국민들에게 충격을 줬습니다.

공분이 일어나자 경찰 수사가 시작됐는데 수사 과정에서 미심쩍은 의혹이 제기됐습니다. 세 모자가 폭로한 내용들이 사실과 다르고 이 모든 허위의 배경에는 한 여성 무속인의 사주가 있었습니다. 무속인의 말을 맹신하던 여성이 이혼 소송과 양육권, 재산 분할 다툼에서 승소하기 위해 거짓으로 내용을 조작한 글과 영상을 올린 것이었습니다.

조: 전 국민을 상대로 사기극을 벌인 세 모자의 사연에는 진실과 허위가 교묘하게 직조돼 있는 것 같아요. 우선은 진실부터 짚어볼까 해요. 남편이나 시아버지, 동네 사람들에게 성폭행을 당했다는 것은 거짓으로 밝혀졌어요. 그렇다면 이 여성이 남편을 상대로 이혼 소송과 양육권과 재산 분할 다툼을 벌이게 된 계기가 무엇인가요?

박: 실제 남편 A 목사와 불화를 겪었습니다. 2012년 11월 가정 폭력 사건으로 벌금 50만 원의 약식 명령도 받는 등 남편이 세 모자의 여성에게 폭력을 행한 것은 사실이었습니다. 그리고 세 모자의 여성은 2013년 2월 결국 이혼 소송을 냈습니다.

이혼 소송 와중에 성폭행 관련 폭로전이 시작됐습니다. 이에 남편 A 목사는 위자료 3,000만 원을 요구하며 반소를 제기했습니다. 혼인이 파탄에 이른 것은 아내가 자신 몰래 재산을 처분해 숨기고 자신을 성폭력범으로 몰아 허위로 고소했기 때문이라고 주장했습니다. 자신이 폭행한 것은 맞지만 자신의 아내로 인해 많은 것을 잃었다고 말했습니다. 목사였던 그는 2007년 교회에서 제명됐고, 현재 부산에서 피자 배달로 생계를 잇는 것은 사실입니다. 하지만 법은 이 여성에게 손을 들어줬습니다.

조: 솔직히 자녀들과 모정을 내세우며 폭로한 여성의 말을 믿지 않을 수가 없었어요. 내용이 너무도 엄청났기 때문에 감히 이걸 거짓으로 믿지 못했던 것도 사실이고요.

박: 엄청난 폭로였습니다. 남편 A 목사와 시아버지가 흥분제가 든 약을 먹인 뒤 다른 남성들과 성매매를 시켰다고 했고, 10대 두 아들에게도 똑같은 일을 시켰다고 주장해 파문을 일으켰습니다.

그리고 여성은 경찰에 남편과 시어머니, 친정 부모와 일면식도 없는 동네 주민들까지 모두 고소했습니다. 서울의 한 교회에서 두 아들과 함께 연 기자회견에서 재력과 명예가 있는 그녀의 시댁과 그 시댁과 공모한 친정이 자신들을 외면하고 계속 강요를 했다고 말했습니다.

조: 솔직히 우리나라 일반 국민들 정서들이 보통 가정 학대나 가정폭력 사건 같은 경우 피해자나 여성들이 이런 피해를 주장하면 대부분 여성들의 진술을 믿어버리는 경향이 있는 것 같아요.

이런 것도 어쩌면 선입견이나 편견일 수 있을 텐데 공분한 국민들의 눈을 멀게 한 것도 있는 것 같아요. 결국 아무도 생각할 수도 없는 반전이 일어났잖아요? 우리가 진실이라 알고 있던 세 모자 사건의 추악한 속내가 드러날수록 허탈하고, 화가 났어요. 사실 지나고 보니까 그런 건지는 몰라도 왠지 그 폭로 영상이 뭔가가 이상했던 것 같아요.

박: '섹스촌'이라고 부르는 마을의 주민 대부분이 남편과 결탁한 성폭행 가해자라고 주장했던 여성의 말과는 달리 동네 주민들은 강력하게 그 사실을 부인했고, 일면식의 관계도 없다고 주장했습니다.

결정적으로 방송사의 모 시사 프로그램 취재 방송 중에 이상한 행적들이 제작진에게 포착된 것입니다. 피해자들이 주장하는 성관계 테이프나 CD는 있지도 않았습니다.

조: 마이크가 꺼진 줄 알고 나눈 아들과 엄마의 대화, 성폭행 피해에 대해 털어놓을 때 웃음을 터뜨리는 엄마의 모습은 기이하기 짝이 없었어요.

박: 알려진 것과 다른 진실들이 속속 드러났습니다. 그리고 마침내 세 모자가 대국민 사기극을 벌인 것이 밝혀졌습니다. 그 배후에는 세 모자의 아들들이 이모할머니라 부르는 여성이 있습니다. 세 모자가 말하는 무속인이었습니다.

조: 그 무속인이 그런 사기극을 사주한 까닭이 무엇이었을까요?

박: 세 모자의 여성이 받을 위자료 등의 돈을 빼돌리기 위해 조종한 것이었습니다.

조: 그리고 그게 가능한 일이었을까요?

박: 2006년 언니의 소개로 무속인 김 씨를 알게 된 세 모자의 여성은 무속인의 말을 맹목적으로 믿으며 깊이 따랐습니다. 경찰이 압수수색으로 확보한 녹취 파일에 무속인이 세 모자 여성에게 자신의 말을 듣지 않으면 자신이 모시는 할아버지 신이 노해서 두 아들이 죽거나 다칠 수 있다는 말이 들어있었습니다.

조: 그 여성은 왜 동네 주민들을 고소한 건가요?

박: 피고소인들은 무속인과 갈등을 빚는 사람들이었습니다.

조: 무당에 빠지면 집안이 풍비박산 난다는 얘기가 그냥 나온 말이 아니네요. 그렇다면 아이들은 왜 이런 거짓 폭로전에 동참했던 걸까요?

박: 말을 듣지 않으면 자신들이 죽을 수도 있다는 공포심과 엄마의 반복적 세뇌에 심리적으로 종속된 것으로 보입니다.

조: 만약 이 사기극이 성공을 해서 세 모자의 재산이 무속인에게 넘

어갔다면 어떻게 됐을까요?

박: **무속인들에게 속아서 갖다 바친 돈은 나중에 돌려받기도 힘들다는 법의 판례가 있기 때문에 아마도 재산을 다 빼앗겼을 겁니다. 무속인의 말을 믿은 사람의 과실을 더 크게 보기 때문입니다.**

조: 이 사기극의 최대 피해자는 어쩌면 10대의 두 아들이 아닐까요? 학교도 가지 못하고, 엄마와 무속인의 거짓말 강요에 성폭행 피해자 역할을 하느라 심리적으로도 압박 아닌 압박을 받았을 것 같아요. 명백한 아동 학대가 아닌가요?

박: 맞습니다. 아이러니하게 이 사건 수사 중에 여성이 낸 이혼 소송에서 여성은 승소를 하고 아이들의 양육권도 여성이 갖게 됐습니다. 하지만 세 모자 여성이 구속된 이후 법원은 이 여성이 두 자녀에게 접근하지 못하도록 접근금지 결정을 내렸지만 아이들이 아버지를 보고 싶어도 법적으로 아버지에게 아이들을 보호할 방도가 현재로서는 없는 형편입니다.

그나마 다행인 것은 현행법상 가정법원은 필요한 경우 아버지나 어머니, 자식, 검사의 청구나 법원 직권으로 양육권을 변경하거나 다른 처분을 내릴 수 있어서 아이들의 미래를 위해 모색할 수 있는 방법이 일말이라도 있다는 사실입니다.

조: 세 모자를 꼭두각시처럼 조종한 무속인이 응분의 대가를 치르고, 빗나간 모정이 제자리를 찾아 상처받은 자녀들이 정상적인 삶으로 복귀할 수 있었으면 좋겠어요.

지긋지긋하리만큼 왜곡된 한국적 모성애와 맘충

엄마를 뜻하는 '맘(Mom)'과 벌레를 뜻하는 '충(蟲)'의 합성어인 '맘충'은 제 아이만 싸고도는 일부 몰상식한 엄마를 가리키는 말입니다. 세 모자 사건에 쓰기에는 좀 거리가 있지만 자신들의 아이들의 안위를 위해 무속인을 맹신하고, 그녀가 시키는 대로 아이들의 아버지와 친·인척, 동네 사람들에게 패륜의 덫을 그대로 씌우는 그녀만의 모성애를 보면서 '맘충'이라는 단어를 절로 떠올렸습니다.

아이들의 양육권을 갖기 위해서, 또는 자신의 이혼 소송에 유리하기 위해서 저지르는 대국민 사기극에 감정적으로 동조했던 한국의 수많은 '맘'들을 머쓱하게 만든 이 사건을 보면서 '여성은 무조건 피해자'라는 편견과 호기심 그리고 선동적인 분노들이 진실이라는 본질을 얼마나 잘 가릴 수도 있는지를 알게 됐습니다.

역겨운 화이트칼라 사이코패스, 인분 교수

"죄를 저지른 게 사람인데 사람을 어찌 안 미워할 수 있습니까?"
- 드라마 「나쁜 녀석들」 중 대사

• 사건 Q) 제자 상대 가혹 행위 인분 교수 사건 •

모 대학의 교수가 자신이 대표를 맡은 디자인 관련 학회 사무국에 취업시킨 남성 제자를 일을 못한다는 이유 등으로 약 2년 동안 수십 차례 폭행하고, 소변과 인분을 강제로 먹이는 등 엽기적인 행각을 벌여 구속됐습니다. 이 교수의 폭행에는 다른 제자들 3명까지 가담하여 피해 남성을 교대로 구타하고 감시·협박했습니다. 심지어 교수는 인터넷 실시간 방송으로 감시하고, 폭행을 지시하기도 했습니다.

법원은 한 인간에 대한 정신적인 살인 행위를 한 것도 모자라 다른 제자들에게 오히려 증거를 인멸하고 허위 진술까지 교사한 이 인분 교수의 죄질이 불량하다며 징역 12년이라는 중형을 선고했고 가담한 제자들에게도 3~6년형을 선고했습니다.

조: 군사부일체라는 말씀이 있었습니다. 임금과 스승과 아버지는 하나라는 뜻인데 자신의 제자가 일을 잘하지 못한다는 이유로 폭행하고 인분 등을 먹인 혐의를 받고 있는 천인공노할 스승이 있습니다. 이 사건을 담당한 판사가 검찰이 내린 구형량인 10년, 대법원 양형 기준인 10년 4개월보다 더 높은 징역 12년을 선고했습니다. 이런 경우, 흔한 건 아니죠?

박: 거의 없습니다. 그만큼 재판정은 사건의 사안을 심각하게 바라본 것입니다.

조: **이 사건은 성질이 더러운 교수 하나가 자신의 제자를 개인적으로 농락하고 폭행한 사건으로만 치부하면 안 될 것 같아요. 한 인간의 존엄성에 관한 것을 떠올리게 만든 사건이었어요.** 한 인간이 가장 괴롭고 고통스러운 것은 인간의 권리, 인격, 자존심이 근원적으로 짓밟혔을 때잖아요?

박: 인분 교수의 폭행에 가담한 제자가 3명이 있었는데 그 3명 모두 중형을 선고받았습니다. 남자 제자 2명은 징역 6년을, 불구속 상태에서 재판을 받는 여제자도 징역 3년형을 받고 법정 구속이 됐습니다.

아무리 권위나 힘을 가진 교수가 시켰다고 하더라도 그런 부당한 명령은 인간으로서는 받아들여서는 안 된다는 것을 말해준 판결이었습니다.

조: 단순히 주먹질 한두 번을 해도 화제가 되는 요즘, 혼자만의 폭행도 모자라서 다른 제자들을 동원해 피해자 한 명을 교대로 구타하고 감시·협박했다는 사실을 도무지 믿을 수가 없었어요. 피해자는 가해자들의 부당한 폭력을 왜 묵묵히 잠고 견디었을까요?

박: 언뜻 이해할 수는 없지만 부당한 것도 계속 지속되면 충분히 그
것에 굴복할 수밖에 없는 심리적 기제가 있습니다. 매 맞는 아내 증
후군과 비슷합니다.

특히 교수와 대학원생의 관계처럼 위계가 확실한 사이에서 반항
하기가 쉽지 않았을 겁니다. 우리나라 대학의 폐쇄성이 한 사람의
인격을 말살하는 데 가장 적절한 배경이 됐습니다.

조: 자신의 가혹 행위에 동조자들까지 만들어 함께 감시하고 때린 인
분 교수가 아프리카 TV나 카카오톡을 통해 실시간 감시하고 벌을
세우면서 학대했다는 것이 정말 충격적이었어요. 시대의 지성이라
불리는 교수라는 작자가 슬리퍼로 따귀를 때리게 하고, 인분까지 먹
인 똥보다 못한 인간이라는 것이 수치스러웠어요.

박: 제자 3명 역시 권위를 가진 교수의 말을 거역하는 것이 어려웠을
겁니다. 하지만 그들은 소극적인 가담자가 아니라 적극적인 가담자
가 되어 한 인간을 짓밟았습니다.

함께 일을 시키면서도 인분 교수는 피해자에게는 상식 이하의 월
급을 주고 그나마도 "늦게 왔다.", "비호감이다."라는 명분을 내세워
벌금을 내게 했습니다. 피해자는 그 벌금을 내기 위해서 음식점 아
르바이트도 했지만 결국 신용불량자가 됐습니다. 반면 다른 제자 3
명은 200만 원 중후반대의 넉넉한 월급과 특혜를 받았습니다. 특히
여성 제자에게는 대학 등록금도 주고 오피스텔 임대료까지 마련해
줬습니다.

조: 중형을 선고했다고 하지만 긴 시간 인간의 자존감을 잃을 정도로
가혹하게 학대당한 피해자가 마음의 상처를 치유하는 데에 턱없이

모자랄 거라고 생각해요. 어쩌면 평생 걸려도 생채기는 낫지 않을지도 모를 일이고요.

박: 제자 폭행 외에도 이 인분 교수는 우리나라 교수 사회에서 일어날 수 있는 전형적인 비리도 저지른 사람입니다. 준공공기관에서 지원하는 보조금 3,300만 원을 가로채고 자신이 회장으로 있는 협의회 회비 1억 1,400만 원을 횡령했습니다. 그 돈으로 고급 외제차를 구입하고 유명 리조트 회원권 등을 구입하는 데 탕진했습니다.

조: 인성이 문제가 있는 사람들이 교수로 채용되는 시스템은 뭔가 잘못된 게 아닐까요? **아무리 연구 실적이나 성과가 중요해도 사람을 기르는 전당에서 가장 중요한 것은 품성이고 그 다음이 지성이고 그리고 실적이라고 생각해요.**

박: **'갑의 횡포'를 부리다가 문제가 되어 학교를 떠나도 이런 비인격적인 교수들이 다시 교단으로 복귀할 수 있는 시스템도 문제입니다.** 파면이 돼도 교원자격증이 취소되는 것은 아닙니다. 사립학교법에 따라 앞으로 5년 동안 다른 학교에 재취업할 수 없고, 퇴직금과 연금 수령에도 불이익을 받지만 5년이 지나면 다시 교단으로 복귀할 수 있습니다.

조: 부적격 교수들이 다시 돌아온다는 건 너무 뻔뻔한 일 같아요. 결국 가장 중요한 갑의 지위를 박탈하지 않는다는 자체가 그들이 진정 '갑'이라는 것을 반증하는 것 같아요.

'학문의 전당'이 가져야 할 신성함이 아니라 삐뚤어진 권위와 폭력과 굴복을 가르치는 교수는 영구히 퇴출됐으면 좋겠어요.

부당한 권위에 쉽게 도전할 수 없는 이유

한 실험이 있었습니다. 실험 참가비를 받고 '복종 실험'에 참여했던 학생들에게 전기 충격 장치의 최대치가 450V의 전기 충격까지 피교육생에게 가하게 하는 실험이었습니다. 이 충격으로 사람들이 위험할 수 있다는 것도 고지한 상태였습니다. 어떻게 됐을까요?

학생들은 위험을 인지한 상태에서 모두 최대치까지 충격을 가했습니다. 중간에 250V 정도에서 피교육생이 쓰러지는 것을 조장했음에도 충격을 더 올리는 데에 아무런 망설임이 없었습니다.

도덕적으로 부당한 명령이라도 권위적인 관계에서 명령을 따라야 하는 위치에 있는 자는 그 명령을 거부하기가 얼마나 어려운지를 보여주는 '밀그램 실험'은 딱히 악인들이 아니어도 사회적으로 격리된 특수한 상황에서는 부당한 권위에 도전하기가 어려울 수 있음을 적나라하게 보여주는 유명한 사례였습니다.

캐나다 브리티쉬 컬럼비아대 헤어 박사는 부당한 명령을 따를 경우 자신의 행동이 타인의 생명을 위험하게 한다는 것을 알면서도 이를 계속하는 행위자를 가리켜 '화이트칼라 사이코패스'라 명명했습니다.

남보다 못한
님의 복수 포르노

"끝날 때까지 끝난 게 아니다."

– 영화 「공범」 중 대사

• 사건 Q) 헤어진 연인 몰카 유포 사건들 •

지방 모 대학병원에서 촬영된 의사와 간호사의 성관계 동영상이 유출되자마자 피해 여성의 신상 정보가 '찌라시' 형태로 SNS를 통해 삽시간에 퍼져나간 사건이 있었습니다. 이 영상은 연인 관계였던 여성이 자신과의 관계를 정리하고 예전 남자 친구와 다시 만나자 악의를 품고 한 의사가 유포한 것이었습니다. 모 지방 공기업 홍보실 여직원도 전 남자 친구가 촬영한 성관계 동영상이 유출되어서 사직서를 내고 회사를 나간 사건도 있었습니다. 40대 유부남과 내연 관계였던 30대 여성이 내연 관계를 정리하고 다른 남성과 결혼식을 준비하자 앙심을 품은 이 내연남이 약혼자에게 성관계 동영상을 보내는 바람에 파혼을 당한 사건도 있었습니다.

조: 사귀고 있는, 사귀었던 남성들에 의해 연인의 동영상이 유출되거나 유출 협박을 하는 것을 '복수 포르노'라고 하는데, 요즘 이런 복수 포르노 사건이 자주 일어나는 것 같아요.

성관계 동영상으로 복수하는 연인들의 행태가 참 찌질해 보입니다. 죽고 못 사는 연인이었는데 헤어졌을 때 오히려 생판 모르는 남보다 못한 원수가 되는 것이 참 씁쓸해요. **사랑이 가면 추억이 남는 게 아니라 '섹스 동영상'이 남을 수 있으니까 신중한 만남과 이별을 해야 할 것 같아요.**

박: 서구에서 **리벤지 포르노**Revenge Porno**가 사회문제가 된 지는 오래입니다.** 우리나라도 성적으로 개방적인 서구 문화가 많이 유입되면서 이 문제가 발생했습니다.

미국에서는 전 여자 친구나 배우자의 사진과 신상 정보를 올리는 사이트가 논란이 돼 사이트의 운영자가 징역 18년형이라는 중형을 선고받은 적이 있습니다. 성인문화가 발달한 일본도 복수 포르노로 10대 미성년자 피해가 급증하자 '복수 포르노' 사범에 대해 '3년 이하의 징역' 또는 50만 엔(약 471만 원)의 벌금형에 처할 수 있는 법률을 만들었습니다.

조: **'복수 포르노'를 사회적 문제로 인식, 법적 대응책을 마련하는가 하면 이를 위한 공론화에 나서는 서구와 달리 우리나라는 영상을 찍은 여자가 더 문제라는 보수적인 시각과 함께 개인적인 사생활로만 치부해 사회적 공론화가 잘 이뤄지지 않고 있는 것 같아요.**

그런데 피해 여성의 입장에서 보면 한번 유포되면 인생이 한순간에 나락으로 떨어질 수 있는 엄청난 문제잖아요? **복수 포르노의 대상이**

된 여성들은 파혼되거나 실직당하는 등의 심각한 2차 피해를 겪는데도 불구하고 보호책이 많이 미흡해 보여요.

박: 성관계 동영상이 유출되거나 존재하고 있다는 이유만으로도 큰 상처를 입고 연예계 활동에 큰 타격을 받았던 여성 연예인들이 많습니다. 이제는 일반 여성들까지 이 복수 포르노의 대상이 되어 곤욕을 치르고 있습니다.

쌍방이 합의하에 찍은 동영상도 있지만 연인 관계인 것과 상관없이 상대방 몰래 촬영하는 것은 엄연한 불법이며 처벌 대상입니다. '성폭력 처벌 등에 관한 특례법'에 따라 동의하에 촬영된 영상이라도 함부로 유포하면 처벌을 받도록 되어 있습니다. 특별법 14조는 몰카 범죄자를 5년 이하의 징역 또는 1,000만 원 이하의 벌금에 처할 수 있다고 규정하고 있습니다. 하지만 문제는 단속이 어렵고 피해자들이 신고 자체를 꺼린다는 점입니다.

조: 실제 고소 등 사법 처리로 잘 이어지지 않는다는 말씀인가요? 그 이유는요?

박: 스마트폰 등 개인 휴대기기 등을 이용해 개인들끼리 이미지를 주고받는 것은 추적이나 단속이 사실상 불가능한 데다가 피해자들은 사진과 영상의 유포 사실이 가족이나 주변 직장·학교에 알려지는 것을 꺼려 하고, 설사 피해자가 용기를 내 유포자를 형사 고소한다고 해도 증거자료로 제출한 성행위 등의 촬영물을 타인이 볼 수 있다는 공포가 크기 때문입니다.

게다가 유포자의 처벌도 쉽지 않습니다. 유포자가 경찰의 단속망에 걸렸더라도 '휴대폰을 잃어버렸다'든가 '도둑맞았다' 등의 이유를

대며 모르는 일이라고 잡아떼면 딱히 어쩔 수 없습니다. 기껏해야 약한 벌금 등의 처벌에 그치는 일이 다반사입니다.

조: 개인이 아무리 발버둥 쳐도 유포된 영상의 복제나 확산을 저지하는 것이 어려운 요즘 세상, 주홍 글씨 같은 디지털 낙인은 한 번 사랑한 죄치고는 너무 큰 상처가 될 것 같아요.

박: '복수 포르노' 유출이 사회적으로도 파장을 일으키고, 사회의 성 모럴 해이와 인간관계에 불신을 초래하고 있다면 명백히 사회적 문제로 볼 필요가 있습니다.

조: 헤어진 연인의 뒤틀린 '뒤끝' 때문에 인생이 막다른 '끝'에 몰려 절망에 빠진 사람을 우리 사회가 아무런 편견 없이, 비난 없이 구원해야 한다고 생각해요. 그녀들이 우리의 언니나 누나, 여동생이 될 수도 있으니까요.

떠날 때 아름다우려면 공유 기록을 삭제하세요

한때 서로가 공유했던 추억이 잘못된 방향으로 흘러갈 경우 악몽으로 되돌아올 수 있습니다.

연인이라는 내밀한 관계를 맺은 상태에서는 서로 개인 정보나 사생활 등을 쉽게 공유하기 때문에 헤어진 후에 상대방이 나쁜 마음을 먹으면 쉽게 범죄로 이어질 수 있습니다.

이별 후에는 서로 공유하던 각종 기록들을 꼼꼼히 처리하는 과정이 필요합니다. 개인적인 영상이나 사진이 유포될 수 있는 환경을 원천적으로 차단해야 합니다.

사법 신뢰도는 61점, 재판 절차 공정성 59점, 재판 결과 공정성 58점.

한국의 사법신뢰도 성적이 바닥을 쳤습니다. 42개국 중 39위. 우리나라는 콜롬비아, 칠레, 우크라이나만큼이나 사법 후진국의 반열에 올랐습니다. '왜 이렇게 국민들은 사법부를 불신하는 것일까?' 겸허히 반성해야 할 질문입니다.

늘 100점만을 받았던, 수재, 모범생, 우등생 소리를 들으면서 우리나라 최고의 명문대를 거친 우수한 인재들이 법관들이 됐습니다. 그런데 이들의 재판은 왜 국민들에게 100점을 받지 못할까요?

국민들이 법치를 믿지 못하는 나라는 어떻게 될까요? '정의'가 사라진 이 땅 위에 부정, 부패, 불합리, 사적 복수, 욕망만이 판칠 것입니다. 대외적으로도 경쟁력과 신뢰성을 잃어버려 살아남기가 힘듭니다. 과연 어떤 나라가 사법 신뢰도가 낮은 나라에 투자하고, 여행하고, 이민을 올까요? 사법신뢰도는 바로 그 나라 존립의 기반입니다.

다섯

이것만은
바꾸자!

희대의 사기꾼 조희팔
있다? 없다?

"정의? 대한민국에 그런 달달한 것이 남아있긴 한가?"
– 영화 「내부자들」 중 대사

• 사건 Q) 조희팔 사기 사건 •

'단군 이래 최대' 사기 사건이라는 조희팔 사건은 20여 개의 유사 수신 업체를 차리고 의료기기 대여업을 한 조희팔이 고수익을 내주겠다며 지난 2004년부터 4년간 수만 명의 투자자를 끌어 모아 3조 5,000억~4조 원을 가로챈 사기 범행입니다.

피해자들이 발생하고 수사가 시작되자 조희팔은 이후 오른팔이라 불리는 강태용과 함께 2008년 중국으로 밀항을 통해 도주했습니다. 그런데 느닷없이 조희팔 검거에 열을 올리던 경찰은 2011년 12월에 조희팔이 심근경색으로 사망했다는 증거를 압수했고, 2012년 5월 그 사실을 발표했습니다. 하지만 조희팔의 생존 모습을 목격했다고 증언하는 사람들이 나타나면서 조희팔의 사망 발표에 끊임없는 의혹이 제기됐습니다.

조희팔 사건을 수사하면서 많은 검경 인사들이 사업 관련 로비, 도주, 범죄

수익금 세탁 등에 관여한 혐의로 구속됐고, 2인자 강태용이 2015년에 국내에 송환돼 구속 기소돼 조사를 받았지만 현재까지 뚜렷한 실체적 진실은 드러나지 않고 있는 상태입니다.

조: 조희팔 사기 사건의 '판도라의 상자'로 불렸던 2인자 강태용이 2015년 10월 국내로 송환이 됐어요. 조희팔 사건 수사가 기대한 만큼 박차를 가하고 있나요?

박: 아쉽게도 아직까지는 피해자와 피해액 그리고 횡령액이 더 늘어난 사실밖에 구체적으로 더 밝혀진 내용은 없습니다.

검찰이 제시한 공소장에는 국민들이 궁금해하는 정·관계 로비 의혹과 비호 세력 실체, 은닉 재산 행방, 조희팔 생존 의혹 등에 대해서는 정작 언급이 없었습니다.

조: 검찰이 밝혀낸 피해액은 2조 8천여억 원이네요. 피해자 단체가 제시하는 금액보다 현저히 적은 것 같은데요? 투자 피해자들은 적어도 3~4조 원, 많게는 8조 원가량을 말하잖아요? 이런 수치상의 괴리가 왜 발생했는지가 약간 궁금하군요.

박: 사실 저도 궁금합니다. 확실한 건 수사가 좀 더 장기화될 것이라는 사실입니다.

조: 조희팔 사건을 보면서 국민들은 검찰과 경찰 간의 사상 초유의 수사권 대립에 많은 관심을 가졌죠? 세월호 유병언 사건 수사에서처럼 조희팔 사건에서도 검경의 투 트랙 수사가 많은 논란을 일으켰어요. 왜 두 조직은 이렇게 계속 엇박자를 내는 걸까요?

박: **조직 간의 헤게모니 다툼 때문이라고 생각합니다. 조희팔로부터 돈을 받고 그를 비호해준 혐의로 구속된 검찰·경찰 간부만 여럿인 상태라 이해관계가 이래저래 엇갈려 있는 것이 사실입니다.**

측근인 강태용을 따라 중국으로 밀항한 조희팔이 수사망을 빠져나갈 수 있었던 데에는 조 씨와 측근들이 검경에 로비를 잘했기 때문이라는 말들이 돌았습니다. 사건에 어떤 식으로든지 이어져 있는 두 조직의 입장 차는 애초 수사 때부터 컸습니다.

조: 당시 조희팔로부터 돈을 받은 유력 검경 인사가 한두 명이 아니고 구속된 사람들도 여럿이라고 들었어요. 그리고 그 중심이 바로 조희팔의 최측근 강태용이었고요. 맞나요?

박: 맞습니다. 대구지방경찰청 수사과장이었던 권 모 총경은 2008년 조 씨가 중국으로 도주하기 한 달여 전에 9억 원의 돈을 받아 사건 은폐와 뒤를 봐준 혐의로 구속됐습니다.

조희팔을 놓치자 국내에 있는 그의 일당 검거에 돌입한 경찰은 2011년 12월에 조희팔이 심근경색으로 사망했다는 증거를 압수했고, 돌연 2012년 5월 그 사실을 발표했습니다.

조: 저도 언론에 보도된 조희팔 장례식 동영상을 기억합니다. 왠지 장례식 장면이 되게 조악해서 피식 웃었던 기억도 떠오르네요. 김일성이나 김정일도 아닌데 유족들이 시체 사진을 동영상으로 남긴다는 발상 자체가 상식적인 게 아니었거든요. **근데 주목할 부분은 그걸 주도적으로 언론에 공개하고 사망을 기정사실화한 주체가 다름 아닌 경찰이었다는 사실이죠.**

박: 저 역시 공식 입증자료라고 하는 조악한 사망증명서를 믿지 않습

니다. 화장된 유골의 DNA가 유전자 감식이 불가능한 상태라는 것도 미심쩍었습니다. 경찰이 조희팔 사망을 발표할 때 당시 대구지검 서부지청은 조희팔 사건을 활발히 수사하고 있었습니다. 열심히 조사를 하고 있는데 갑자기 용의자가 죽었다 하니까 검찰로서는 대단히 허탈했을 것입니다.

조: 변호사님은 조희팔이 살아 있다고 믿으세요?

박: 살아 있다고 생각합니다. 돈이 있으니까 7년 동안 수시로 은신처를 바꿔가면서 장기 도피를 할 수 있었다고 봅니다. 조희팔은 경찰과 검찰의 수사가 시작된 시점부터 중국으로 밀항하려고 계획을 짜놓은 사람입니다. 성형 수술을 했을 가능성도 배제할 수 없습니다.

조: 계속 조희팔의 생존설을 제기하는 피해자 단체의 주장도 상당히 근거가 있더군요.

박: 조희팔 사건으로 스스로 목숨을 끊은 피해자만 10명이 넘습니다. 조희팔로부터 사기 당한 사람들 3만 명 중 40여 명이 단체를 구성해 조희팔을 추적하기 시작했습니다. 그리고 이들이 밟은 조희팔의 꼬리는 상당히 실체를 갖고 있는 것들이었습니다. 사망 발표 시기 이후 있었던 조희팔과의 통화 기록, 편지 수신 내역, 중국과 필리핀, 캄보디아에서의 목격담은 모두 피해자 대책위에서 제기했습니다.

그 와중에도 조희팔 사건 수사는 계속 진행돼 2012년 9월에 중국으로 건너가 조희팔에게 골프와 술 접대를 받은 정 모 경사가 2012년 9월 구속됐고, 2012년 강태용의 고교 동창인 전 서울고검 김 모 부장 검사도 2억 7천만 원을 받은 혐의로 구속됐습니다.

조: 김 모 부장 검사의 금품 수수 정황을 포착한 경찰이 내사에 들어

갔는데, 검찰이 이를 알아차리고 김 모 지검장의 진두지휘 아래 특임 검사팀을 가동해 별도 수사를 벌였잖아요? 경찰 역시 손 떼지 않고 동시 수사를 벌였고요. 이 수사 모습에서도 두 조직의 알력 다툼이 노골적으로 드러났던 것 같아요.

그러다가 작년 2015년에 조희팔의 오른팔 강태용이 중국에서 검거되어 국내 송환이 됐고, 사기극 설계자인 배상혁이 수배 7년 만에 검거됨으로써 조희팔 사건의 물꼬가 다시 트였습니다. 수사가 개시되자마자 검찰과 경찰의 매치가 또다시 시작되는 양상도 보이더군요.

박: 검찰이 조희팔 사기 사건 전담수사팀을 만드니까 경찰도 지능범죄수사대 2개 팀으로 조희팔 사건 특별수사팀을 꾸렸습니다. 조희팔이 생존해 있는 것으로 밝혀질 경우 조희팔 사망을 공식 발표했던 경찰은 망신은 물론이고 자존심에도 적잖은 타격을 받을 것으로 보입니다.

하지만 과거 부실 수사의 오명을 씻고 검거로 명예회복을 노린다면 충실히 수사해야 할 것입니다. 그래야만 잃어버린 국민들의 신뢰를 찾을 수 있을 테니까요.

조: 오랜 시간 누군가의 비호와 은폐로 미뤄졌는지는 모르지만 제대로 된 실체적 진실을 이번 기회에는 꼭 밝혔으면 좋겠어요. 아울러 고통받으신 많은 피해자들의 피해 역시 회복되기를 바랍니다.

박: **검경 합동수사반에 피해자 단체도 포함시켜서 수사해야 합니다. 적어도 조희팔 사건에 있어서만큼은 검찰이나 경찰 양쪽 모두 원죄를 안고 있습니다. 지금이야말로 두 조직이 머리를 맞대고 서로가 가진 정보와 수사력을 총동원해 사건의 실체를 파헤치기 위해 공조**

해야 합니다.

대검이라든가 법무부라든가 경찰청 외사국장이 중국에 가서 주재관들 소집하고, 공안부하고 협조해서 조희팔의 소재를 파악해야 합니다. 수배자 신고 보상금도 내걸어야 합니다. 조희팔의 가족과 최측근인 강태용 등 제3자가 은닉하고 있는 범죄 관련 재산을 신속하고 강력하게 추징할 수 있도록 하는 관련법의 제정을 서둘러 피해자의 억울함도 풀어줄 필요가 있습니다.

조: 다소 늦긴 했지만 검찰과 경찰이 피해자 마음으로만 노력해도 조희팔도 찾고, 국민의 신뢰도 찾을 수 있을 것 같아 보이네요. 또 이런 생각도 듭니다.

경찰이 이 사건을 제대로만 수사한다면 수사권 독립과 관련한 국민들의 지지는 저절로 얻지 않을까 하는 생각 말입니다.

개인의 일탈, 부정, 부패, 불합리가 총체적으로 집약되면 권력형 게이트

단군 이래 최대 규모의 다단계 사기 사건이라 지칭할 수 있는 '조희팔 사건'은 우리나라 정치권의 모든 부정부패가 얽힌 권력형 게이트입니다. 한 개인의 과도한 욕망으로 몰아가기에는 사건 이면에서 고구마 줄기처럼 엮어져 나오는 것들은 너무도 적나라하고 추악한 권력형 게이트의 액면을 그대로

까발려 보여줬습니다.

   정·관계와 검찰과 경찰 등 수사 당국을 상대로 하는 광범위한 로비 정황이 사실로 드러나 우리 국민들을 실망스럽게 했고, 노골적으로 민낯을 드러낸 검경의 헤게모니 다툼이 조희팔 사건을 표류하게 만들어 피해자들을 더 아프게 했습니다.

조희팔 사건에 관여했던 수사 당국자들의 말로도 가히 좋지 않아 '조희팔의 저주'라는 말이 따라붙기도 했습니다.

조희팔의 사망 사실을 처음 알린 브리퍼 박 모 전 경정은 청와대 문건 유출 사건으로 징역 7년을 선고받고 복역 중이고, 조희팔로부터 억대 금품을 받은 혐의로 김 모 전 서울고검 부장 검사를 구속한 특임 검사였던 김 모 전 제주지검장은 음식점 앞에서 음란 행위를 한 혐의로 경찰 수사를 받았고, 결국 자리에서 물러났습니다.

떳떳한 피해자
'용서하지 않을 권리'

"그 사람은 이미 용서를 받았대요.
근데 내가 어떻게 다시 그 사람을 용서하냐고요!!"

– 영화 「밀양」 중 대사

• 사건 Q) 성폭력 피해자 가족에게 합의 강요한
가해자 여동생 기소 •

한 여성이 두 차례에 걸쳐 자신의 친오빠가 저지른 성폭력 사건의 피해자 가
족을 찾아가 합의를 강요하며 행패를 부린 혐의로 불구속 기소됐습니다.

이 여성의 친오빠는 1년여에 걸쳐 정신지체 장애인인 20대 처조카를 3차례
성폭행해 아이까지 낳게 한 혐의로 1심에서 징역 6년을 선고받고 항소한 상
태였습니다. 항소심에서 친오빠의 형량을 줄이기 위해 피해 여성과 가족들을
찾아가 난동을 부렸던 것입니다.

조: 우리나라는 가해자보다 더 피해자가 살기 힘든 나라 같아요. 육
체적·정신적으로 인간의 존엄성을 침해당한 피해자가 신상 정보까

지 무방비 상태로 노출되고, 사표를 쓰거나 이사를 가야 하는 등 2차 피해를 당하는 경우가 많아요. **피해자가 가해자를 피해 다녀야 하고, 사람들에게 손가락질을 받고 수군거림을 당해야 해요.**

박: **한국 사법이 피해자의 상처와 소외에 대해서는 관심이 적었던 것이 사실입니다.** 범죄피해자보호법[1]이 제정된 것이 고작 10년밖에 안 됩니다. 한국 사법이 피해자에게 얼마나 무심했는지를 보여주는 단적인 사례입니다.

그동안 형사 사건에서 피해자는 '제3자'의 지위만 가질 뿐이었습니다. 피해자는 피고인의 범죄를 입증하는 증거로서만 중요했습니다. 검사와 피고인 간 법정 다툼에서 피해자의 목소리는 거의 낼 수 없었습니다. 그나마 관련 입법이 있고서야 범죄 피해자와 가족에게 경제적 지원이나 심리 치료, 신변 보호 등이 제공됐습니다.

조: 가해자의 인권을 더 신경 쓰는 모습 중 대표적인 것이 '언론의 범죄 피의자 얼굴 공개'였어요. 지금은 범행 사실이 명확하고 흉악한 살인을 저질렀으며, 미성년자가 아닌 경우에 실명과 얼굴을 공개하는 것이 특정범죄가중처벌법에 규정되어 있잖아요?

하지만 과거에 피의자의 얼굴을 수건이나 모자로 가려주던 경찰들의 모습을 보면서 화가 많이 났었어요. 정작 울분을 터뜨리는 피해자나 유족들의 얼굴은 모자이크 처리 없이 공개될 때도 있었는데 말이에요.

박: **일찍부터 피의자의 얼굴을 공개했어야 합니다. 얼굴과 실명을 공**

---

1. 범죄피해자보호법은 2003년 192명이 숨진 대구 지하철 참사를 계기로 범죄 피해자의 보호·지원이 필요하다는 지적이 나오면서 2005년 말 제정됐다.

개함으로 해서 강력 범죄를 예비하는 사람에게 심리적 위축감을 주는 효과가 크기 때문입니다.

조: 왜 사법 기관은 가해자를 보호하는 듯한 태도가 피해자와 유족들을 더 상처 입히고, 국민들을 분노케 한다는 것을 모를까요? 범죄자들의 인권이 보호받는 동안 정작 사법 기관에 의한 피해자의 인권 침해는 버젓이 자행된 것에 대해 사법당국은 깊은 사과와 반성을 국민들에게 보여야 한다고 생각해요.

박: 형벌은 역사적으로 가해자를 잔인하게 응징하여 왔습니다. 이에는 이, 눈에는 눈과 같은 응보주의가 통용된 고대에는 가해자가 자신이 저지른 죄 이상으로 잔혹하게 보복 처벌이 되는 경우도 있었습니다. 그것을 막기 위해 가해자 인권을 보호한 측면도 있습니다.

조: 물론 범죄자들의 인권을 무시하자는 말은 아니에요. 하지만 사법 기관에서 범죄가 다뤄질 때 정작 피해자들은 빠진 채, 피고인과 국가만의 싸움이 시작되잖아요?

법률 심판의 장에서 양대 축의 하나인 가해자에게는 법이 인권을 보장해주는 것 같은데 정작 피해자는 소외되니까 심한 불공평함을 느낄 수밖에 없는 것 같아요.

박: 형사 재판의 당사자인 검사와 피고인은 재판 중 발언 기회도 많지만 피해자들은 이 범죄로 인해 자신들이 얼마나 아팠는지, 고통스러웠는지를 호소할 기회를 얻지 못하는 건 형사 사법이 많이 고민해야 하는 부분입니다.

여러 선진 사법 국가들은 피해자의 상처와 피해 회복을 위한 회복적 사복을 채택하고 있습니다. 재판의 주체가 될 기회를 피해자에게도 줘야 합니다.

조: 피고인이 형을 선고받고 복역을 하는 모습을 본 사람으로서 저는 가끔은 뭔가 불합리한 부분이 있다고 많이 느꼈어요. 죄를 지은 사람은 국가 뒤에 숨어 조용히 감옥에서 국가가 주는 밥을 먹으며 참회만 하면 되는데 정작 피해를 영원토록 잊어버릴 수 있는 피해자들은 고통스럽게 일상을 아등바등 살아내야 하는 것이 뭔가 잘못됐다고 생각했어요.

피해자와 아무런 상관없이 가해자는 교정 시설에서 교화, 개선되고(됐다 치고) 형기를 다 채운 후 출소해 당당하게 사회에 복귀해요. 범죄자는 새 삶을 살게 되지만, 피해자[2]는 아물지 못하는 벌건 생채기를 가진 채 남은 삶을 살아야 하잖아요? 이런 생각을 하면 뭔가 가슴 속에서 부글거리는 것이 생기더라고요.

물론 가해자들도 교도소에서 시간과 가족과 사회적 네트워크를 잃어버리는 벌을 받지만 피해자에게 진정 속죄해야 하는 형벌은 받지 않고 있잖아요?

박: 국가가 형벌권을 가진 이상 피해자와 가해자가 다시 마주칠 일이 우리나라에서는 없습니다. 피해자가 가해자의 진정한 사과를 못 받는 경우가 대부분입니다. 피해자 중심의 평화적 형벌 제도인 '회복적 사법' 제도를 채택해 그 기회를 갖는 뉴질랜드나 캐나다 등의 나라와는 많이 대조적입니다.

조: 피해자가 가해자로부터 제대로 된 사과 한 마디만 받아도 응어리

---

2. 범죄피해자보호법상 피해자는 '피해자 본인, 피해자의 유족'을 포함한다.

진 마음은 많이 풀릴지도 몰라요. 교도소에 복역하다가 종교에 귀의해 참회한 후 신으로부터 용서를 받았다는 사람들의 주장을 들으면 소름 끼쳐요.

피해자가 가해자를 용서하지 않았는데 어떻게 다른 이가, 아무리 신일지라도 용서를 했다고 말할 수 있는지 전 너무 의문스럽거든요.

박: 우리나라는 형을 다 살고 석방된 가해자들이 자신들이 져야 할 죗값을 다 졌고, 죄를 용서받았다고 생각하는 경향이 있습니다. 국민의 법 감정으로도 잘 이해되지 않으실 겁니다.

조: 절대로 피해자는 그렇게 생각하지 않을 걸요? 12년 형을 받은 조두순이 곧 출소해서 돌아옵니다. 조두순이 스스로를 모든 죗값을 다 받아 떳떳하게 사회에 복귀해도 될 만한 사람으로 여기는 누군가를 만나면 전 그와 대판 싸울지도 몰라요.

이런 어긋나는 지점을 우리 사법부도 고민해야 합니다. 피해 아이의 부모는 그를 사형에 처한다 해도 한이 풀리지 않을지도 모를 일이에요. 전 사형은 과도하지만 대략 30~40년은 선고했어야 한다고 생각했어요.

박: 피해자의 감정, 국민의 법 상식, 가해자와 피해자의 화해 또는 용서에 대해 우리 사법당국도 앞으로 많이 신경 쓸 필요가 있습니다. **제대로 용서를 빌지 않은 가해자는 언젠가 또다시 같은 범죄를 저지를 수 있습니다. 제대로 된 사과를 받지 못한 피해자는 영원히 원한을 간직하며 상처를 곱씹으며 살 것입니다.**

저는 법원이나 민간단체의 중재를 받아서라도 가해자가 피해자한테 피해를 보상하고 용서를 구하는 절차를 마련해야 한다고 생각합니다.

조: 범죄 피해자들을 위한 정책들은 그들에 대한 배려나 도움이 아니라 당연한 권리라고 생각해요. 정작 피해자를 두 번 아프게 하는 건 그들을 바라보는 이웃의 시선인지도 몰라요.

범죄 피해자들을 '피해당할 만한 사람'으로 보는 시선을 교정하지 않으면 그들은 쉽사리 세상 밖으로 나오려 하지 않을지도 몰라요. 상처는 잘 말려야 잘 아물고, 흉터가 희미해지는 법입니다.

피해자의 권리, 인권과 회복적 사법의 시작점

범죄자 처벌에 초점이 맞춰져 있는 현재의 형사 사법 체계와는 달리 회복적 사법(restorative justice)은 가해자와 피해자는 물론 범죄 문제에 대해 일정한 이해관계를 갖고 있는 지역사회 공동체까지 범죄 사건의 해결 주체로 끌어들입니다.

회복적 사법은 그들 사이의 상호 이해, 화해, 원상회복 등을 통해 사회공동체의 평화를 회복하고자 노력합니다. 특히 회복적 사법은 우리나라에서 제대로 보호가 이루어지지 않았던 피해자의 권리에 집중합니다. 피해자의 권리에는 형사 절차에 정당하게 참여하여 정보를 얻고 방어 방법을 찾으며 피해 배상과 원상회복을 위한 활동을 할 수 있도록 요구할 권리가 있습니다.

피해자의 권리에는 가해자를 용서할 권리와 더불어 용서하지 않을 권리도 있습니다. 피해자들에게 가해자들을 용서하라고 강요해서는 안 됩니다. 용서는 온전히 그들의 몫입니다.

신성한 법정?
이제는 신선한 법정!

"법만 지키면 정의가 이루어집니까?"

– 드라마「실종느와르 M」중 대사

• 사건 Q) 경쟁자에게 칼을 휘두른 칼갈이 노인 사건 •

서울 동대문구의 한 재래시장에서 45년 동안 칼을 갈아왔던 70대 남성이 몇 년 전부터 같은 시장에 들어와 칼을 팔던 60대 여성이 칼을 팔면서 칼 가는 기계를 들여와 손님과 수입이 줄어드는 것에 앙심을 품고 흉기를 휘둘러 살인미수 혐의로 구속됐습니다. 90대 노모와 병든 아내가 있다며 선처를 호소했지만 이 70대 남성에게 검찰은 7년형을 구형했고, 법원은 1년 6개월의 실형을 선고했습니다.

반성하라! 기계적인 법 집행과 권위적인 판사

박: 70대 남성을 살인미수로 기소해 내린 이번 판결을 저는 너무 기계적으로 법을 집행한 사례로 생각합니다. 그가 만약 감옥에 가면

노모와 병든 아내는 어떻게 될까요?

벌을 주는 것이 다가 아니라 가해자와 피해자의 합의를 유도하는 '화해주의'를 채택해 처리했어야 마땅하다고 생각합니다. 만약 이 70대 남성의 범행에 상해죄를 적용했으면 집행유예로 충분히 석방될 수도 있었다고 봅니다.

조: **칼같이 딱딱 떨어지는 단호하고 이성적인 법은 사람의 온기와 눈물을 담을 수 없다고 생각해요.** 응분의 대가를 치르게 했다고 60대 피해 여성이 좋아했을 것 같지도 않고요. 갑자기 가장을 잃어버린 노모와 아내는 절망에 빠졌다면 다른 법 적용도 고민해볼 필요가 있지요.

박: 결국 법은 이 세계를 살아가는 사람들이 잘 살아가기 위해 만든 것입니다. **법의 이름으로 행하는 엄정한 처벌이 법의 모든 효용 가치라고 생각해서는 안 됩니다.**

조: 가끔 인터넷에서 무개념 막말 판사들의 이야기를 봅니다. 제가 봤을 때 검사나 변호사보다도 더 보수적이고 권위적인 그룹이 판사들인 것 같아요.

박: 판사들이 보수적인 이유는 법원이 사회규범을 판단하는 최후의 보루여서 이리저리 시류에 편승하지 않고, 외부의 변화에 무심하려고 하는 경향 때문이기도 합니다.

조: 저는 공부만 열심히 하느라 주변 세상과 좀 단절했던 분들이라 그런 줄 알았어요. 가끔 판사들 중에서 국민들의 법 감정이나 법 정서와 다른 행동을 하는 분들이 많잖아요?

고압적인 말투, 비상식적인 판결, 정치편향적인 발언 등으로 인터넷에서 실시간 검색어로 오르내리는 분들을 보면서 법으로 소통하자는 분들이 세상과 너무 소통을 안 하시는 게 아닌가 하는 우려가 들었어요.

박: "늙으면 죽어야 한다.", "콩밥도 아깝다."라는 판사의 막말을 듣고 같은 법조인으로서 낯부끄러웠습니다. 법은 사회적 약속인데 그 약속을 세세히 알려주고 이해시켜야 할 판사들이 오히려 사회적 약속을 깨는 듯한 행동이나 판결을 할 때 국민들이 느끼는 혼란이 얼마나 큰지 충분히 이해합니다.

조: 국민이 원하는 것은 피가 통하는 사법이에요. 냉정한 판결을 정의라 믿지 않아요.

박: **법리적 진실과 실체적 진실은 엄연히 다른데도 너무 법리만 따지는 경향이 많습니다. 소송 당사자들을 충분히 납득을 시키는 노력은 하지 않고 그냥 기계적인 판결을 하는 판사가 많습니다.**

사실 법조인에게는 수많은 사건 중 하나겠지만 소송 당사자들에겐 인생에서 처음 겪는 중요한 사건입니다. 판사들이 충분히 자신의 말을 경청해주면 설령 소송에 져도 소송 당사자들은 납득하고 승복합니다. 하지만 시간이 없다며 빨리 처리하려는 판사들을 보는 소송 당사자들은 배로 억울함을 가지게 됩니다.

국선 변호사 & 국민 참여 재판 배심원 Upgrade법
박: **전 대법관이나 검사장 출신들은 대형 로펌의 변호사나 기업 고문으로 가지 말고 국선변호를 맡아야 한다고 생각합니다.**

높은 연금 혜택도 받는데 나라를 위해 봉사 차원에서라도 절도로 들어온 소년범이나 생계형 범죄자들을 위한 국선 변호를 맡는 것이 우리가 나아가야 할 선진 사법의 길이라고 생각합니다.

조: 정말 괜찮은 생각인데요. 그 자체만으로도 노블레스 오블리주를 실천하는 거네요.

박: '전관예우'라는 폐해로 소송 질서를 어지럽히는 것보다 현직에서 엄청난 자리를 지켰던 노하우와 실력을 돈, 권력, 희망이 없는 사람들을 위해 바쳐야 합니다.

조: 대법관이나 검사장들이었던 높은 분들이 낮은 곳에 내려와 여러 사람들의 말을 들어보고 그들을 위해 법정에서 말해준다면 우리 사법 문화도 많이 바뀔 것 같아요.

박: '내려갈 때 보았네 올라갈 때 못 본 그 꽃'이라는 고은 시인의 시구가 떠오릅니다. 올라갈 때 보지 못한 많은 서민들의 마음을 제대로 이해할 수 있고, 그 현실을 제대로 법정에 전달할 수 있다면 억울한 한들이 많이 사라질 것입니다.

조: 국민 참여 재판에 배심원들이 있는데 이분들은 어떻게 선정이 되나요?

박: 만 20세 이상의 국민 가운데 무작위로 선정된 배심원들이 형사 재판에 참여하여 유죄·무죄 평결과 양형까지 내리지만 법적인 구속력은 없습니다.

다만 대법원에서 1심 재판관들에게 되도록 배심원의 평결을 존중해줘라, 이런 지침을 내려서 재판장이 배심원의 평결을 많이 존중해주고 있습니다.

조: 생업에 종사하는 국민들이 국민 참여 재판 배심원들로 참여하는 기간이 5일인 데다가 자신의 결정 하나가 한 사람을 유죄로 만들 수 있고, 무죄로 만들 수 있다는 것에 심적 부담을 많이 느껴서 기피한다고 들었어요. 이런 부분에 대한 유인책이나 개선책에는 어떤 게 있을까요?

박: 배심원의 하루 일당이 12만 원입니다. 생업에 종사하는 사람들을 배려해서 현실적인 금액으로 책정할 필요가 있고, 국민의 의무를 다하는 것이니까 예비군 훈련 때 '공가' 처리해 주듯이 배심원이 되면 회사에서 의무적으로 이해해주고 결근 처리를 하지 않는 제도를 도입해야 한다고 생각합니다.

우리말로 쉽게 풀어쓴 판결문

조: 저는 우리나라 법 판결문이 너무 읽기 어렵다는 생각을 많이 했어요. 구치소에서 근무할 때 접해 본 판결문은 단어 자체부터 너무 어려웠어요. 사람들이 제대로 이해하면서 판결문을 수긍했을까 싶은 생각이 절로 들더군요.

박: 우리나라 판결문에 아직까지도 일본어, 일본어투가 많이 있습니다. '궁박窮迫', '제각除却', '최고催告', '구거溝渠', '후폐朽廢' 이게 무슨 뜻일까요, 작가님?

조: 나름 어휘력이 달리지 않는데 도저히 모르겠네요.

박: '궁박'은 '곤궁하고 절박한 사정', '제각'은 '제거', '최고'는 '촉구', '후폐'는 '낡아서 쓸모없게 된'을 뜻하는 말입니다. 어려우시죠?

조: 네. 글을 배울 때 가장 잘 쓴 글은 중학교 2학년이 읽어도 이해할 수 있는, 평이하게 썼지만 감동을 주는 글이라고 들었거든요.

어려운 한자어나 일본어식 표기법, 읽다가 숨이 넘어갈 정도로 배배 꼬이는 긴 문장이 녹은 판결문을 보면 당최 뭔 말인지 한참을 되새겨야 했어요. **국민들 보고 이런 암호문을 이해하라고 하는 건 너무 불친절해요.**

박: **국민 눈높이에 맞게 다시 쉽게 쓸 필요가 있습니다.** 변호사를 포함한 법조인들은 쉬운 것을 어렵게 쓰는 데 익숙해져 있습니다. 판결문, 결정문, 기소장, 불기소장, 의견서를 받아보는 사람은 국민들인데 모르는 용어로 어렵게 씁니다. 주어와 서술어도 생략되고 문장도 깁니다. 어려운 것을 국민들이 알아듣기 쉽게 작성하고 설명해야 국민을 위한 법 집행기관, 사법부라고 말할 수 있습니다.

그리고 판결문도 공개돼야 합니다. 공정하고 논리에 오류가 없다면 공개를 두려워할 필요가 없습니다. 판결문을 읽는 판사들의 방법도 고쳐야 합니다. 어떤 분은 딱딱한 말투를 쓰거나 너무 빠르게 읽어서, 어떤 분은 마이크를 제대로 사용하지 않아 거의 들리지 않을 때가 있습니다. 판결문이 국민들의 이해와 소통을 가로막는 장애물이 되어서는 절대 안 됩니다.

토요 & 일요 & 공휴 & 심야 법정

박: 아직까지 우리 사법부의 문턱은 너무 높습니다. 국민들이 편안하게 찾아갈 수 있는 열린 사법부의 개설이 필요합니다.

조: 국민을 위한, 국민을 편안하게 해 주는 사법부의 모습에는 어떤 것이 있을까요?

박: **주말과 공휴일, 야간과 새벽에도 열리는 법정이 있어야 합니다.** 평일에만 열리면 생계에 바쁜 사람들이 법정에 나오기 위해 생업을 중단해야 하는 문제가 있습니다.

주취소란자, 무전취식, 무임승차 범죄자의 경우 심야, 새벽 시간대에 많이 발생하는데 바로 법정에 인계, 재판을 받고 유치장입감 구류 및 유치명령처분을 받게 하면 범죄가 많이 줄어들 것입니다.

조: 공휴일에 여는 당직 약국과 병원이 있듯이 불편을 감수하면서 주말과 공휴일에 법정을 여는 모습은 국민들에게 분명 감동을 선사할 것 같아요.

박: 고소·고발 사건은 변호사를 거쳐야 하고, 서류를 작성해야 하는 일이 많습니다. 이런 것들이 없더라도 갈등이 생기면 법원에 가서 바로 판사 앞에서 상의하고, 판사가 조정을 해주는 것도 나쁘지 않다고 생각합니다.

조: 불필요한 서류와 절차를 줄임으로써 돈도 줄이고 시간도 많이 줄일 수 있는 좋은 방법 같아요. **친근하고, 열린, 편한 사법이 국민의 눈높이에 맞는 사법이고, 국민을 섬기는 사법이라고 생각해요.**

사기 피해자 형사 재판-민사 손해배상 원스톱 시스템 확대

박: 형사 재판에서 민사 손해배상까지 같이 해줬으면 합니다. 사기를 당한 피해자가 사기에 대해서 배상을 받으려면 민사 소송을 같이 해

야 합니다.

　형사 재판할 때 피고인에게 형벌도 내리고 피해자에게 손해배상 피해도 판결해주는 원스톱 시스템을 확대해야 한다고 생각합니다. 지금은 폭행, 상해 등 일부 범죄만 하고 있습니다. 폭행, 상해 피고인이 재판을 받을 때 피해자가 '내가 받은 피해도 배상해 달라'고 신청하면 법원에서 형을 선고하면서 민사상 배상 명령까지 내립니다. 그런데 우리나라에서 제일 많은 피해를 당한 사람은 폭행이나 상해 등 일부 범죄만이 아니라 '사기' 범죄의 피해자들입니다.

조: 그러면 피해자들이 별도로 민사 소송을 제기해야 하는 불편이 많이 사라지고 소송비용도 많이 줄일 수 있겠네요.

　'신성한 법정'이 가지는 '권위'는 그대로 간직하면서도 '국민들을 위한 서비스'를 제공하는 '신선한 법정'으로의 변모, 앞으로 많이 기대해 봅니다.

반성하는, 열린, 따뜻한 사법부

한국의 법관들은 사람에 대한 편견을 가지고 법리적 해석을 기계적으로 내세운 권위주의에 빠져있다는 비판을 많이 듣습니다.

판사는 법을 심판하는 사람이기 전에 상대방의 이야기를 사려 깊게 경청하고 분쟁을 해결해 주는 조정자로서의 역할을 우선시해야 합니다. 인간이 같은 인간의 문제를 판단해야 할 때 한국의 사법 기관은 어떤 자세로 임해야 하는지에 관한 고찰과 철학이 턱없이 부족합니다.

법관 선발 기준이 달라져야 합니다. 연수원 성적과 단순한 면접이 아니라 인성과 그가 가진 법철학을 입체적으로 따져볼 수 있는 선발 방법을 찾을 필요가 있습니다.

조폭 위의 주폭을 줄이려면

늘려라! 즉결 보호실 & 즉결 법정 & 피해 배상 명령

"우둔한 인간은 항상 철면피한 폭력을 휘두른다."

– 에머슨

• 사건 Q) 구급 대원 폭행한 주폭 구속 •

소주 2병을 마시고 만취한 한 남성이 자신을 이송하던 구급 대원을 구급차 안에서 주먹으로 수차례 때려 뇌진탕을 입혀 체포됐습니다.

경찰 수사 결과 밀린 임금 2,000만 원 정도를 받지 못해 술을 마신 가해 남성은 화풀이를 하기 위해 구급 대원을 때렸다고 진술했지만 폭력 전과 21범인 가해 남성은 술에 취하면 가족과 이웃, 택시 기사, 심지어 경찰에게까지 비슷한 짓을 저질렀던 주폭이었음이 드러나 결국 구속됐습니다.

조: 술에 관대한 우리나라의 문화와 국민들의 인식도 우리시대 주폭의 양육자, 방조자가 아닌가 싶어요.

술과 사건·사고는 상관관계가 매우 크죠?

박: 검찰청 범죄 분석에 따르면 방화사건과 5대 강력사건의 경우 약 20% 이상이 주취자에 의해 벌어진 사건이었습니다. 특히 폭력사건의 30% 이상이 주취자에 의해 벌어졌습니다.

조: 우리나라 성인들이 술이 센 러시아의 술꾼보다 두 배 이상 많이 마신다는 조사결과를 본 적이 있어요. 주폭이 양성될 수밖에 없는 환경 같아요. 이 주폭, 어떻게 처벌하고 있나요?

박: **2012년 6월부터 주폭의 경우 보통의 경우보다 높은 형량 범위를 권고하고 있습니다.** 만취 상태를 원인으로 한 감경을 제한하거나 만취상태 자체를 가중인자로 반영하는 내용을 명확히 규정했습니다.

조: 그렇게 법률로도 엄중 처벌을 정했는데 '조폭'만큼 심각한 '주폭'이 심각한 사회문제로 대두되는 까닭은 무엇일까요?

박: 주폭 문제를 해결하던 수단이었던 유치장이 없어진 것도 주폭 문제 해결을 어렵게 만드는 원인 중 하나입니다. 현재 많은 경찰서에 유치장이 없다는 사실을 혹 알고 계셨습니까?

조: 유치장은 공권력의 상징 아닌가요? 아직도 드라마 같은 데서는 등장하던데요?

박: 과거 술 먹고 행패부린 사람이 제일 무서워한 것이 경찰서 즉결 보호실이었습니다. 만취해 문제를 일으킨 사람들을 그곳에 수감하고, 그 다음날 즉결 법정에 넘겼습니다. 판사가 아침에 나와서 술 취하고 행패 부린 그 모습 그대로인 사람에게 구류 처분을 내립니다. 그리고 바로 유치장에 수감합니다. 길게는 일주일까지 수감합니다. 술 먹고 행패부리는 사람들이 적었습니다.

그런데 이게 없어졌습니다. 저는 동두천 경찰서장도 했었는데 농두천, 연천, 양주 전부 다 경찰서가 좋습니다. 그런데 사람을 유치하려면 의정부로 가야 했습니다.

조: 아니, 왜 유치장을 통합했습니까?

박: 유치장에 유치인이 별로 없으니까 통합을 하라고 모 경찰청장님이 시행한 겁니다. 주취자 같은 사람들을 유치하려고 연천에서부터 의정부까지 가야 하니까 경찰들도 주취자들을 잘 연행하지 않게 돼 버렸습니다.

조: 가뜩이나 인력도 없는데 먼 유치장까지 가야 하는 걸 꺼려 해서 잡지 않게 된다는 건 문제가 있네요.

박: 유치인 면회나 접견도 문제가 많으니까 잡지 않습니다. **하지만 유치인의 인권 보호나 경찰의 공권력 강화 차원에서 경찰서에 유치장을 부활시켜야 합니다.** 주취자나 폭력사범들이 많이 오는 지구대 안에도 임시 유치장을 만들 필요가 있습니다.

조: 술에 취해 있으면 아무래도 난동이 일어나기 쉬워서 경찰관분들도 다치게 만드는 경우도 있는데 유치장이 있다면 경찰관들을 보호하는 기능도 있겠네요?

　게다가 의도치 않게 술 먹고 경찰관에게 행패를 부려 공무집행방해죄를 저지르는 것도 막으니까 유치인을 보호하는 측면도 있고…. 나쁘지 않군요.

박: 지금은 술 먹고 행패 부려도 우발적 범행이라 해서 조사 후에 석방되고, 재판은 6개월 이상 걸립니다. 판사들이 서류만 갖고는 빨리 처분 내릴 수 없습니다. 즉각 처분되지 않으니까 주폭 범행의 억제 효과도 떨어집니다.

예전처럼 유치장에 넣었다가 그다음 즉결 법정에서 실제 주취 폭력 현장을 목격하고 구류처분을 내릴 수 있어야 공권력이 살 겁니다.

조: 신속한 사법 처리를 가능하게 해 주취 폭력을 방지한다면 유치장, 즉결 보호실, 즉결 법정을 부활시키는 방안에 대해 공론화시킬 필요가 있을 것 같아요. 한번 만들어진 제도라 해서 문제와 허점이 보이는 것을 계속 고수해서는 안 된다고 생각해요.

박: 아울러 형사 판결을 하면서 관련 민사 피해 배상도 받을 수 있도록 같이 판결해주는 피해 배상 명령의 범위도 확대할 필요가 있습니다.

특히 무전취식, 무임승차 등 서민을 괴롭히는 범죄자들은 즉결에 회부, 피해도 회복하고 구류 및 유치 명령을 선고해야 합니다

강제 치료의 길이 열린
경미한 주폭 & 정신 질환 범죄

알코올을 비롯한 약물 중독 환자나 정신 장애인이 경미한 범죄를 상습적으로 저지를 경우 국가가 치료를 명령할 수 있습니다. 기존에는 '주폭'의 상당 수는 알코올 중독 환자였지만 치료 없이 대부분 벌금형 처벌에 그쳤습니다. 중범죄가 아닐 경우 치료를 강제할 법적 근거가 없었는데 치료감호법 개정안이 공표되면서 가능해졌습니다.

경범죄를 저지른 각종 중독 환자나 정신 장애인에게도 법원이 형의 선고나 집행을 유예하는 대신 치료를 명령할 수 있게 됐습니다. 실효성 없는 처벌

대신 강제 치료를 통하면 오히려 '묻지마 범죄' 같은 강력 범죄를 예방할 수
도 있을 것으로 기대합니다.

피해자 울리는
공소 시효를 폐지하라

시효 없는 피해자·유족들의 아픔

"미제 사건은 내 가족이,

내가 사랑하는 사람이 왜 죽었는지조차 모르니까 잊을 수가 없는 거야.

하루하루가 지옥이지."

– 드라마 「시그널」 중 대사

• 사건 Q) 평택 여고생 송혜희 양 실종 사건 •

1999년 고등학교 2학년 여고생 송혜희 양이 실종됐습니다. 전교 1~2등을 다툴 정도로 똑똑한 학생이었고 국회의원으로부터 장학금을 받을 만큼 똑똑한 집안의 자랑거리였습니다.

고등학교 3학년 반 편성이 있는 날 사라져서 돌아오지 않는 딸을 사방팔방으로 헤매며 찾던 어머니는 우울증에 시달리다가 자살했습니다. 아버지는 16년이 지난 지금까지 하루에 500장에서 700장의 전단지를 뿌려가며 딸을 찾고 있습니다. 집안 자체가 풍비박산이 났지만 송혜희 양은 아직까지 돌아오지 않았습니다. 그리고 2012년 2월 공소시효가 만료됐습니다.

조: 2015년 태완이법이 개정되면서 살인죄에 대해서는 공소시효가

폐지됐어요. 뒤늦었지만 피해자를 두 번 울렸던 공소시효가 폐지된 데에 박수를 보냅니다. 변호사님, 먼저 법률상 공소시효에 대한 설명을 부탁드립니다.

박: 공소시효란 범죄 후 일정 기간 공소를 제기하지 않는 경우 국가의 소추권을 소멸시키는 제도입니다.

조: 과거에는 없었던 수사 과학이 발전하면서 공소시효를 폐지하는 주장이 점점 설득력을 얻는다고 들었어요. 유전자 감정, 사진·문서 복원 기술 발달 등으로 수십 년이 지나도 증거 수집이 가능해졌고, 공소시효라는 게 점점 의미가 없어진 까닭이죠. 외국은 어떤가요?

박: **외국에서도 살인죄 공소시효는 폐지하는 추세입니다.**

조: 시간이 흐를수록 범죄에 대한 피해자의 감정이나 사회적 감정이 진정되어 처벌의 필요성이 줄어든다는 이유로 공소시효를 존치시켜야 한다고 주장하는 사람들도 있어요.

하지만 전 그 의견에 반대해요. 시간이 가면 갈수록 잡지 못한 범인에 대한 원망과 회한이 결코 옅어지지 않을 것 같거든요. 피해자의 억울한 감정이 시간에 반비례한다는 건 가해자 입장에서 나올 수 있는 말이죠. **공소시효가 만료될 때까지 잘 숨어 지내다가 결국 처벌받지 않는다면 평생 아픔과 고통 속에 살아가야 하는 피해자와의 형평성에도 맞지 않는 거죠.**

박: 사실 공소시효가 만료될 즈음 범인이 잡히는 경우는 거의 없습니다. 공소시효가 폐지되면 살인을 저지른 사람은 절대 평생 발을 뻗고 자지 못합니다. 그런 압박감 자체만으로도 범죄 억제 효과가 충분한 건 사실입니다.

조: 왜 진즉에 살인죄의 공소시효를 폐지하지 않았나요?

박:: 1990년대의 대표적 미제 사건인 화성 연쇄 살인 사건, 개구리 소년 실종 사건, 이형호 군 유괴 살인 사건 등의 공소시효가 만료되면서 살인죄에 대해 공소시효를 적용하는 것은 정의에 반한다는 비판이 높아졌습니다. 흉악하고 중대한 범죄가 발생할 때마다 공소시효 제도를 바꾸어야 한다는 의견도 계속 나왔습니다.

2007년 12월 '형사소송법' 개정을 통하여 사형에 해당하는 범죄의 공소시효를 15년에서 25년으로 하는 등 공소시효를 연장했고, 도가니 사건을 계기로 2011년 11월에는 '성폭력범죄의 처벌 등에 관한 특례법'을, 2012년 2월에는 '아동·청소년의 성보호에 관한 법률'을 각각 개정하여 13세 미만의 아동 및 장애인에 대한 강간이나 준 강간 등에 대해서는 공소시효를 폐지했습니다.

조: 살인죄 공소시효 폐지의 도화선이 된 태완이 사건…. 정말 생각만 해도 너무 가슴이 아린 사건이었어요.

박: 1999년 5월 대구에서 당시 6살이던 김태완 군이 황산 테러를 당해 온몸에 3도 화상을 입고 49일간 사경을 헤매다가 결국 사망한 사건이었습니다. 생사의 갈림길에서도 용의자에 대해 진술을 한 태완이를 위해 생업까지 접고 유력 용의자를 찾은 태완이 부모의 바람에도 불구하고 2014년 사건 발생 15년이 지나면서 기각됐습니다. 이에 공분이 일었고, 2015년 7월 24일 본회의에서 '형사소송법 일부 개정법률안', 일명 '태완이법'이 의결됐습니다. 그러나 아이러니하게 공소시효 폐지가 적용되는 사건 발생 시점인 2000년 8월 1일보다 태완이 사건이 먼저 일어났단 이유로 당사자인 태완이는 법의 보호

를 받을 수 없었습니다.

조: 정말 안타깝네요. **살인을 저지른 가해자에게는 공소시효가 있을 지 몰라도 피해자와 유가족의 고통은 평생 공소시효가 없을 텐데요.**

박: 성범죄 등 반인륜 범죄도 공소시효를 폐지해야 한다는 목소리도 나오고 있습니다.

조: 강간은 영혼살인이라고 부를 정도로 잔혹한 범죄잖아요? **살인죄 를 넘어 '강간치사', '유기치사' 같은 범죄로도 공소시효 폐지가 확대 돼야 한다고 생각해요.**

박: 1998년에 구마 고속도로에서 트럭에 치어 사망한 대구 여대생 정은희 양 사건은 경찰의 엉터리 초동 수사로 인해 미궁에 빠졌던 대표적인 사건입니다.

그런데 2013년 유전자 정보 감정을 통해 공소시효가 임박했을 즈 음 범인이 잡혔습니다. 가해자인 스리랑카인 3명을 잡았지만 강간 죄의 공소시효 10년이 지나가버려 1심에서 강간죄에 대해 무죄 판 결이 났습니다. 다행히 용의자가 학생증을 갖고 있었다는 증언을 토 대로 강도 혐의로 기소했는데 그럼에도 불구하고 항소심에서 검찰 의 항소를 기각하고 무죄를 선고한 원심을 유지했습니다. 그 스리랑 카인들이 피해 여대생을 집단 성폭행했을 가능성은 인정하지만 강 간죄 법정 시효는 10년이므로 사건 공소시효가 지나 처벌할 수 없다 고 한 것입니다. 공소시효라는 덫에 걸려 실체적 진실은 결국 규명 할 수 없었던 안타까운 사건이었습니다.

조: 유가족들이 피눈물을 흘렸을 것 같아요. **피해자의 억울함을 풀어 줘야 하는데 법이 오히려 그것을 막고 있다는 것이 부끄러워요.**

하루아침에 귀한 딸을 잃어버린 부모와 쌍둥이 언니를 잃어버린 형제의 한은 시간이 흐를수록 더 깊어질 텐데 말입니다.

박: 공소시효를 넘긴 가해자들이 당당하게 죄를 인정하고 공소시효의 보호막에 몸을 가린 채 떳떳하게 일상으로 돌아가는 것은 솔직히 국민의 법 감정에도 맞지 않습니다.

조: 그나마 태완이 법으로 인해 곧 공소시효가 임박해 있었던 여러 사건들의 범인을 끝까지 추적할 수 있게 돼서 다행이에요.

박: 개인적으로 아쉬운 것은 국회에서 법을 만들 때 새롭게 발생하는 사건들이 아니었으니까 공소시효 폐지를 소급 적용해도 됐는데 그렇게 하지 않았다는 겁니다. 그런 이유로 4만 건이 넘는 강력 사건의 범인들이 숨어서 공소시효가 지나가길 기다릴 수 있게 됐습니다.

조: 아무리 공소시효의 그림자에 몸을 숨기고 있어도 죄책감과 양심은 절대 그 죄를 가려주지 못한다는 것을 범인들은 알았으면 좋겠어요.

법이 먼저 범죄자를 용서하는 공소시효, 외국에서는?

일본은 지난 2004년 살인죄에 대한 공소시효를 15년에서 25년으로 늘렸다가 2010년 살인과 강도 살인 등 12가지 중대범죄에 대한 공소시효를 폐지했습니다. 실제 1995년 4월 발생한 '노부부 살인 방화 사건'은 기간 만료를 눈앞에 둔 2010년 법이 개정됨에 따라 공소시효가 사라졌고, 영국은 경범죄에 대해서만 공소시효를 적용하되 원칙적으로 모든 중범죄에 대해선 공소시효를 폐지했습니다.

또한 미국은 살인죄에 대해서는 공소시효를 아예 적용하지 않습니다. 아울러 일부 주(州)법에 따라 성범죄, 아동 학대 범죄도 공소시효가 없습니다. 독일은 나치전범 및 모살죄(계획적인 중범죄), 집단 살해죄 등 반인륜적 범죄에 대해 공소시효를 폐지, 현재까지도 나치 전범을 추적하고 있으며 공소시효를 중단시킬 수 있는 제도를 운영 중입니다. 프랑스는 살인죄가 아니더라도 모든 반인권범죄에 대해 공소시효가 적용되지 않고 있습니다.

나보다 법이 먼저 용서하는 일이 발생하는 건 있을 수 없는 일입니다. 국가가 수사를 잘못해서 사건을 해결하지 못한 책임인데 왜 가해자에게 면죄부를 줘야 하는지 생각해봐야 합니다.

이런 경우 오히려 공소시효를 완성시켜 가해자에게 면죄부를 준 국가는 피해자에게 손해배상 책임을 져야 합니다. 따라서 피해자를 멍들게 하는 공소시효는 마땅히 없어져야 합니다.

조두순이
돌아온다!

"술 먹고 운전하면 벌 받고
술 먹고 애를 이 지경으로 만드는 건 봐준다는 게 말이 되냐고?"
– 영화 「소원」 중 대사

• 사건 Q) 조두순 사건 •

2008년 12월 술에 취한 조두순이 등교를 하던 8살 여자 초등생을 학교 근처 교회 안 화장실로 끌고 가 성폭행했습니다. 화장실 바닥에 버려졌던 여아는 8시간의 대수술을 받았음에도 항문과 대장, 생식기의 80%가 영구적으로 소실돼 배에 구멍을 뚫는 조치를 받아 배변 주머니를 찰 수밖에 없었습니다. 조두순이 범행 당시 술에 취한 상태였다는 점을 감안해 심신 미약 상태로 인정받아 12년의 형을 선고받아 음주 감경에 대한 논란이 일기도 했습니다. 당시 조두순은 죄를 뉘우치기는커녕 12년이 과하다며 항소를 했고, 담당 형사에게 출소해서 보자는 발언을 해서 전 국민의 공분을 사기도 했습니다.

조: 법이나 제도가 아무리 효율적이고 정연하다 해도 그것이 정당하

지 못하면 개선되거나 폐기돼야 한다는 말이 있습니다. 그런데 법이 허점과 모순이 많다면 자연히 개선되거나 폐기되는 거겠죠? 저는 음주 감형이 대표적으로 폐기시켜야 할 법의 틈이라 생각해요.

박: 초등학교 운동장에서 5세 여아를 자신의 모친 집으로 끌고 갔던 50대 남성도, 회식 후 회사 후배를 강제로 차에 태워 성폭행하려 했던 30대 남성도, 청각장애 여성들을 상대로 상습적으로 추행을 일삼았던 60대 남성도 집행유예를 선고받았습니다. 술에 취해 우발적으로 범행을 저질렀다는 이유에서였습니다.

조: 조두순 사건 때 들끓었던 여론을 바로 수용할 것 같았던 사법부…. 그런데 왜 아무런 변화가 없는 걸까요?

박: 2008년에 잔인하게 초등학교 1학년 여아를 성폭행한 조두순이 음주 감형을 받아 징역 12년형을 선고받았던 당시 음주 감형에 대한 논란이 일어났던 걸 기억하십니까? 여론이 거세지자 특별법을 통해 성범죄의 경우 심신미약에 따른 감형 대상에서 제외할 수 있도록 관련법이 개정됐습니다. 하지만 실제로는 강행 규정이 아닌 까닭에 여전히 음주 감형이 적용되고 있습니다.

조: 강행 규정이 아니어서 지킬 필요가 없다면 조두순 사건 이후 달라진 건 아무것도 없다는 얘기가 되네요. **음주 운전은 그 자체의 혐의만으로도 처벌하는데 술을 먹고 저지른 성범죄는 감형해주는 게 과연 온당할까요?**

피해 아동이 20세의 꽃다운 아가씨가 됐을 때 조두순이 출소합니다. 너무 걱정돼요. 과거의 트라우마에서 겨우 벗어났는데 죗값을 다 치른 것으로 착각한 조두순이 활개 치며 다니는 걸 알게 되면 그 아이는 얼마나 상처받을까요?

박: 최근 법원도 여론이 부담스러워서 음주로 인한 감형 말고 다른 사유들을 들어 감형하는 꼼수를 쓰기도 합니다.

술 먹고 저지른 몰카 범죄에서 사진이 제대로 찍히지 않았다는 이유를 감형을 내리고, 성실하게 사회생활을 하고 있다거나 사회단체에 기부를 한 적 있다는 이유를 들이대기도 합니다. 심지어는 초범인 점과 결혼을 앞뒀다는 점도 고려합니다.

조: 사진이 제대로 안 찍혔다? 코웃음이 절로 나오는 이유네요. 피해자 입장에서 피해 결과는 같은데 술을 먹은 사람과 먹지 않은 사람이 형량이 다르게 나오면 억울하잖아요? 가중 처벌도 모자랄 판에 술 먹고 저지른 범죄에 왜 이토록 관용적인 건지 정말 모르겠어요.

박: 주취 상태에서 저지른 강·폭력 범죄가 더 잔인하다는 조사 결과도 있습니다. 그럼에도 불구하고 심신 미약의 상태에서 저질러졌다는 이유로 오히려 피의자에게 유리하게 악용되는 사례는 여전히 끊이지 않고 있습니다.

80대 노모를 때리고 성폭행까지 저지른 60대 패륜범에게 법원이 음주로 인한 심신미약을 이유로 1년을 감형한 판결도 있었습니다.

조: 제 심신이 다 미약해지려고 해요. 너무 충격적입니다. 근친 패륜을 저질렀는데 1심에서 받은 5년을 받은 것도 충격이지만 항소심에서 1년이나 더 깎아줬다는 것이 제게는 더 충격입니다. 도대체 대법원 양형 기준이라는 건 누가 만드는 거예요?

박: 대법원의 양형 기준은 대법원 양형위원회가 정한 양형 기준표가 있지만 과연 양형 관련 국민 법 감정과 재범률 등 실질적인 조사를

하여 기준을 만들었을까요? 저는 그렇지 않다고 생각합니다.

그러니까 대법원 양형 기준표에 의해 내리는 형의 선고가 국민의 공감대를 얻지 못하는 것입니다. 내부적인 회의를 통해서 만드는데 이게 기속력은 없습니다. '기속력이 없다'는 것은 구속하는 효력이 없다는 뜻입니다.

조: 시대의 흐름을 따르는 양형 기준을 만들면 되잖아요? 스스로 만들 자신이 없으면 각계의 여론을 모아 만들면 될 텐데요. 다른 나라도 주취 감경이라는 게 있나요?

박: **일본에는 비슷한 내용이 있지만 미국, 영국 등 선진국에서는 음주로 인한 범죄는 더 가중 처벌을 하는 실정입니다.**

조: 음주에 지나치게 관대한 대한민국 문화가 이런 심신미약을 일으키는 법률과 법률적 판단을 탄생시킨 모태가 아닐까란 씁쓸한 생각이 드네요.

음주량 세계 최고 공화국이 허용한 음주 감형이라는 변명으로 파렴치하고 끔찍한 범죄를 술술 넘어가는 관행이, 이런 관행을 버젓이 용인하는 법과 제도가 어서 빨리 개선됐으면 좋겠어요.

차라리 술을 체포하라!

음주 운전은 술을 마셔야만 성립하는 범죄지만 성범죄는 술을 안 마셔도 저지를 수 있는 범죄입니다. 그런데 형량을 따지는 데 있어서 음주 여부가 고려의 대상이 된다는 자체가 피해자 입장에서 받아들이기 힘들 것입니다.

만취 상태기 때문에 자신의 의지가 아니었다는 주장 자체가 또 하나의 편견이자 선입견이라고 생각합니다. 술을 마시는 것도 과음하는 것도 본인의 선택입니다. 취했기 때문에 책임이 작다는 건 납득할 수 없습니다.

음주 감형은 주취 범죄를 용인하는 것과 다를 바 없습니다. 피해자가 만취 상태를 인정받으려면 반항할 수도 없는 항거 불능 상태를 입증해야 하는 데 반해, 가해자의 경우 쉽게 만취 상태를 인정하는 경향은 분명 잘못됐습니다.

주취 범죄는 늘고 있는데 법이 오히려 경각심을 심어주지 못할망정 만취 상태였다는 개인적 이유가 타인의 범죄 피해에 대한 변명으로 작용하는 어처구니없는 일이 우리 사법에서 더이상 일어나서는 안됩니다.

술이 '범죄의 씨앗'이라는 것을 재판부와 사회는 확실히 깨달아야 합니다.

위험한 떡잎들
'촉법소년'이라는 면죄부

"범죄에 애 어른이 어디 있어? 다 쌍놈이지."

– 영화 「방황하는 칼날」 중 대사

• 사건 Q) 용인 캣맘 벽돌 살인 사건 •

경기도 용인에서 유기 고양이들을 위해 집을 만들어주던 50대 여성이 옥상에서 초등학생들이 던진 벽돌에 맞아 사망하고 20대 남성은 중상을 입는 사건이 발생했습니다. 사건이 발생한 지 약 일주일 뒤, 같은 아파트에 사는 초등학생이 용의자인 것으로 드러났습니다.

그런데 벽돌을 던진 학생이 형사 처벌 미성년자 즉 '촉법소년'인 만 9세로, 형벌뿐만 아니라 보호 처분조차 내릴 수 없는 것이 알려지자 '촉법소년'의 기준 나이에 대한 개선 등 여러 거센 여론이 일어났습니다.

조: 분명 사랑하는 가족을 잃었는데 가해자가 처벌을 할 수 없는 9세의 어린이라고 해서 책임을 묻지 않는다면 피해자의 유족은 얼마나

화가 날까요? 그리고 그 면책이 그 아이한테도 과연 좋을까요?

박: 우리나라 형사 미성년자는 14세 미만이고, 소년법상의 보호 처분을 받을 수 있는 연령도 10살~13살입니다.

신체 발육과 정서적 발달이 예전과는 달라진 요즘 점점 범죄가 저연령화가 되어가고 있습니다. 요즘은 촉법소년들의 범죄가 살인과 강도, 강간 등 강력하고 흉포스럽게 변하고 있어 문제가 되고 있습니다.

조: 촉법소년이 하나의 면죄부가 되는 게 아닌가 하는 우려가 있어요. 자신이 형사 처벌 대상이 아니라는 점을 악용해 계속 범행을 저지르는 아이들도 있을 것 같아요.

박: 많습니다. 범행을 계속 저지르는 데다 죄의식도 찾아보기 힘든 경우도 있습니다.

아마도 형사 처벌 연령을 14세 미만에서 12세로 또는 10살 미만으로 낮춰야 한다는 이야기가 자연스럽게 나오는 이유일 것입니다. 외국의 경우 형사 미성년자 연령이 만 12세 미만이나 만 11세, 만 10세인 나라도 있습니다. 심지어 미국의 어느 주는 만 6세 미만인 경우도 있습니다.

하지만 우리나라는 형법 제9조의 "14세 되지 아니한 자의 행위는 벌하지 아니한다."라는 형사 미성년자에 관한 규정이 1953년 형법이 제정, 시행된 후 지금까지 아무런 변화가 없습니다.

조: 옛 시대의 연령 잣대에 얽매여 있어 범죄 사각지대가 나타나고 있다면 법을 바꾸는 것이 맞다고 생각합니다. 어린아이들이라고 해서 너무 관대하게 처벌하는 것은 그 아이에게도 득보다는 실이 많다

고 생각해요.

박: 맞습니다. **관대한 처벌은 재범을 쉽게 부릅니다. 어리다는 이유로 무죄 방면되거나 피해자와의 합의로 불문에 부쳐지는 경우 그 아이는 인생을 살면서 반성을 할 수 있는 최초의 기회를 잃어버리는 것입니다.**

처벌받지 않는 유년 시절 성범죄의 경험은 성인이 된 이후 되살아날 가능성이 매우 크다는 연구 결과를 귀담을 필요가 있습니다. 어리다고 처벌을 하지 않는 것이 아니라 미성년자임을 고려해 전과자로 만들지 않는 보호 처분 같은 걸로 대체해야 한다고 생각합니다. 촉법소년의 처벌은 부모도 같이 하는 방향으로 바꿔야 합니다.

조: 형사 처벌은 그렇다고 쳐도 가해 아동에게 민사상 배상 책임을 물 수는 있는 거죠?

박: 피해자 유족들이 가해 아동의 부모에게 '친권자로서 보호와 감독을 제대로 하지 않았다'는 이유로 손해배상 청구 소송을 할 수 있습니다.

조: 만약 이 보호자가 배상해 줄 만한 능력이 안 된다고 하면 어떻게 되나요?

박: 이게 문제입니다. **민사적으로 소년의 부모와 학교 그리고 아파트 관리 주체 등에 대해 관리 책임을 물어 손해배상 청구해야 하지만 우리 법원은 미국 등과 같은 징벌적 손해배상을 채택하지 않고 있습니다.** 피해 유족 측이 원하는 배상액을 못 받는 경우가 많습니다.

조: 이런 경우 국가에서 보상해주는 방법은 없나요?

박: 캣맘 사건 피해자는 범죄 피해자 지원 제도의 대상자도 될 수 없

습니다. 검찰의 범죄 피해자 지원은 고의성 있는 강력 범죄 피해자에게만 해당됩니다.

조: 민사재판에 의한 손해배상 청구가 유일한 구제책인데 이마저도 많이 미비해 보여 안타깝네요.

박: 범죄를 저지른 미성년자일 경우 경찰에 넘겨도 대부분 금전 보상으로 합의를 보거나 죄질이 가벼우면 법원 소년부로 송치하는 경우가 많아 형사 처분으로 이어지는 경우는 드뭅니다. 그나마 만 10세 이상에서 14세 미만의 '촉법소년'의 경우 형법상 미성년자이기 때문에 처벌 없이 곧바로 가정법원으로 송치되는 겁니다.

현행 법원 소년부에서 내리는 보호처분도 너무 솜방망이 처벌입니다. 교정·교화의 기능에 대해서도 저는 매우 회의적입니다.

조: 이렇게 관대하게 처벌하면 피해자는 이중으로 고통받을 것 같아요. 아무리 어려도 엄연히 가해자인데도 불구하고 법이 제대로 처벌해 주지 않는다고 생각하면 이 사회에 대해 불신이 많이 생길 것 같아요.

박: 성인 범죄와의 다르게 여럿이서 공모하는 경우가 많은 청소년 범죄는 그만큼 죄책감이 분산됩니다. 무섭지도, 부끄럽지도 않다 보니 다시 저지르기 쉽습니다. 또래 집단에서 범죄 행위가 통과의례적인 신고식처럼, 범죄를 저지른 아이들이 영웅처럼 대우받습니다.

조: 제때 벌을 받는 것은 찰나의 잘못된 판단이나 실수로 범죄를 저지른 아이들에게 줄 수 있는 최고의, 최선의 기회인 것 같아요. 아이들의 장래를 위해서도 무심한 관대함보다 애정 어린 징벌이 꼭 필요해 보입니다.

촉법(觸法)소년,
법을 초월하는 초법(超法)소년

잔혹한 범죄를 저지른 경우 나이가 어리다는 이유가 무조건적인 면죄부가 되어서는 안 됩니다.

일본은 1997년 고베 아동 연쇄 살인 사건[1] 등 충격적인 소년 강력 범죄를 여러 번 겪으면서 소년범에 대한 형사 처분을 강화하는 방향으로 법이 개정 됐습니다. 2000년 만 16세 이상이던 형사 처벌 가능 연령을 만 14세 이상으로 낮췄고, 2007년에는 소년원 송치 가능 연령을 12세 이상으로 확대했고, 2014년에는 만 14세 이상 소년범에게 선고 가능한 형량을 징역 15년에서 20년으로 상향 조정했습니다.

미국은 아동 범죄를 가장 엄하게 처벌하는 국가로 손꼽힙니다. 미국 관습법에서 7세 미만 소년을 형사 책임 최소 연령으로 보고 13세 미만 범죄자를 '아동비행자'로 보고 있지만 대부분의 주들이 형사 책임 최저 연령을 두지 않고 있습니다. 노스캐롤라이나(6세), 콜로라도, 캔자스, 펜실베이니아(이상 10세) 등 일부 주만 7~14세 사이 최저 연령을 규정하고 있습니다. 최저 연령이 있다 해도 아무 조치를 받지 않는 것은 아닙니다. 7세 미만도 소년법원의 보호 처분이 가능하고, 범죄 의도가 형성되지 않는 것으로 추정하되 사법당국에서 명백하게 이를 입증할 수 있을 경우 형사 처벌도 할 수 있습니다.

---

1. 1997년 5월 효고현 고베시의 중학교 정문 앞에서 절단된 어린이의 머리가 발견됐다. 근처에서 실종된 11세 소년이었다. 한 달 뒤 체포된 범인은 14세의 중학생이었다. 조사 결과 범인은 수개월 전 초등학교 4학년 여아를 때려 숨지게 한 적도 있었다. 이 사건은 일본 사회에 큰 충격을 주고 형사 처벌의 대상 연령을 16세에서 14세로 낮추는 소년법 개정의 계기가 됐다.

영국은 미국과 마찬가지로 7세 미만으로 형사 책임 무능력자로 간주했다가 1963년부터 이를 10세로 유지하고 있습니다. 호주는 10세 미만을 형사 책임 최저 연령으로 두고 있지만, 10세에서 14세 사이 소년에 대해 원칙적으로 형사 책임 능력이 없는 것으로 추정한 뒤 범죄 행위 당시 악의가 있었다는 것을 증명하면 추정을 번복할 수 있도록 하고 있습니다. 만 13세 미만을 최저 연령으로 두고 있는 프랑스의 경우 이들에게 형벌은 부과할 수 없지만 교육적 처분은 가능하도록 하고 있으며, 13~18세도 예외적으로 형벌을 부과할 수 있습니다.

형사 사법 체계를 바꾸자!

교도소를 재활의 터전으로

"히히히, 여긴 학교야, 학교, 나쁜 데는 아니고."
"학, 학교 아니야, 여긴 감옥, 감옥, 다 나쁜 사람들."
– 영화 「7번방의 선물」 중 대사

콩나물 교도소

조: 우리나라 구치소, 교도소에는 수용자가 너무 많아요. 제가 근무했던 구치소는 나름 체계를 가진 대형 교정 시설이었는데도 1990년대 후반에 벌써 재소자의 과밀화를 보였거든요. 한 남성이 1인당 1.24㎡에 불과한 재소자 공간이 인간의 존엄성과 행복추구권을 현저히 침해한다는 이유로 헌법소원을 제기한 것도 수긍이 가요.

박: 우리나라 교도관 1인당 관리 재소자가 3~4명인 데 반해 캐나다는 1명, 독일 2.1명, 영국 2.7명, 일본 3.3명이라고 합니다. 우리나라는 중남미와 비슷한 수준이라고 합니다.

조: 교정 시설의 과밀화가 재소자 관리의 사각지대를 만드는 것은 부인할 수 없는 사실이에요. 교도소 안에서도 자살뿐만 아니라 재소자–재소자 간 또는 재소자–교도관 간 성추행, 폭행, 살인 등의 범죄가 일어나니까요.

그 안에서도 소위 개털(가난한 수형자), 범털(부자 수형자)이라는 계층적인 갈등도 있어요. 교정 시설에서도 범죄가 일어난다는 것은 교정 행정에 뭔가 오류가 있다는 것을 의미한다고 생각해요.

박: 재소자들의 사회화를 위해서는 구치소, 교도소에서도 가족들과 연락을 취할 수 있어야 하고, 공휴일이나 야간에도 면회와 접견을 할 수 있게 해야 한다고 생각합니다.

조: 나쁘지 않은 생각 같아요. 다만 그런 행정 업무를 담당할 인력을 더 확충하는 문제가 생기겠지만요. 구치소나 교도소에 수감된 사람들이 급격히 사회와 멀어지는 것을 많이 목격했어요. 그들이 맺었던 사회적 네트워크를 무작정 빼앗는 것은 그들의 교화에 그리 기여하지 못한다고 생각했어요.

직업 교육이나 외부 연계 근로를 진행하는 교정 행정 서비스를 받은 재소자의 만족도가 높다는 결과를 보면 이런 개방형 사회화 제도를 도입하는 것도 나쁘지 않아 보여요. 모범수를 대상으로 귀휴 제도도 활성화시키면 좋겠고요.

박: **폐쇄형 구치소, 교도소 행정이 변화하지 않는다면 재소자의 스트레스를 키우고 그들을 또 다른 괴물로 만들 수 있습니다.** 이들은 사회로 복귀한들 다시 범죄를 일으킬 가능성이 높습니다. 접견을 가보면 재소자들 간에 범죄정보, 재판정보 등을 공유하여 변호사보다도 자신의 형량을 정확히 맞추는 경우가 있습니다.

그런데 문제는 이에 대해 힘이 있고 높은 사람들의 관심이 적다는 겁니다. 작가님! 교도관으로 근무하실 때 대통령, 장관, 판검사, 인권위 위원들이 방문하는 길 본 적이 있으십니까?

조: 제가 모르는 방문이 있었는지는 몰라도 한 번도 본 적은 없습니다. 사실 재소자의 인권 못지않게 과밀화된 콩나물 구치소, 교도소에서는 교정직 공무원, 즉 교도관들의 인권도 많이 침해받습니다. 업무 강도와 피로, 스트레스와 고뇌가 매우 커요. '3D 공무원'이라 자조하기도 해요. 업무의 질도 그렇지만 구치소나 교도소를 지역사회에서 혐오 시설로 보는 시선 때문에 덩달아 자존감이 낮아질 때도 있었어요. 같은 인간으로서 낙후된 환경 속에 살아가는 재소자들을 바라보면서 마음이 편했던 것도 아닙니다.

많은 수의 재소자들이 집단으로 샤워하고, 사방 안에 있는 한 개의 화장실을 몇 사람이 공동 사용하고 다 같이 음식을 공동 섭취합니다. 가족의 면회는 1회 10분만 가능하고 하루에 운동은 30분 이내에 끝내야 합니다. 분명 이런 낙후된 환경이 재소자들에게 좋은 영향을 주지 못한다고 생각했어요. 지금도 교정 시설의 재소자들은 줄기는커녕 점점 더 늘고 있다고 들었어요.

박: 미국도 범죄 기술을 가르치는 양성소가 됐다는 반성에서 대량 투옥 정책을 40년 만에 폐기한 마당인데 우리나라는 그 반대로 가고 있는 것 같아 답답합니다.

강력범에 대해 엄벌로 다스려야 한다는 분위기로 실형 선고 비율이 높아지고 경기가 좋지 않아 절도범 같은 생계형 범죄자들의 구속이 늘어나고 있습니다. 거기에 반비례해 강화된 가석방 기준 때문에 석방률은 점점 낮아지고 있습니다. 형기의 1/5을 채우면 가석방시킬 수 있는 미국과 1/4만 지나면 심사 대상이 되는 프랑스와 달리 우리나라는 1/3을 복역해야 대상이 되고, 그마저도 대부분 만기를 얼마 안 남겨놓고 출소할 뿐입니다. 과밀화 해소를 위해 가석방 제도를 적극적으로 활용해야 합니다. 사형수를 그냥 가만히 가둬놓고만 있는 것도 재고해야 합니다.

조: 우리나라는 사실상 사형 폐지 국가와 다름없는 상황이잖아요? **저 역시 사형수를 지금과 같은 형태로 수용만 하고 있는 부분에 대해 생각해봐야 한다고 생각해요. 사형만 언도받은 그들이 실제로는 교정 시설에서 노역도, 다른 형벌도 받지 않은 채 잘(?) 지내고 있는 건 뭔가 불합리해 보여요.** 제가 구치소에 있을 때도 정신 질환을 가진 범죄자들도 있었거든요. 장애인이거나 치매를 앓는 노인인데 범죄를 저지른 사람들이 좀 있었어요. 이런 사람들은 충분히 치료 감호를 시키는 공주감호소에 보내도 될 것 같은데도 일반 교도소로 이송을 가더라고요.

무조건 수감을 시키는 것보다 먼저 치료를 받게 하는 것이 정신 질환 범죄자들한테는 더 필요한 것이 맞잖아요? 만기출소 전에도 재범가능성이 있으면 치료보호를 받도록 하는 방법도 강구하여야 합니다

조: 범죄학에서 '6%의 법칙'이라는 게 있다고 해요. 사람들 중에서 평생 범죄를 저지르는 사람은 6%에 불과하다는 이론입니다. 94%에 속하는 제가 구치소에서 그 6%를 조우했던 경험은 제 인생에서도 많은 것을 바꾸게 했어요.

박: **평범한 삶의 궤적을 그리며 살고 있는 94%의 사람들보다 6%에 관심을 더 기울여야 합니다.** 그 6%를 잘 교정·교화하지 못하면, 그들에게 그 굴레를 벗을 수 있는 사회 시스템을 예비해주지 않으면

94%를 상대로 또 다른 범죄를 저지를 가능성이 높아집니다.

또한 더 강력해진 6%가 94% 중에서도 아슬아슬하고 위태로운 경계의 일부를 자신들의 영역으로 끌어당길지도 모릅니다.

소도둑을 키우는 교도소

조: 살기 힘들어서 감옥에 들어가기 위해 다시 범죄를 저지르는 사람들을 보면서 교정 행정에서 강조하는 교정·교화를 통한 재범 억제가 과연 제대로 이뤄지는가, 하는 의문이 들어요.

박: 솔직히 교정 시설에 들어가기 전, 사법 행정에서 하는 처분들이 이미 재범 억제를 제대로 못하고 있습니다.

징역 1년 이내의 단기형은 오히려 재범 방지라는 효과보다는 낙인자로 만들어 재범자를 양산해 행형 정책상 효과가 없다는 견해가 있음에도 불구하고 단기형을 많이 선고합니다. 죄에 합당한 형벌을 주면서도 이것이 재범을 막을 수 있는가를 고민해야 하는데 그렇지 못합니다.

성탄절을 맞아 심리 치료와 봉사 명령을 잘 받고 반성한 형사 피고인에게 집행유예를 선고한 사건을 보면서 우리나라에서도 어서 빨리 처벌 중심의 형사 사법에서 치유 중심의 형사 사법 체계를 도입해야 한다고 생각했습니다.

법규의 기계적 적용보다는 인간에 대해 고민하는 경찰, 판사, 검사가 많아져야 하는데 그렇지 못하니까 구치소, 교도소가 바늘 도둑을 소도둑으로 만드는 인큐베이터, 소위 '학교'가 됐습니다. 이제라도 '가두는 교정'에서 벗어나 '사람을 바꾸는 교정'을 해야 하지 않겠습니까?

조: 감옥에서 재사회화되지 못하고 오히려 범죄 기술을 배워서 더 심화된 괴물이 된 범죄자들을 왕왕 봅니다. 마약 투약 사범으로 들어온 재소자들이 출소 후, 몇 개월 후에 다시 들어오는 경우를 많이 봤어요. 오히려 이 안에서 정보를 교환하고 동종범의 범죄 습벽까지 학습하지 않았나 의심이 들기도 했어요.

21명을 무참히 살해해 사형을 선고받은 유영철도 처음에는 경미한 절도범이었고, '트렁크 살인 사건'의 김일곤 역시 처음에는 날치기범으로 시작했다는 것에 주목해야 한다고 생각해요.

박: **수많은 수용 생활을 하면서 인간관계 다 끊기고 사회와 고리를 잃어버린 그 사람들이 출소 후 재범을 하지 않게 하려면 보호, 관찰, 갱생 위주의 치유 시스템으로 전환해야 합니다.**

도둑질 등 경제적 곤궁 범죄의 경우 도배 기술이나 전기 기술 등 사회에 돌아가서 할 수 있는 기술이나 직업 교육을 해준다면 다시 범죄를 선택할 가능성은 현저히 낮아질 것입니다.

재벌, 사기꾼 등 악질범죄자들은 수감 후 출소 시 수감비용을 추징할 수 있도록 해야 합니다. 국민 세금으로 수감비용을 충당하는 것은 바뀌어야 합니다.

아울러 재범방지를 위해 출소 전 재범위험성 여부를 확인하고, 출소후 피해자에게 출소사실을 통보하여 보복 우려시 경찰에 신고하도록 하는 방법도 강구하여야 합니다. 재범방지는 교도소와 경찰, 보호관찰소, 지자체가 유기적으로 정보도 공유하고 협조하여야 합니다.

조: 바늘 도둑에 대한 적절한 처벌과 경제적으로 자립할 수 있는 지원 시스템을 만들어준다면 선량한 시민으로의 복귀가 훨씬 쉬워지겠지요.

박: **범죄자들의 진정한 반성이나 깊은 참회를 이끌어내지 못하는 지금의 교정 정책은 전면 수정돼야 합니다.**

억울함과 반발감, 사회에 대한 분노와 복수 심리만 증폭시키는 공간에서 죄책감이 무뎌진 그들이 더 흉포해진 예비 범죄자가 되는 걸 국민들은 결코 원하지 않을 것입니다.

The birth of the crime

경찰 스스로 자신의 내부를 돌아보고 변화를 추구해야 할 때를 맞이했습니다. 지금 이 대로 있다가는 우리의 이웃. 사회를, 국가를 위험하게 만드는 주범으로 전락할 수 있습니다. 국민에게 신뢰와 공감을 얻는 경찰. 정의를 실현하는 경찰이 되기 위해서 경찰 조직 안의 썩은 부분을 도려내고 치유해야 합니다.

경찰이 위험하다면 국민 역시 위험해집니다. 경찰이 고여 썩지 않기 위해서는 상처를 잘 거풍하듯 경찰 내부 구성원뿐만 아니라 검찰이나 법원 등 조직 외부와도 늘 터놓고 소통해야 합니다. 의무는 다하지 않으면서 권한만 다투는 경찰은 국민들이 곱지 않게 쳐다볼 것입니다.

'약한 공권력'을 만든 것은 다름 아닌 '약한 경찰'입니다. 국민을 지키는 가장 가까운 힘이 되기 위한 방법은 바로 국민 가까이 다가가는 것입니다.

'현장을 지키는, 현장을 이해하는, 현장을 사랑하는' 경찰이 돼야 합니다.

여섯

경찰의
탄생

감정 노동자
대한민국 경찰

"조선 시대에도, 로마 시대에도 깡패만 있었겠냐?
강력반 형사도 있었다."
— 영화 「강철중: 공공의 적 1-1」 중 대사

조: 미국에서 연봉 10만 달러라는 고액을 받는 블루칼라 직종 순위를 발표했는데 놀랍게도 1위가 뉴욕 경찰이었어요. 거의 연봉이 1억 원이네요. 미국에서 경찰이라는 직업이 이렇게 좋은 대접을 받는 줄 저는 처음 알았어요.

박: 말 그대로 '꿈의 직장'입니다. 초과근무 수당을 제외한 순수 연봉으로만 따지면 일반 경관의 연봉이 5만~11만 6,000달러, 경사 이상이 되면 10만 5,000~13만 1,000달러입니다.

조: 아무래도 총기 소유가 자유로운 나라라 위험수당이 많이 붙어서 그런 걸까요?

박: 목숨을 걸고 치안을 관리하는 부분을 인정해줍니다. **위험한 지역이나 근무지에서 근무한다고 해도 수당은 더 나오지 않는 우리나라와는 천지차이입니다.**

조: 과거 민중의 지팡이라고 불렸던 경찰들이 요즘은 '민중의 봉', '민

중의 호구'라는 비아냥을 듣기도 한다면서요? 경찰로 공직을 마치신 입장에서 이런 조롱에 어떻게 생각하시나요?

박: 시민들을 직접 상대하고 특히나 술에 취해 난동을 부리는 사람들을 저지해야 하는 현장 경찰관들의 감정 노동 강도는 힘겨울 정도로 셉니다.

조: 감정노동자라? 과거 경찰은 국정원 직원 다음으로 권위를 가진 직업군이었는데 어쩌다가 공권력의 위신이 이렇게 추락한 걸까요?

박: 지금은 과거의 권위를 내세웠다가는 욕만 먹습니다. 주취자들한테 파출소 직원들이 많이 시달립니다. 주취자들로부터 멱살 잡히고, 심지어 주먹으로도 맞습니다.

문제는 폭행당한 경찰들이 손해배상을 청구하려면 변호사 도움을 받아야 하는데 이게 말처럼 쉽지 않습니다.

조: 폭행당한 경찰들이 민·형사상 소송을 걸면 무조건 다 이길 것 같은데 왜 그런가요?

박: 공무집행방해죄로도 되고, 손해배상 청구 소송을 해도 무조건 이길 수 있습니다.

하지만 민사는 개인적으로 해야 하는데 바쁜 경찰관들이 언제 이 소송에 신경 쓸 수 있겠습니까? 근무 끝나고 쉬어야 되고, 곧바로 다시 근무 투입되는 실정인데 소송을 벌이는 것 자체가 쉽지 않습니다.

조: 많이들 그냥 넘어가시는 분위기인가 봐요? 조직 내부에서 지원해주는 파트가 따로 없나요? 고문변호사를 활용하는 방법 같은 거는요?

박: 저 같은 변호사를 경찰로 특채하더라도 경찰들을 위한 법률 구조 활동보다는 주로 다른 파트에 가서 근무하는 경우가 많습니다.

사실 특채 변호사들은 실질적인 도움을 많이 못 주고 있습니다. 소송 구조 활동을 하려면 직접 본인이 위임을 받아서 해줘야 합니다. 무료로 해줘야 하고, 원고라면 원고 대리까지 해줘야 하는데 실제로는 전화나 대면 상담에만 그칩니다. 진정한 의미의 법률 구조 활동을 하고 있다고는 전혀 보기 어렵습니다.

조: 인권을 많이 강조하다 보니까 법을 집행하는 데 있어서 애로사항이 많다고 들었어요.

박: 국민들의 인권은 강조해도 지나치지 않겠지만 실제 법 집행 현장에서는 악질 민원인도 많습니다. 그런데 그런 사람들에 의해 침해된 경찰들의 인권은 전혀 보호받지 못하는 것이 문제입니다. 악질 민원인들은 아주 지능적이어서 법을 집행하는 경찰관을 자극하여 약간 위반하도록 유도합니다.

예를 들어 술 먹고 경찰관의 얼굴에 침을 뱉은 사람을 제압하려고 팔을 좀 비틀거나 수갑을 채우면 인권 침해를 주장하며 여기저기에 민원을 올립니다. 그 과정에서 악질 민원인의 과도한 행위는 온데간데없이 사라지고 경찰관의 작은 위법 행위만 크게 부각됩니다. 수갑을 사용할 때마다 '몇 날 몇 시에 누구를, 왜, 어떻게'를 장부에 적어야 하는 현실성 없는 규정을 좀 위반했다고 다그친다면 어떤 경찰관이 소신 있게 법을 집행할 수 있을까요?

조: 공권력 남용이다, 인권 침해다 이런 소리가 듣기 싫어서라도 써야 할 장비도 안 쓸 것 같네요. 미국과 같은 공권력이 강한 나라에서는 경찰들과 같은 제복 공무원들의 권위와 권한을 폭넓게 인정한다면서요?

박: 한 나라의 국격은 '그 나라를 위해 목숨을 바친 영웅들을 어떤 식으로 기억하는가에 따라 달라진다'는 말이 있습니다. 그런 의미에서 우리나라 국격은 그리 높다고 말하지 못할 것 같습니다.

안타깝게도 미국과 달리 우리나라는 순직한 경찰관을 끝까지 책임져주는 나라는 아닙니다. 강력계 형사 중 탁월한 사건 해결 능력을 보인 1명에게 수여하는 '베스트 참수리'에 3년간 6차례 선정된 한 경찰관이 순직했습니다. 하지만 그 경찰관의 장례식에 태극기 조기를 게양하지 못했습니다. 이유는 단순했습니다. 관련 규정이 없었기 때문입니다.

조: 영웅의 죽음 앞에서조차 법률 미비로 조기를 걸지 못하는 나라라니…. 어처구니가 없군요.

박: 미국은 경찰이나 소방관이 순직했을 때 카운티나 타운 단위로 조기를 거는 것이 일상화돼 있습니다. 경찰관, 소방관, 군인, 산악구조원 등과 같이 시민의 안전을 최우선 가치로 삼고 국가에 헌신하는 'MIU(Men In Uniform: 제복 입은 사람들)'를 경배합니다.

조: 제복을 입었다는 이유만으로 '의무'라는 짐만 단단히 지울 것이 아니라 우리도 그들을 향한 '존경'의 자세를 제대로 걸칠 필요가 있어 보입니다.

경찰의 권위를 인정해야
국민들의 권리도 지킬 수 있습니다

한국고용정보원에 따르면 경찰관은 한국의 주요 직업 중 '화나게 하거나 무례하게 행동하는 사람을 만나는 빈도'가 가장 높은 것으로 나타났습니다. 공권력의 상징인 제복을 입고 엄정한 법 집행과 국민의 안전을 위해 일선에서 근무하는 경찰관이 주취자에게 멱살을 잡히고 민원인들의 욕설과 고함을 들으며 범죄자에겐 흉기 위협을 받으면서도 자신의 감정은 배제하며 치안서비스를 펼치는 을의 '감정노동자'가 돼버린 것입니다.

하지만 확실히 알아야 할 것이 있습니다. 경찰은 민중의 봉이 아닙니다. 경찰이 가진 권위를 인정하여 '민중의 지팡이'로 거듭나게 해 줘야 국민들이 진정 필요로 할 때 국민들을 위해 힘차게 휘두를 수 있다는 사실을 말입니다.

'표현의 자유'라는
이름에 깔린 안전과 인권

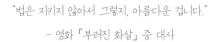

"법은 지키지 않아서 그렇지, 아름다운 겁니다."
– 영화 「부러진 화살」 중 대사

조: 광화문 광장에서 있었던 집회에서 시위대 한 명이 중태에 빠져서 경찰 공권력에 대한 비판 여론이 거세게 일어났던 사건이 있었습니다. 60대 한 농민이 물 대포에 맞아 다친 것도, 광화문 광장이 폭력 시위가 난무하는 곳이 됐다는 사실도 많이 안타까웠어요.

박: 광화문 광장은 우리나라의 대표적 광장입니다. 국민들에게 가장 존경받는 이순신 장군과 세종대왕의 동상이 있고, 외국인들도 많이 방문하는 곳으로 그야말로 한국을 상징하는 곳입니다. 이런 곳에서 폭력 집회는 절대 일어나서는 안 되는 일이었습니다.

조: 어찌됐든 경찰관이 행사한 물리력으로 사람이 다쳤습니다. 이건 어떻게 생각하세요?

박: 먼저 경찰의 공권력이 불법 시위대에 공격받았다는 사실을 도외 시해서는 안 됩니다. 만약 미국에서 경찰 버스에 밧줄을 매달아 끌 어내고, 시위대가 경찰을 끌고 갔다면 CNN은 대대적으로 방영했을

겁니다. 그만큼 미국에서는 전혀 용인되지 않는 광경입니다.

미국은 헌법에서 집회의 자유를 보장하고 있지만, 불법·폭력집회나 시위에 대해서는 불법집회죄, 평화교란죄, 소요죄 등 일반적인 형사 법규로 규제하고 있습니다.

조: 경찰이 위헌 결정이 난 차벽을 설치하여 평화로운 합법 시위를 방해했다는 주장에 대해 어떻게 생각하세요?

박: 경찰은 일반 시민들의 통행을 보장하기 위해 부분 통행로를 확보하고 안내팀까지 배치하여 차벽을 설치했기 때문에 위헌은 아니라고 생각합니다. 문제는 쇠파이프, 각목, 보도블록을 사용하여 경찰버스를 손괴하고 밧줄로 설치 버스를 이끌어내고, 심지어 횃불로 방화까지 한 일부 시위대의 행위들입니다.

하지만 폭력 시위로 공권력을 공격한 행동에 대한 자구 행위에 사람이 다친 것은 유감스러운 일입니다.

조: 집회를 하려면 허가를 받아야 하나요? 아니면 등록만 하면 할 수 있는 건가요?

박: **현재 집회는 사실상 등록제 형식으로 운영됩니다. 현장에서 금지, 제한 통보를 하지 않습니다. 하면 이의 신청, 행정 소송 제기로 귀찮아지니까 금지, 제한 통보를 하지 않습니다. 이것이 문제입니다.**

경찰 버스 차벽 뒤에 숨어서 집회 시위대에 대응해야 하는 경찰의 모습을 보면 저는 서글픈 생각이 듭니다. 이런 무기력한 공권력의 모습에서 경찰의 공권력 과잉을 말하는 것이 저는 오히려 놀랍습니다.

조: 집회 시위 주최 측이 집회 신고를 할 때 경찰이 금지하거나 제한해야 할 행위에 대한 것을 지정하거나 요청할 수는 없나요? 뭐가 허

용되고, 뭐가 허용되지 않는 것을 알려주면 그래도 기본적인 질서는 지키지 않을까요?

박: 집회 시위 신고를 할 때 자체 질서 유지인을 두게 돼 있는데 이들이 제대로 질서 유지 업무를 한다고 보기에는 미흡한 경우가 많습니다.

무책임한 집회 관리로 인해 일어나는 소음과 혼란으로 경찰만 힘든 것이 아닙니다. 주변 시민들의 건강권과 영업권이 현저하게 침해받을 수 있습니다. 게다가 집회 시위 신고를 할 때 방어성 허위 유령 집회 신고를 하는 경우도 있습니다. 제한 통보 없는 신고 접수식 집회 관리 방식은 바뀌어야 합니다.

조: 미국에서 집회 시위를 하는 모습을 뉴스에서 본 적이 있어요. 정연하게 질서를 유지하는 시위대 근처에 경찰들은 멀뚱히 서 있기만 하더라고요. 마침내 시위가 끝난 후 서로 수고했다고 악수를 건네고 어깨를 감싸 안는 그들의 모습은 참 훈훈해 보였어요.

서로 지킬 것은 지키면 우리도 그렇게 아름다운 광경을 연출할 수 있을 텐데 하는 아쉬움이 들었어요.

박: 미국을 비롯한 선진국에서는 폴리스라인 안에서 대부분 시위나 집회를 하고 해산을 합니다. 폴리스라인 밖으로 나오면 총기 사용도 가능하고 반드시 형사 처벌을 받습니다. 폭력과 테러에 민감한 미국에서는 어떤 형태로든지 국가 공권력에 도전하는 것을 두고 보지 않습니다. 국민들도 용서해서는 안 된다는 인식을 갖고 있습니다.

경찰도 법에 규정된 대로, 신고한 대로 집회 시위를 하면 절대 간섭이나 규제를 하지 않습니다.

조: 우리나라는 경찰이 연행한 불법 집회 시위 사범에 대해 어떻게 처리하나요?

박: **초범, 우발성, 피해 경미, 증거 부족 등의 이유로 구속 영장이 많이 기각당합니다. 판사들이 단 한 번만이라도 시위 현장에 직접 가서 그 중심에 서 있어봤다면 절대 이렇게 처리하지 않을 것입니다.** 사건 기록만으로 구속 여부를 판단하는 사법 현실이 안타깝습니다.

불법 집회 시위 경력을 가진 단체들에 대해 집회 시위 신고를 금지(제한)하고, 만약 불법 또는 폭력시위가 발생했을 때는 끝까지 민·형사상 책임을 추궁해야 한다고 생각합니다.

조: 집회 시위를 통해 추구하는 목표나 주장이 공감을 받으려면 그 절차도 적법해야 한다는 말씀이시죠?

박: 사실 우리나라의 시위 문화에 대해 언급하는 것 자체가 부담스럽기도 하고, 잘못 얘기하면 많은 사람의 원성을 듣기도 합니다. 대다수 지식인이 외면하는 민감한 문제이기도 합니다. 특히나 경찰 출신인 제 말은 호도될 가능성이 높다는 것도 잘 알고 있습니다.

하지만 누군가는 말해야 한다고 내내 생각했기에 그동안 한국의 시위 문화에 대해 했던 고민을 풀어보았습니다. 이 문제에 대해 저와 토론하고자 하는 분들이 계시면 언제든 저는 대환영입니다.

공권력은 권력이 아니라 권리

공권력은 경찰을 위한 권력이 아니라 국민을 위한 권리입니다. 경찰을 바라보는 눈, 최소한 사회적 질서를 위한 최소한의 권위를 인정하는 자세를 가져야 국민들이 위급한 상황을 당했을 때 빠르고, 편리하게 공권력의 도움을받을 수 있습니다.

공권(公權)이 '텅 빈 주먹'을 뜻하는 공권(空拳)이 되면 국민들 역시 국민으로서 당연히 누려야 할 권리를 제대로 움켜잡을 수 없을지도 모릅니다.

한국판 셜록 홈즈를
허(許)하라!

"아무리 완벽한 범죄라 하더라도
사람이 한 짓이라면 분명히 해결할 수 있다."

- 셜록 홈즈

조: 어린 시절 셜록 홈즈나 명탐정 코난 시리즈를 한 번이라도 읽어
본 사람들이라면 탐정에 대한 선망과 로망이 있습니다. '민간조사업'
으로도 부르는 탐정업이 외국과는 달리 아직 우리나라에서는 합법화
가 되지 않았는데요, 이 탐정업의 국내 도입이 왜 필요한 걸까요?

박: '탐정업'이란 의뢰인을 대리해 각종 사실 관계나 정보를 조사·수
집한 뒤 제공하는 서비스업을 말합니다. 셜록 홈즈와 명탐정 코난처
럼 경찰이 아닌 민간전문가 입장에서 사건을 조사하고 추리를 통해
미스터리한 사건의 실체를 밝히는 데 도움을 주기도 합니다. 민간
조사업은 국민의 권익 보호에 도움을 준다는 점에서 장점이 매우 큰
업종입니다.

조: 영국이나 미국 등 외국에서는 활성화된 업종이라 들었어요.

박: **미국과 유럽 등에서는 연매출 1조 이상의 대형 회사가 즐비한 산
업 분야입니다.** 세계적으로 보면 OECD가입 34개 국가 중 우리나

라를 제외한 모든 국가에서 민간조사업이 활발합니다. 미아·실종자 등 사람 찾기, 피해 조사, 거래처 신용 조사, 기업 자체내 부정비위 적발 조사, 보험사기 조사, 신변 경호 등 다양한 업무를 하고 있고, 민간 영역에서 경찰력을 보완하는 역할도 하고 있습니다.

조: 우리나라에서 탐정업을 아예 열 수가 없는 건가요?

박: 탐정업은 현재 국내에서는 허가받을 수 없는 불법 직종입니다. 탐정이란 이름을 내걸고 특정인의 소재를 알아내거나 관련정보를 수집하면 형사 처벌까지 받고 있습니다.

신용정보법 위반으로 5년 이하의 징역이나 5,000만 원 이하의 벌금을 내야 합니다. 변호사법에서도 형사 사건 관련 조사 업무를 포함해 일체의 법률과 관련된 사무 취급은 변호사만이 가능한 업종으로 엄격히 제한하고 있습니다. 그것도 자신의 수임 사건에 한합니다. 여러 법률의 제한으로 조사의 범위는 외국의 탐정에 비해 매우 한정적입니다.

민간 차원에서 사실 조사나 정보 수집을 하고 싶어도 법적으로 통로가 막혀 있어서 불법과 위험성을 알면서도 심부름센터의 문을 두드릴 수밖에 없는 현실입니다.

조: 만약 탐정업이 합법화되면 지금 유사한 탐정업을 하고 있는 변호사들이 반발할 수도 있지 않을까요? 안 그래도 최근에 변호사들도 부동산 중개 시장까지 넘보는 등 직역을 확대할 정도로 그 세계가 치열하다는 기사를 읽은 것 같아서요.

박: 자신의 파이가 그만큼 작아지는 부분이 있으니까 반발할지는 모릅니다. 하지만 국민들의 수요가 많다는 점에 주목해야 합니다. 심부

름센터 등의 이름으로 탈법적 사생활 조사나 개인 정보 누설이 기승을 부리면 결국 국민들에게 피해가 돌아갈 수 있으니까 무조건 탐정업을 반대해서도 안 될 말입니다. **'사실 조사'를 하는 탐정과 '법률 사무'를 하는 변호사는 경쟁이 아니라 상호 보완하는 환상의 콤비가 될 수도 있습니다.**

게다가 전체 시장의 파이를 키우는 것이 변호사들한테도 결코 나쁘지 않습니다. 1996년 OECD 가입에 따라 외국 업체가 국내에서 민간조사 활동을 하는 것이 합법적으로 가능해졌습니다. 외국 업체가 진출해서 국내 시장을 잠식하기 전에 우리 민간조사업을 서둘러 합법화하고 양성화시킬 필요가 절실해졌습니다.

조: 국가공권력도 아닌 일반 민간업자가 국가공권력에 준하는 조사권한을 가지게 되면 국민의 사생활 등 정보가 노출될 수 있다는 우려도 있는데 여기에 어떤 보완책이 필요할까요?

박: **민간조사업자의 자격을 철저히 검증하면 됩니다.** 퇴직 경찰 등 국가가 인증하는 사람들을 뽑아 준법 교육을 실시하고 영업자 준수사항에 대한 면밀한 검토를 하면서 적정하게 관리하면 그런 부작용을 충분히 예방할 수 있습니다.

조: 퇴직 경찰들이 노후에 새로운 2막 인생을 여는 데 민간조사업이 새로운 활로가 될 것 같네요.

박: **많은 퇴직 경찰의 전문성이 사장되는 것은 안타까운 일입니다.** 사실 우리나라 제복 공무원은 은퇴 후 일거리가 마땅치 않은 것이 현실입니다.

사실 저는 민간조사(탐정)제도가 법제화돼야 미제 사건 해결에도 큰 도움이 될 것으로 기대하고 있습니다. 경찰에서 아직도 해결하지 못하고 있는 미제 사건들을 공개하여 민간조사원들이 해결할 수 있도록 정보를 공개해 민·관이 공조한다면 미제 사건도 많이 줄어들 것이라 확신합니다.

조: '전문성'이라는 측면에서도 민간조사업은 필요해 보이는군요.

세상은 하루가 다르게 복잡해지고 있고, IT기술이 발전하면서 교묘한 범죄나 민간인이 입증하기 어려운 복잡한 권리 분쟁이 많아지는 요즘, 경찰이나 사건 당사자가 가지지 못한 전문성을 가진 민간조사업자가 도와준다면 개인의 권익 구제는 물론 사회적 비용 절감에도 꽤 기여할 것 같아요.

박: **일자리 창출이나 경제 발전에도 기여할 수 있습니다.** 한류 열풍을 이끈 우수함으로 무장한 한국의 탐정들이라면 민간조사업을 고수익부가가치 산업으로 만들어 수출할 것입니다.

사생활 침해하는 탐정, 그건 기우다

사립탐정제도의 도입이 사생활 침해를 가져올 것이라는 우려와 달리 전통적으로 개인의 사생활을 중히 여기는 국가인 영국과 미국에도 사설탐정제도는 활성화되어 있습니다.

법제의 정비와 사후 관리로 사생활 침해 논란은 충분히 불식시킬 수 있습니다. 공권력의 사각지대에 놓인 개인의 권익 구제가 더 효과적으로 될 수 있다는 이유만으로도 무조건 탐정업에 대한 색안경은 벗어야 한다고 생각합니다.

특히 우리와 사법제도가 비슷한 일본의 경우에도 수만 명이 넘는 사립 탐정이 기초 조사과정이나 증거 수집 활동을 활발히 하고 있고, 심지어 몇몇 대학에 탐정학과를 두어 전문 탐정을 배출하고 있습니다.

소통하는 경찰

수사는 문답조서 말고 대화로

"보이는 것도 우린 놓칠 때가 많죠."

– 영화 「조용한 세상」 중 대사

조: 드라마나 영화를 보면 경찰관들이 조서를 꾸미는 장면이 많이 나오잖아요? 으레 그 장면에서 경찰들은 고압적이고 퉁명스럽게 묻기만 해요. 질문에 대한 대답을 세세히 듣는 모습은 보이지 않아요.

박: 실제로 경찰들이 조서를 꾸밀 때 일방적 지시나 통제하는 질문을 많이 합니다. 게다가 시간도 엄청 깁니다. 경찰서나 검찰청에 가서 '6시간 조사'를 받았다는 둥 심지어 '12시간 조사'를 받았다는 둥의 기사를 많이 보셨을 겁니다.

우리나라의 조사 방식은 전형적인 문답식 조사입니다. 질문하고 대답하는 조사방식이어서 시간이 엄청 많이 걸립니다. 피의자나 형사조차도 쉬는 시간이 없습니다. 수사관들은 묻는 말에만 대답하라는 식으로 말합니다.

조: "예" 또는 "아니오"라고 단답형으로 답할 수밖에 없는 질문을 '닫힌 질문'이라 한다면 자신의 의견을 자유롭게 말하도록 하는 질문을

'열린 질문'이라고 하는데, 우리나라 경찰들은 이 닫힌 질문을 많이 던지면서 조사하는 것 같아요. 특별한 이유가 있을까요?

박: 이미 답을 한정시키는 '닫힌 질문'은 피조사자의 기선을 제압하는 데 유리하거든요. 피조사자의 자존감을 깎는 데 효과가 있어서 거짓이나 허위 진술의 가능성을 차단하는 데 도움이 되는 것도 사실입니다. 범죄를 저지른 사람들은 자기 방어 본능에 의해 자신에게 유리한 쪽으로 말을 만들거나 각색을 하곤 합니다.

대화식으로 조사를 진행하면 이런 여지를 주게 될까 봐 그런 것도 있습니다. 하지만 그런 우려에도 불구하고 저는 이런 문답식 조사를 바꾸어 대화식 조사를 해야 한다고 말하고 싶습니다.

조: 대화를 함으로써 심도 있는 조사가 가능해질 것 같기도 해요. 솔직히 단순히 죄가 있다, 없다 자체를 조사하는 것도 중요하지만 그 범행의 배경, 동기, 범죄자의 심리 상태 같은 것들에 대해 세밀하게 나눈 대화들이 차후 유사 범죄가 발생하면 수사에 많은 도움을 줄 수 있을 것 같아요.

박: 수사라는 것은 조사자와 피조사자 간의 소통입니다.

지금은 둘 사이에 있는 컴퓨터 모니터만 보고 조사해서는 안 됩니다. 묻는 말에만 대답하라는 말은 구시대적인 방법입니다. 사실 피조사자의 입장에서는 경찰이 던지는 질문 자체가 이해가 안 되는 경우가 있을 텐데 위축돼서 다시 묻지 못하면 잘못된 답변을 할 가능성도 충분히 있습니다.

사람이 얼굴과 표정을 살피면서, 호흡을 느끼면서 대화를 하다 보면 진실 규명이 더 잘 될 때가 있습니다. 범죄를 저질렀냐는 질문에 거짓 답변을 하는 범죄자의 "아니오!"라는 말을 자판으로 두드리기에 앞서 눈동자가 떨리는지, 눈을 깜빡이는지, 뺨을 붉히는지를 보는 게 더 중요할 수 있습니다. 단순한 문답식 조사를 담은 경찰의 조서는 진실을 규명하는 데 많이 부족한 자료일 수밖에 없습니다.

조: 인간 대 인간으로서 진심을 나누고, 그래서 더 빨리 진실을 찾을 수 있다면 경찰의 조사 방법을 대화식으로 바꾸는 것도 나쁘지 않아 보입니다. 게다가 선진 인권을 구현하는 데에도 기여한다면 망설일 필요가 있을까요?

기계적인 처벌주의보다는 화해주의를!

어떤 사건·사고가 일어나면 가해자와 피해자가 있습니다. 저는 경찰이 화해주의에 입각해 둘 사이에 조정자의 역할을 해야 한다고 생각합니다. 현장에 없었던 검찰과 경찰은 선입견을 갖고 사건을 대할 수밖에 없습니다. 대개는 피해자의 말에 귀 기울일 수밖에 없습니다. 그래서 대뜸 가해자를 구속부터 하고 수사하기도 합니다. 그 과정에서 가해자는 방어권을 거의 행사할 수 없습니다. 하지만 이런 기계적인 처벌주의에서 벗어나 선입견을 버릴 필요가 있을 것 같습니다. 100%의 완벽한 피해자도, 100%의 완벽한 가해자도 없는 사건이 대부분입니다. '처벌'보다 '화해'를 먼저 생각하면 경찰의 손에서부터 중재할 수 있는 사건·사고는 많아질 것입니다. 가해자까지 포함한 사건 당사자들, 경찰 활동 지역 안의 사회적 약자와 지역 커뮤니티와 잘 소통하면 할수록 기계적인 입건 수는 현저히 줄이고, 원활하게 처리된 중재 건수가 더 증가할 것입니다.

기본 중의 기본
'현장'을 챙겨라!

"피해자들은 말이야 살았다 생각하고 찾으면 살고,

죽었다 생각하고 찾으면 죽더라고."

– 드라마 「나쁜 녀석들」 중 대사

조: **경찰이 가장 신경 써야 할 것이 '현장'과 '초동 수사'라는 이야기를 들었어요.** 그런데 기본 중의 기본인 현장에서 경찰의 미흡한 대처로 인해서 일어나는 사건들과 부실한 초동 수사 때문에 해결하기 곤란해지거나 장기화되는 사건들이 꽤 많은 것 같아요.

박: **수사의 기본은 현장 보존, 탐문, 잠복, 감식이라고 합니다, 이 기본이 무너지면 수사가 실패합니다.**

예를 들면 이태원 살인 사건 같은 경우 하나의 거대한 증거물인 사건 현장을 경찰은 보존 조치도 안 하고 영업을 해야 한다는 업주 말만 듣고 청소를 시켜버렸습니다. 캣맘 살인 사건 때도 증거 수집이 엉망이었습니다. 유병언 사체 발견도 경찰의 부실한 초동 수사로 인해 놓쳤습니다.

수갑을 찬 채 경찰 조사를 받다가 피의자가 도주하는 사례도 종종 일어납니다. 경찰의 가장 기본인 수갑이나 포승줄을 제대로 채우지 못해 일어나는 사고가 많습니다. 몸 뒤로 수갑을 채우는 미국 경찰처럼 뒤로 채워야만 수갑을 채우는 본연에 목적에 충실할 수 있습니다. 하지만 우리나라에서는 인권 침해 논란 때문에 앞으로 채워야만 합니다.

조: 제대로 일하지 못할 때마다 법 규정이나 매뉴얼 타령을 한다고 하지만 사실 현장에 맞지도 않는 법 규정이나 매뉴얼이 문제가 돼 일어나는 사건도 많은 것 같네요.

박: 거기에 현장을 중요하게 생각하지 않는 조직 문화도 일조하고 있습니다. 현장을 중시하지 않다 보니 수사의 기본 중의 기본이라 할 수 있는 초동 수사도 엉망일 수밖에 없습니다. 학력 수준이나 스펙이 좋은 경찰관들도 많아졌지만 풍요 속 빈곤인지 오히려 수사의 ABC를 모르는 사람들은 더 늘어났습니다.

뛰는 경찰보다 보고 지시하는 경찰이 더 많습니다. 팔다리는 가늘고 머리만 큰, 기형적인 조직은 실패한 조직이라는 말이 있습니다.

계급 TO를 확대하려는 목적에 현장 인원을 보강하기보다는 지시를 내리는 관리 감독 부서만 키우는 꼴입니다. 현장을 달려가는 현장 경찰에게 빨리 보고하라고 지시 닦달하는 상부직원들이 더 많습니다.

조: 국민과 가장 밀접한 치안 인력이 머무는 곳이 일선 파출소잖아요? 파출소의 인력 현황은 어떻게 되나요? 적정한 수준은 유지하고 있나요?

박: 지금 경찰 인력은 13만이지만 현장 인력은 턱없이 부족합니다. 야간에 8~9명이 근무합니다. 경찰서에는 순찰차가 3대가 있습니

다. 아시겠지만 순찰차는 2인 1조가 기본입니다. 총 6명이 순찰차 조로 배치된다면 나머지 2~3명만 남게 됩니다. 흉기를 들고 난동을 부린다는 신고를 받았다 친다면 2~3명만 출동해선 어림도 없습니다. 하지만 경찰서를 비울 수는 없습니다. 1명이라도 남아서 전화 받고 중간에 상황을 전파해야 합니다. 일선 현장에서는 저녁 9~10시에서 새벽 3시까지는 초긴장 상태에 놓입니다. 강력팀이 전부 지원해서 근무해야 합니다. 그 와중에 선先 조치하고 후後 보고할 상황도 있는데 보고부터 하라고 합니다.

보고를 좋아하는 높은 사람들은 6하 원칙으로 써서 보고하기를 원하는데, 사실 사건현장에 가봐야 6하 원칙이 나올 수 있다는 걸 모릅니다. 현장을 뛰는 경찰관보다 지시하고 보고하는 사람들이 더 많고 인사권자는 "보고가 최고다."라면서 자신에게 보고한 사람들을 칭찬하고 포상합니다.

조: 현실과 맞지 않은 지시를 내리는군요. 13만 명이라는 그 많은 인력들, 다 어디에 있는 건가요?

박: 파출소에 많지 않다는 건 확실합니다. 지방청이나 경찰본청에 젊은 직원들이 빠져나가고, 파출소 인력은 거의 다 40~50대들이 태반입니다. 주취자한테 멱살 한번 잡혀본 젊은 직원들은 어떤 수를 써서라도 일근 부서로 도망치기 바쁩니다. **'우문현답**(우리의 문제는 현장에 답이 있다)**'이라 해놓고, 사건 터지면 현장부터 징계합니다.**

조: 상사 눈에 들 기회도 많지 않고, 따라서 승진 기회도 적고 책임과 위험만 많은 현장을 선호할 직원은 별로 없을 것 같아요. 이런 건 모든 기업이나 조직의 씁쓸한 공통점이네요.

박: 실적을 포장하고 언론에 홍보하는 건 솔직히 파출소에서 못합니다. 일은 현장이 다 하는데 겉보기에 일한 티가 나는 업무는 본청 기획 부서에서 다 하면 현장 직원은 의욕을 갖기가 힘듭니다. 그리고 이 모든 게 결국은 경찰의 신뢰를 떨어뜨리는 단초가 됩니다.

검찰과 수사권을 두고 서로 다투기 전에 먼저 경찰이 현장과 현장 인력을 더 잘 챙긴다면 수사권 독립에 대한 지지는 현장 속에 있는 국민들로부터 먼저 쏟아질 것입니다.

조: 경찰들이 다니는 현장에는 그들의 치안 서비스를 받는 국민들 역시 숨 쉬고 있어요. 현장을 이해하고 챙긴다는 것은 국민을 잘 이해하고 챙기는 것과 매한가지겠지요. 경찰을 믿는 국민들이야말로 모든 순간순간마다 강력한 우군이 되어줄 수 있다는 걸 좀 아셨으면 좋겠습니다.

미제 사건
= 사법 기관의 무능 + 실수의 결정체

사람들은 대개 억울한 일이 있거나 위기상황과 마주했을 때 경찰을 찾습니다. 경찰이 자신들을 위기로부터 건져줄 것이라 믿습니다. 하지만 엉터리 초동 수사로 인해 미제 사건으로 남은 사건의 피해자나 유족들은 강한 '사법 불신'을 품을 수밖에 없습니다.

대구 여대생 정 모 양 사건이 대표적입니다. 사체에는 속옷이 모두 없어진 채 겉옷만 입혀진 점, 사고 현장에서 30m 떨어진 곳에서 발견된 정 양의 속옷에서 정액이 발견된 점 등을 들며 단순 교통사고가 아니라 강간 살인을 당했다고 주장한 이는 정 양의 아버지였습니다. 하지만 경찰은 정 양이 고속도로를 무단횡단하다 덤프트럭에 치여 숨졌다고 주장했고, 현장에서 발견된 속옷은 정 양의 것으로 보기 어렵다며 유전자 감식조차 의뢰하지 않은 채 사건을 종결시켰습니다. 나중에 밝혀진 진실은 정 양의 아버지의 주장과 정확히 일치했습니다.

미제 사건의 90%는 사법 기관의 무능과 현장감식, 탐문을 소홀히 한 사소하고 기초적인 실수에서 비롯됩니다. 그 이유에는 초동 수사 단계에서의 경찰의 불통, 늑장 대응, 은폐가 숨어 있습니다. 국민의 신뢰를 잃은 사법은 철옹성(鐵甕城)이 될 수 없습니다. 고립되어 아무도 찾아오지 않으면 결국 폐성(閉城)이 될 것입니다.

경찰대 간부 열 명보다
귀한 순경 한 명

"너 하나만 잡으면 이 세상 깨끗해질 거란 생각으로 잡는다.

이러니 내가 널 못 잡아넣겠냐?"

– 영화 「강철중: 공공의 적 1-1」 중 대사

조: 요즘은 경찰 시험도 어렵고 경쟁률이 대단해서 경찰이 되신 분들을 보면 '공부 열심히 했구나!'라는 생각이 들어요. 이렇게 공채 말고도 경찰이 되는 방법이 있나요?

박: 공채로 선발해서 순경으로 시작하는 것이 가장 일반적이고, 중간 계급을 특별 채용하는 제도가 있습니다. 순경 출신이 지금 경찰의 90%를 차지합니다.

조: 중간 계급으로 들어온 분들을 나름 경찰 조직 안의 엘리트 집단이라 보면 될까요?

박: 현재 중간 계급 특채는 한 해 경찰대학 졸업생 100명, 간부후보생 50명, 변호사 특채 20명 등 1년에 170여 명도 됩니다. 이들이 총경 이상 고위급 간부로 한 해 승진하는 80명 중 50명 이상을 차지한다고 보면 됩니다.

조: 전문성 강화를 위해서 채용된 분들이군요? 이분들은 아예 처음

부터 현장은 제외하고 배치되나요? 아, 변호사님도 사법시험 특채 출신이시잖아요? 그럼에도 불구하고 경찰서장만 6번 정도 역임하시는 등 현장에서 많이 활동하신 편으로 알고 있는데요.

박: 사법시험 특채는 경찰의 수사권 독립을 위해 경찰도 검찰과 맞먹는 법률 지식을 갖추기 위해서 도입됐습니다. 저는 현장을 선호하는지라 돌아다녔지만 보통의 특채자들은 현장을 기피합니다. 그래서 현장에 대해 잘 알지 못한다는 문제를 갖고 있습니다.

조: 현장을 모르는 윗선들이 제대로 지휘를 할 수 있을까요? 조직 안에서도 왠지 문제가 좀 될 것 같아요?

박: **밑바닥부터 근무를 해서 올라가야 지휘관이 되어서 제대로 지휘를 할 수 있습니다.** 삼단봉을 차고 순찰하면서 주취자에게 멱살도 잡히고 욕도 먹어봐야 지휘관이 됐을 때 일선 파출소 순경의 마음을 헤아릴 수 있다고 생각합니다.

현장을 모르는 지휘관은 사건이 터지면 책임질 생각은 전혀 안 하고, 현장의 아랫사람들에게 책임을 떠넘기기 바쁩니다. 반면 사건이 잘 처리되면 현장 근무자보다 보고 서류를 잘 꾸미며서 '지휘유공'이라는 명목의 상을 받습니다.

조: 제 친구 남편도 경찰인데 비 경찰대 출신임에도 30대 후반에 경감을 달았어요. 잘 간 거 맞죠? 그런데 그 친구가 막 투덜대면서 하는 말이 어느 정도 상한선까지 올라가면 한계가 있다고 하더군요. 경찰대 출신들이 요직을 다 독식하기 때문이라고 하던데요? 사실인가요?

박: 중간 계급으로 채용된 경찰들은 대다수가 잘 모르는 현장에 관심을 갖기보다는 승진에 매달리는 편입니다. 아무래도 진입 비율이 높

겠죠. **순경 출신이 고위직으로 승진하는 데에 유리천정이 단단합니다.** 고질적인 문제라 오죽하면 경찰대 폐지 논란까지 생겼습니까? 경찰대 학생들은 특목고나 외고 출신들로 가정이 부유함에도 이들에게 무상교육을 시켜주고 졸업 후 무조건 경위로 임관해 줍니다. 병역도 방범순찰대 근무로 대체하면서 경위에 해당하는 급여도 줍니다.

그런데 일부 경찰대 출신 간부들은 이런 배려를 준 국가에 그리 고마워하지 않고 재직 중에도 고시나 로스쿨 공부에 매달리면서 파출소 현장 근무나 지방 근무를 기피합니다.

조: 나름 경찰계의 성골들이네요. 가진 만큼 자신들의 의무를 다하지 않는 걸 부끄러워해야 하는 거 아닌가요?

박: 국민들을 위해서도 경찰대 출신들보다 순경들을 더 키워야 하는 것이 맞습니다. 현장에 답이 있는데 현장은 지금 인재들이 씨가 말랐습니다.

조: 그렇다면 순경들을 더 키우는 정책을 펼치면 되잖아요? 순경 공채 출신들이 고위직으로 잘 뻗어나갈 수 있도록 지원도 하고요. 현장에서 근무하는 사람들에게 권한도 주고요. 물론 그 권한에 맞는 책임도 단호하게 부여해야겠지요.

박: 순경 출신 경찰 중 총경 이상 간부 승진에 비 간부 출신을 할당하는 '총경 승진 쿼터제'가 시행되고 있지만 미흡합니다. **모든 경찰 채용을 순경으로 해야 한다고 주장하는 사람들이 있을 만큼 현장 인력 양성은 한국 경찰의 질을 위해서도 매우 중요합니다.**

조: 다른 나라에서는 경찰은 어떤 식으로 채용되나요?

박: 영국의 경우 모든 경찰을 순경으로 뽑고 경위 이상 간부 특채는

없습니다. 경위 승진 시험은 반드시 경사를 거친 사람만 볼 수 있도록 하고 있고, 순경으로 채용되면 2년간 유능한 간부로 성장할 가능성이 있는지 평가해 간부 학교로 갈 수 있는 기회가 생기고 고속 승진의 기회를 주고 있습니다. 즉 현장에서 인정해야만 간부로 승진하는 시스템입니다.

우리도 그렇게 바뀌어야 합니다. 법적 지식을 가진 우수 인력을 확보하기 위해 뽑은 사시 합격자나 경찰대 졸업생들 중에서가 아니라 순경 출신에서 경찰청장이 탄생돼야 내부도 제대로 지휘할 수 있고, 국민들에게도 더 쉽게 다가갈 것이라 확신합니다.

조: **모든 조직은 수장을 정점으로 하는 피라미드 구조를 가집니다. 하지만 그 피라미드를 떠받드는 밑변이 단단하지 않으면 무너질 수 있습니다.**

밑변이 가장 높은 꼭짓점이 될 수 있다는 희망은 조직에 대한 충성심과 직무에 대한 자부심을 드높이는 동력이 될 것입니다.

경찰도 투 톱 체계로!

수사 등 경찰 사무는 경찰 공무원으로 기타 사무는 외주 또는 일반 전문직 원들로 이원화하는 것도 검토해야 합니다.

지구대와 파출소 등에 근무하는 경찰 인력을 늘려야 국민들이 받을 수 있는 치안 서비스가 늘어날 것입니다. 비대해진 기획 파트의 경찰 인력을 슬림화시킨 후, 남는 인력을 현장을 보충하는 데 활용해야 합니다.

우리 시대 장발장은
이제 안녕!

즉결 심판제 & 경미 범죄 심사위원회

"세상에는 가난하고 싶어서 가난한 사람 없어요.

너무 위만 보지 마시고 아래도 좀 보고 사세요.

가난한 사람들이 자살도 더 많이 하고,

가난한 사람들이 사고도 많이 당하고,

가난한 사람들이 살인도 많이 당하니까……"

- 드라마 「나쁜 녀석들」 중 대사

조: 변호사님께서는 기존의 저서 『경찰이 위험하다』에서도 생계형 범죄를 저지르는 소위 한국판 장발장들에게 따뜻한 연민의 시선을 많이 보이셨습니다. 가차 없는 법 집행보다는 그들을 범죄자로 낙인찍지 않을 여러 가지 구제책을 언급하셨던 게 제게는 퍽 인상적이었어요.

박: 평택 경찰서장으로 있을 때 많은 평택시민과 청소년들을 형사 입건하지 않고 즉결 심판에 회부시켰습니다. 전과자도 되지 않고 소액의 벌금만 받고 신속하게 종결되는 방법이었기 때문입니다.

조: 만약 입건이 되면 보통 어떻게 되나요?

박: 경찰의 가장 강한 권한은 형사 입건입니다. 문제는 실무상 입건이 너무 남발된다는 점입니다. 입건 건수로 경찰관의 실적이 평가되기 때문입니다.

조: 입건되면 개인이 받는 불이익이 많다고 들었어요.

박: 입건되면 피의자로 인지됩니다. 입건되면 기소든 불기소든 처분을 받게 됩니다. 범죄사건부, 수사 자료표, 범죄경력부에 등재되고 지문도 찍힙니다. 공무원 취업, 여권이나 비자발급 등 개인의 권리를 제한받거나 침해되는 경우가 생길 수 있습니다.

조: 즉결 심판 제도로 사안이나 내용에 비해 기계적인 법 집행으로 과도한 처분을 받아야 했던 많은 억울한 분들이 혜택을 봤다고 들었어요.

박: 네. 지금 경찰은 많이 경직돼 있습니다. **실적 올리기에 급급해 검거에만 신경 쓰는 경찰들을 보는 국민들의 눈은 곱지 않습니다.**

저는 영세한 통닭집 여주인이나 호프집 아르바이트생의 미성년자 주류 제공 사건이나 학생들의 호기심에 의한 소액 절도, 우발적 폭행, 타인 신분증 사용 등과 같은 경미 사건은 과감하게 즉결에 회부했습니다. 즉결에 회부되면 법원과 소통하여 선고유예 처분을 받도록 했습니다.

조: 진짜 억울하게 초범이 된 사람들이 많이 구원받았을 것 같아요.

박: 취업에 실패해 수중에 돈이 떨어지고 정말 배가 고파 마트에서 돼지고기를 훔치다가 붙잡힌 20대 청년, 아이 기저귀나 분유를 훔치다가 잡힌 30대 엄마, 6개월 밀린 월세를 내기 위해 돈을 훔친 대학생 등처럼 우리 시대 장발장이라 말할 수 있는 생계 취약 계층의 범죄에 대해서는 딱딱하게 법만 집행을 해서는 결코 안 됩니다.

조: 만약 물건을 훔쳤더라도 그 동기를 앞뒤로 살펴본 후 처리해야 한다는 말씀이시죠?

박: **죄를 짓게 된 동기를 참작해야 합니다. 법에도 눈물이 필요합니**

다. 메마른 법과 기계 같은 경찰관의 모습은 국민들에게 신뢰를 주지 못합니다.

조: 이렇게 어렵게 사는 사람들을 만약 무분별하게 입건한다면 범죄의 악순환이 계속될 것 같아요. 입건돼서 벌금을 내야 하는데 돈이 없는 사람이라면 또 돈을 훔칠 테니까요.

박: 맞습니다. 이 사회의 형사 정책은 '재범 방지'라는 목적을 갖고 집행돼야 합니다. 그냥 무조건 구속, 불구속, 벌금, 기소, 이런 쪽으로만 나가서는 안 됩니다.

검찰이 기소유예 처분을 내릴 사안임을 알면서도 입건하는 건 경찰 스스로 신뢰를 떨어뜨리는 행위입니다. 생계형 서민들이 수백만 원의 높은 벌금을 내거나 미래가 창창한 청소년들이 전과가 남는 것은 사회적으로 봐도 올바르지 못합니다.

조: 작은 바늘 도둑을 소도둑으로 만들지 않고 선량한 시민으로 복귀할 수 있도록 해 주는 좋은 제도가 더 많이 생겼으면 좋겠네요.

박: 자신의 손에 한 인간의 운명이 쥐어져 있다는 사실을 아찔하게 느낀다면 '레 미제라블'의 성직자처럼 경찰은 진지하게 고뇌해야 합니다.

늘 법 이전에 먼저 사람을 생각하는 경찰들이 많아진다면 우리 시대 장발장은 더 이상 춥고, 배고프지 않을 것입니다.

미리엘 신부 같은 경찰이 돼야 한다

'즉결 심판 제도'는 경찰서장이 검사를 거치지 않고 직접 판사에게 청구할 수 있는 제도로, 현장 경찰관의 훈방권을 행사하여 형사 절차에 비해 처리가 신속하고 범죄 경력도 남기지 않는 장점이 있습니다. 경미한 범죄를 저지른 사람을 전과자로 낙인찍기보다는 인생을 새롭게 살 수 있게 해주는 '경미 범죄 심사제도'도 있습니다.

이 제도들로 장발장을 전과자로 낙인찍지 않고 올바른 사람으로 이끌어준 '미리엘 신부'의 선의를 구현할 수 있습니다.

살인의 추억은 없다
미제 사건 전담팀

"중요한 걸 잊고 있었다.
나야말로 포기하고 외면하면 안 되는 거였다.
누군가 포기하기 때문에 미제사건이 만들어진다고 하지 않았냐.
이 사건 절대로 그렇게 만들지 않을 거다.
나 포기하지 않을 거다. 어떤 일이 있어도."

― 드라마 「시그널」 중 대사

조: 과거 미제 사건을 현재 시점에서 해결한다는 '시그널'이라는 드라마가 인기리에 종영이 됐어요. 많은 분들이 미제 사건에 대해 관심을 많이 가지고 있는데요, 그 와중에 5년 이상 풀지 못한 살인 사건들을 맡을 미제 전담팀이 생겼다는 반가운 소식을 들었어요.

2000년 8월 이후 발생한 사건이 이번 공소시효 폐지로 수사 적용 대상이 됐네요. 다행이네요. 이런 억울한 미제 살인 사건을 조사하는 데 보통 얼마나 시간이 걸리나요?

박: 정식으로 전국 16개 지방경찰청 산하에 장기 미제 사건 전담팀이 편성됐습니다. 그런데 조금 더 보완할 점은 있습니다. 미제 살인 사건을 조사하는 데 보통 자료 분석에만 2~3개월 걸리는데 현재 각 전담팀 인원은 2명 정도로 턱없이 부족한 실정입니다.

조: 전담팀이라는 이름에 걸맞게 인력도 확 보강된 것으로 알고 있었는데 아닌가 봐요?

박: 팀별로 한두 명 정도 늘어난 수준으로 그리 많이 확충되지 않았습니다.

조: 설마 무늬만 미제 사건 전담팀인 것은 아니겠지요? 사실 미제 사건 전담팀이 생기면 좋아지는 부분이 많잖아요?

박: 아무래도 전담 체제가 정식으로 출범하면 이전보다는 미제 사건에 집중할 여력이 더 생깁니다. **다만 미제 사건 전담팀은 오로지 그 미제 사건에만 투입돼야 한다는 전제가 필요합니다.** 과거 미제 사건만 집중해서 들여다봐도 시간이 턱없이 부족할 형편인데 강력계 업무까지 함께 맡고 있습니다.

장기 미제 사건 하나에 전력을 다할 수 있는 시스템과 인력을 갖고 있는 미국 등 일부 해외 국가들과 비교 자체를 할 수 없을 만큼 열악합니다.

조: 미제 사건 전담팀의 수사 시스템이 어떻게 되나요?

박: 사건 발생 1년까지 범인을 잡지 못하면 수사본부를 해체하고 관할 경찰서가 전담반을 꾸려 수사하고, 발생 5년이 지나면 미제 전담팀이 경찰서 전담반으로부터 사건 기록과 증거물을 넘겨받아 수사합니다.

10년간 수사해도 진전이 없으면 퇴직 수사관, 법의학자 등이 참여하는 장기 미제 살인 사건 지정심사위원회가 장기 미제 살인 사건 지정 여부를 심사하고, 만약 미제 사건으로 지정되면 일반적인 수사 활동은 중단되고 새로운 증거나 첩보, 목격자 등이 나오면 수사를 재개하는 시스템입니다.

조: 미제 사건 전담팀이 보완해야 할 사항이나 미제 사건 전담팀에서

근무하는 인력에 대한 인센티브에 대해 생각하시는 부분이 있으시다면 말씀해 주세요!

박: 미제 사건 전담팀이 '드림팀'이 되기 위해서는 당시 사건을 원래 수사했던 퇴직자들을 어떤 식으로든 이 전담팀에서 활용해야 합니다.

이 기회에 현직에 있는 사람들과 탐정, 퇴직 경찰관, 국립과학수사연구소의 퇴직 연구관 같은 전직 사람들이 합동해 외국처럼 미제 사건 전담팀을 운영해야 한다고 생각합니다. 경찰관만으로는 미흡합니다.

조: 더 이상은 '살인의 추억들'을 되새기지 않도록 미제 사건 전담팀이 맹활약해 주시기를 간절히 부탁드립니다.

한국형 FBI 탄생

조희팔 사건은 검경 수사 제도의 허점을 범죄자들이 역이용하거나, 관할 문제 등이 불거지면서 효율적인 대처가 미흡했던 틈을 타 수사가 지지부진해진 대형 사건의 대표 사례입니다.

'조희팔 사건'처럼 광범위한 관할을 가진 대형 사건을 수사하기 위한, 전국적·입체적 조직을 갖춘 '한국형 FBI' 같은 전담 조직을 만들 필요가 있습니다. 대형 경제 비리 사건뿐 아니라 정·관계 비리 사건, 대테러 사건 등 막대한 조사 인력과 시설이 필요한 사건들을 전담하여 처리할 한국형 FBI의 창설을 적극 제안합니다.

차가운 공공재, 감성을 입다

"노래가 말로 표현할 수 없을 정도로 아름다웠다. 그래서 가슴이 아팠다.
이렇게 비천한 곳에서는 상상도 할 수 없는 높고 먼 곳으로부터
새 한 마리가 날아와 우리가 갇혀 있는
삭막한 새장의 담벼락을 무너뜨리는 것 같았다.
그 짧은 순간, 쇼생크에 있는 우리 모두는 자유를 느꼈다."

– 영화 「쇼생크 탈출」 중 대사

조: 니체는 '음악이 없는 삶은 잘못된 삶이며, 피곤한 삶이며, 유배당한 삶'이라고도 했습니다.

마약과 폭력 등에 노출되어 있던 베네수엘라의 빈민가 아이들이 음악 교육인 '엘 시스테마'를 통해 바르게 자라는 것을 보면서 범죄 예방을 위한 음악 교육, 충동성 정신 범죄자들을 위한 음악 치료도 좋을 것 같다고 생각한 적이 있었어요.

박: 경찰은 살인, 강도·강간, 폭력, 절도 등 많은 사건을 접합니다. 범죄 혐의자를 유치장에 수감하기도 하고, 범죄 피해자들이 받은 상처를 달래주기도 합니다. 범죄자 중에는 사람으로서 도저히 용서하기 어려운 흉악한 범죄자들도 있고, 춥고 배고파서 도둑질을 하거나, 사소한 시비로 싸움이 벌어져 폭력으로 이어진 사람들도 있습니다.

여러 범죄와 범죄자들을 수사하면서 경찰들은 자신도 모르게 심

신도 거칠어지고, 말투도 퉁명스러워지곤 합니다. 경찰서장으로 재직하면서 경찰 업무에 음악적인 감성을 도입하는 것을 시도해 본 적이 있습니다. 아침에 출근하면 경쾌한 음악을, 점심과 퇴근 무렵에는 잔잔하면서도 차분한 음악을 틀었습니다.

조: 괜찮은데요? **솔직히 경찰서라는 곳이 딱딱하고 차갑고 이성적인 공간이라는 생각이 있는데 음악을 도입하면 친근하고 부드러운 이미지의 공간이 될 것 같아요.**

박: 라디오 FM 방송의 정오의 음악실처럼 경찰관들의 애창곡과 신청곡도 틀어줬습니다. 경찰관 중에 나이가 좀 든 사람들은 음악이 업무에 지장을 주고, 경찰의 권위를 오히려 떨어뜨린다고 비판했던 반면 여성 경찰관과 젊은 경찰관들은 환영했습니다.

유치장에도 음악 방송을 틀었습니다. 심신이 평온해지는 클래식 음악부터 국악, 가요, 영화 음악 등 다양한 음악을 선곡했습니다. 온종일 유치실에 앉아있는 유치인과 근무자들의 정서를 조금은 부드럽게 만들어주려고 노력했습니다.

조: 어떻게 이런 생각을 하신 거예요?

박: 영화 「쇼생크 탈출」에 주인공이 교도소장의 사적인 일을 처리해 주다가 우연히 음반을 틀어주는 장면이 있습니다. 교도소 내에 있던 죄수들이 멍하니 음악을 듣다가 결국 감동하는 장면을 보고 저도 재연하고 싶었습니다. TV 프로그램에서 영감을 받아 직원과 의경들로 구성된 경찰 합창단을 만들어 관내 요양 병원과 요양원에서 합창 공연 봉사활동도 했습니다.

조: 좋은 일을 많이 하셨네요. 경찰서 말고도 많은 사람들이 빽빽하

게 있는, 멍하게 소일거리 없이 시간을 보내야 하는 교정 시설에도 음악을 틀어주면 좋을 것 같아요.

박: 구치소, 교도소에 음악을 틀어주면 과밀화로 인해 스트레스를 받고 있는 재소자들과 교도관들의 정서를 순화시켜줄 수 있다고 생각합니다.

제가 아는 어느 판사님은 재판이 시작되기 전 법정에서 음악을 틀어주십니다. 가족 간 다툼, 형제, 이웃 간 분쟁을 법률이라는 잣대로 차갑게 단죄하기 전에 당사자들에게 눈을 감고 음악을 들으며 명상하기를 권하는 겁니다.

학대나 폭력 등으로 마음을 다친 청소년이나 장애인들에게 음악 치료를 하는 것도 좋고 집회 시위 현장에서 시끄러운 확성기 소음 대신 집회 시작 전에 잔잔한 음악을 흐르게 하는 것도 좋을 듯싶습니다. 경찰 버스 차벽과 집회 시위대 간에 충돌이 시작되는 장소에 경찰 방송차로 잔잔하고 감미로운 음악을 들려주면 어떻게 될까요? 집회 시위의 모습이 조금은 달라지지 않을까요?

조: 딱딱한 회의 등 관성화된 일상의 시작이나 종료 시점에 음악을 틀어주는 것이 능률을 올릴 뿐더러 구성원의 정서 함양에도 좋다는 연구 결과를 봤어요.

경찰서, 유치장, 구치소, 교도소에도 사람의 마음을 움직이는 아름다운 음악을 같이 수용했으면 좋겠어요.

음악이 사람의 마음을 움직입니다

마약과 폭력 등에 노출되어 있던 베네수엘라의 빈민가 아이들은 음악 교육인 '엘 시스테마'를 통해 미래에 대한 꿈과 협동의 가치를 배웠습니다.

사회가 좀 더 공정해지기를 지향하는 활동인 '엘 시스테마'를 통해 구스타보 두다멜이라는 젊은 지휘자가 배출됐습니다. 가난한 빈민 아동이었던 그는 열 살 때 엘 시스테마와 만났습니다. 마약 중독자나 마약 판매자가 될 수 있었던 구스타보 두다멜은 스물네 살에 지휘자로 데뷔했습니다.

우리나라의 음악적 자산은 베네수엘라보다 월등합니다. 그래서 제안합니다. 범죄에 노출되기 쉬운 저소득 아동들을 대상으로 '한국판 엘 시스테마'를 운영해 보는 건 어떨까요?

범죄
그리고 정의의 탄생

"인간은 누구나 극단적인 상황에 처하면, 우발적인 행동을 취하게 돼."

– 영화 「악의 연대기」 중 대사

조: 프랑스의 사회학자 에밀 뒤르켐Emile Durkheim이 "사회는 일반적으로 일정량의 일탈을 가진다."라는 말을 했어요. 아이러니한 말이지만 사건·사고가 없으면 사람이 사는 세상이 아니죠.

박: 맞습니다. 범죄는 사회적 산물입니다. "사회는 범죄의 배양기이고, 범죄자는 미생물에 불과하다. 벌해야 할 것은 사회이지 범죄자가 아니다."라고 주장한 범죄학자도 있습니다.

물론 그렇다고 범죄자가 자신의 범행을 피해자나 사회의 탓으로 돌리는 것을 인정한다는 것이 아닙니다. **다만 범죄의 이면에는 아무리 작은 것이라도 반드시 가정, 학교, 사회와 연결된 부분이 있다는 말씀입니다.**

조: 이 책에서 우리가 범죄 행동을 하는 원인을 파악하고 사회문화적으로 분석하는 이유이기도 하죠. 다음에 일어난 범죄를 대비하기 위

해서라도 필요한 과정이니까…. 그렇죠?

박: 범죄가 하나의 사회적 오류라면 우리 한국 사회는 거대한 오류덩어리입니다. 사건·사고와 우리 사회의 병리 현상이 어떻게 연계되어 있는가를 들여다보는 작업 자체가 그 오류를 해결하는 과정이 될 수 있습니다.

조: 미디어 매체의 범람으로 선정적이고 폭력적인 것들이 너무도 넘쳐나고 있어요. **범죄를 배우는 것도, 실행하는 것도, 은폐하는 것도 너무 쉬워졌어요.**

잔인함과 조급증이 들끓다 보니 흉악 범죄나 묻지마 범죄가 일어납니다. 내리는 비에도 살해당하지 않도록 조심하라는 어느 외국 시인의 시가 생각나네요. 전방위에서 범죄가 호시탐탐 우리를 노리는 세계가 됐어요.

박: 발 딛고 서 있는 곳곳마다 언제 어디서 범죄의 역습을 당할지 모를 사회가 됐습니다. 아동기의 납치나 성범죄, 성장기 탈선 범죄, 군 입대 후 폭력 사건, 청·장년기의 사기 범죄, 노년층 대상의 보이스피싱 범죄, 고령화에 따른 노년층 강력범죄 등 인간의 생애 주기 굽이굽이마다 범죄를 만납니다.

맞춤형 범죄예방대책과 재범방지대책이 필요합니다, 범죄를 만든 환경, 사람에 맞춘 대책을 마련하여야 합니다

조: **사회가 발전한 만큼 범죄도 변신하고 진화한 것 같아요.** 엽기적이고 잔혹한 사건들이 자주 출몰한다는 것은 그만큼 우리 사회가 범죄 억제력을 잃어버렸다는 것을 반증한 거겠죠?

박: 사회적 안전망과 공동체 문화가 무너지고, 사회적 유대가 약화되

면서 이기주의와 타인에 대한 불신감과 적대감이 커져갑니다. 이런 틈에서 일어나는 범죄는 단순히 피해자만 해치는 것이 아니라 사회를 해치는 것이고, 그 사회를 살아가고 있는 구성원들의 영혼과 상식을 죽이는 것입니다.

조: 잔혹한 범죄가 언론에 공개될 때마다 국민들이 다 함께 외상 후 스트레스 장애를 겪는 것 같아요.

박: **범죄는 그 사회의 흉한 민낯입니다. 얼마나 곪았고, 터졌고, 지저분한지는 아무것도 바르지 않은 맨얼굴에서나 잘 보이는 법입니다.**

어쩌면 범죄는 더 이상 이 사회가 더는 아프지 말아야 한다고, 더는 타락하면 안 된다고 외치는 마지막 시그널인지도 모릅니다.

조: 그럼 변호사님, 그 흉한 민낯을 어떻게 해야 할까요?

박: 병증은 치료하고, 지저분한 건 깨끗이 닦으면 됩니다. 다른 피해자가 생기지 않도록 사회를 재정비하고 재정화해야 합니다. 혼자서 할 수 없습니다. 얼굴에 탈이 났을 때 자가 처치를 했는데도 쉬이 낫지 않는다면 어떻게 합니까? 피부 미용 숍도 가고, 약국도 가고 병원에도 갑니다.

범죄라는 병증을 치료하기 위해서는 가정과 이웃, 학교, 사회와 국가가 같이 덤벼들어야 합니다. 형사 기관, 사법 기관, 교정 기관이 공조해야 합니다. **인간이든 사회든 적당히는 아파야 성숙해질 수 있다고 생각합니다. 남의 고통을 헤아리는 것, 그것이야말로 사람 사는 세상의 기본이고, '정의'입니다.**

그런 의미에서 '범죄'와 '정의'는 쌍생아입니다. '범죄'야말로 바로 '정의의 탄생 기원'입니다.

후기

경찰로 20여 년을 살다가 변호사가 되어 생활한 지 막 3년이 지났습니다. '경찰'이라는 외피를 벗어던진 제게도 그동안 많은 변화가 있었습니다. 변호사의 본업인 사건 변론을 하는 틈틈이 강연이나 상담, 자문, 방송활동 등을 부지런히 해 왔습니다. 특히 사건과 사고와 관련한 방송 프로그램에 많이 출연하면서 현장에 있을 때만큼 다양한 사건·사고를 계속 접하면서 '역시 천직은 어쩔 수 없는건가?'라고 생각했습니다.

늘 하는 생각이지만 제가 접하는 사건 사고에는 늘 결정적인 원인이 있었습니다. 저는 우리 주변에서 쉽게 만나는 사건 사고에 '묻지마', '사이코패스', '분노성'이라는 수식어를 붙이는 것을 매우 탐탁치 않게 여기는 사람입니다. 사고 사건의 원인을 분석하다 보면 늘 가정이나 사회에 문제가 있었던 것을 볼 수 있었습니다.

태어나면서부터 범죄자로 태어난 사람은 아무도 없었습니다. 제가 만난 무수한 범죄자들 역시 한때는 천진난만했던 아이들이었습니다. 원치 않는 임신, 무관심한 자녀양육·방치·학대로 인해 가정에서 소외되고, 집이나 학교 밖으로 내몰려 거리를 방황하다가 마치 필연처럼 범죄의 유혹에 빠져들었던 사람들이 대부분이었습니다.

물론 개인의 범죄 자체를 무조건 사회의 탓으로 돌리자는 이야기가 아닙니다. 하지만 한 개인이 범죄를 접하고, 범죄를 실천하고, 범죄에 무감각해질 때까지 도외시하고 방관했던 사회나 국가도 어느 정도는 책임을 통감해야 할 필요가 있다는 것을 말씀드리고 싶습니다.

국민을 위한다고는 하지만 국민들이 실상 접하는 경찰, 검찰, 법원은 제대로 그들을 돕지 못했고, 현재도 못 하고 있습니다. 가정폭력 등 4대 사회악 척결, 위기가정지원센터 등 갖가지 구호나 지원 시스템이 난무하지만 정작 도움을 받아야 할 사람들은 모르고 있습니다.

평택 신원영 군 학대 사망 사건은 정부에서 외쳤던 사회안전망대책이 구호에 지나지 않는다는 것을 보여주는 가장 극명한 사례일 것입니다. 이런 아동학대 사망 사건이 빈발해도 정부부처는 대책회의만 열 뿐, 아동보호센터에 직접 방문해 현실을 보려는 노력을 전혀 하지 않고 있습니다. 경찰, 검찰, 사법부는 전담 TF팀을 발족해 전수조사를 한다는 둥, 특별법을 제정한다는 둥 현실에 맞지 않는 재탕식 정책만 쏟아낼 뿐입니다.

법은 사람이 만들었는데 정작 법을 집행하는 사람들은 사람 냄새가 나지 않는다는 말을 많이 들었습니다. 분명 법 집행자들은 학교에서는 '무죄추정의 원칙'을 배웠지만 정작 실무에서는 '유죄추정의 원칙'에 의해 처리하고 있습니다. 사건 현장을 잘 알고 있는 것은 경찰, 검찰, 법관순인데 정작 법관이나 검사는 현장에도 잘 안 나가고 잘 살피지도 듣지도 않습니다

이 책은 그 모든 것에 대한 날카로운 고발서이자, 한때 경찰이었고 지금은 변호사인 제가 통렬하게 느끼는 자기 반성서가 될 것입니다. 평택경찰서 서장으로 있을 때 발간한 『경찰이 위험하다』를 정리해 준 교도관 출신의 조정아 작가님과 함께 대화체 형식으로 책을 구성해 보았습니다.

그녀는 두 아이의 엄마이자 어느 공기업의 직원입니다. 즉, 우리 시대 보편적인 국민의 법감정을 대변하기에 충분한 표본형 인물이라는 뜻입니다. 동시에 뮤지컬 '화성에서 꿈꾸다'를 쓰고 영화 「귀향」을 각색한, 우리 시대의 이슈나 아픔에 민감한 작가이기도 합니다.

변호사 같지 않은 변호사와 작가 같지 않은 작가가 만나서 '범죄'를 이야기하면서 많은 것을 고민했습니다. 우리의 고민을 국민들과 함께하면서 답을 찾고 싶었습니다.

책이 나오기까지 많은 도움을 주신 도서출판 행복에너지 권선복 대표님 그리고 JTBC 「사건반장」 제작진 여러분, 사랑하는 부모님과 가족들에게 진심으로 감사드립니다.

박상융

하루 5분 나를 바꾸는 긍정훈련
행복에너지

'긍정훈련'당신의 삶을
행복으로 인도할
최고의, 최후의'멘토'

'행복에너지
권선복 대표이사'가 전하는
행복과 긍정의 에너지,
그 삶의 이야기!

인터파크
자기계발 분야 주간
베스트 1위

권선복 지음 | 15,000원

권선복

도서출판 행복에너지 대표
지에스데이타(주) 대표이사
대통령직속 지역발전위원회
문화복지 전문위원
새마을문고 서울시 강서구 회장
전) 팔팔컴퓨터 전산학원장
전) 강서구의회(도시건설위원장)
아주대학교 공공정책대학원 졸업
충남 논산 출생

책『하루 5분, 나를 바꾸는 긍정훈련 - 행복에너지』는 '긍정훈련' 과정을 통해 삶을 업그레이드하고 행복을 찾아 나설 것을 독자에게 독려한다.

긍정훈련 과정은 [예행연습] [워밍업] [실전] [강화] [숨고르기] [마무리] 등 총 6단계로 나뉘어 각 단계별 사례를 바탕으로 독자 스스로가 느끼고 배운 것을 직접 실천할 수 있게 하는 데 그 목적을 두고 있다.

그동안 우리가 숱하게 '긍정하는 방법'에 대해 배워왔으면서도 정작 삶에 적용시키지 못했던 것은, 머리로만 이해하고 실천으로는 옮기지 않았기 때문이다. 이제 삶을 행복하고 아름답게 가꿀 긍정과의 여정, 그 시작을 책과 함께해 보자.

『하루 5분, 나를 바꾸는 긍정훈련 - 행복에너지』